KB068152

RE100
Directivity

For Net-Zero 2050 (넷제로 : 탄소중립)

RE100
Directivity

뉴(新)비즈니스와 신(神)문학

저자 **김흥진**

바른북스

지은이
김흥진

저자는 2000년부터 영남대, 계명대, 영동대, 강남대 컴퓨터공학과와 국책사업 BK21에서 5년간 초빙교수를 역임했으며, 이후 가족과 함께 호주로 글로벌 항해를 떠났습니다. 시드니 로이드 대학(Lloyd College) IT 학과 졸업과 뉴사우스웨일스 주립대(UNSW) 대학원 컴퓨터 공학석사를 수학했습니다. 또한 호주 시드니(Sydney)에서 7년간의 학업과 직장생활을 하며, 사랑하는 아내(박성혜, Joanna)와 첫째 김예찬(Josiah), 둘째 김예은(Rachel), 셋째 김예현(Matthew)의 3명 자녀와 함께 믿음의 유학을 했습니다. 특히, 시드니 힐송교회(Hill song Church, Australia)에서 아름다운 찬양의 은혜와 영혼의 지성소 예배를 배웠습니다.

이후 주님의 인도하심으로 한국 기쁨의 교회(예장통합)에서 천국 하영인의 삶(새 가족 교육, 일대일, 제자반, 사역반, 리더쉽반, 남자들의 수다, 항존직교육 등)을 경험하며, 2023부터는 새가족부와 킹덤 패밀리(Kingdom Family) 사역을 함께 섬기고 있습니다. 또한 국내 대기업 IT 계열사(POSCO DX)에 입사해서, 해외 글로벌 사업 수주와 현장 실행을 위해 호주 로이힐(Roy Hill, Perth, 2011~2013년)과 브라질 포르탈레자(Fortaleza)로 파견 생활을 했습니다. 특히, 브라질 해외근무(2014~2020년) 중에 CSP 제철소는 EIC와 IT 기술들을 현지인들에게 기술이전을 하며, 글로벌 K-브랜드 철강 한국을 열방에 전파하는 사업이었습니다. 해외파견을 마치고 현재는 한국 POSCO 포항제철소에서 현장 업무와 함께 엔데믹(Endemic) 이후에 진행될 새로운 글로벌 비즈니스와 신기술(AI)의 성공적인 수행을 위해서 신(神)문학(마인드 셋업, Set up)의 파워를 적용하는 연구를 하고 있습니다.

이 연구는 해외근무지인 호주 로이힐, 브라질 CSP 프로젝트의 험준한 여정들을 교훈 삼아서 열방 속에서 새롭게 글로벌 K-브랜드 관련하여 새로운 프로젝트(Project)를 준비에 도움이 될 것입니다. 또한, 다음 세대들에게 새롭게 다가올 거대한 경제 물결에 잘 적응할 수 있는 1인 3색(비즈니스, 신기술 전망, 글로벌 K-정신자세)을 갖추는 역량강화 나침판과 지도책이 될 것입니다.

마지막으로, 이 책은 엔데믹(Endemic) 이후에 찾아오는 글로벌 비즈니스(Business)와 신기술에 대한 미래 전망을 준비하는 자(경영인), 향후 글로벌 비즈니스와 신기술의 방향을 공부하는 자(대학교수, 대학교 전공 학생과 저널리스트), 신기술을 통한 비즈니스에서 해외 대형 프로젝트를 준비하는 글로벌 항해자들에게(장기 해외 파견 직장인), 삶의 땅끝에서 하영인으로 삶을 준비하는 자(선교사 또는 목사), 해외 생활에서 믿음의 삶을 준비하는 자(해외 교민)들에게 권장합니다.

참고로, 이 책은 학자로서, 학문과 지식을 실질적인 현장에서 적용하고 확산, 확장, 확대하는 방안을 연구하고 있습니다. 특별히, 앞으로 다가올 글로벌 K-브랜드를 성공적으로 준비하기 위해서는 귀한 육신의 하드웨어(뉴(新)비즈니스과 AI 신기술)와 함께 정신적 소프트웨어(신(神)문학)를 함께 갖추길 바라는 마음으로 출판을 준비했습니다. 이 모든 과정을 인도하시고 보호해 주신 주님의 사랑을 온 마음으로 찬양합니다.

김홍진 드림
(Joseph H. K)

1장
비즈니스 방향성: ESG
[Environmental, Social, Governance]

2장
신기술의 방향성: AI 트렌드
[Artificial Intelligence, 인공지능]

3장
생선의 글로벌 항해 방향성: 거룩
(Sanctity as God's Love)

비즈니스
방향성:
ESG(Environmental, Social, Governance)

Subject 1.

포스트(Post)
코로나 이후
글로벌 사업환경 변화

기후 변화에 대한 정책 방향

프롤로그(Prolog)

||||||||||||||||||

　세계보건기구(WHO: World Health Organization)는 감염병 최고 등급인 코로나 팬데믹(Pandemic)을 2020년에 선포했다. 이후 전 세계적인 대응과 치료제 개발을 통해서 오늘날 전 세계적으로 코로나 엔데믹(Endemic, 단계적 일상 회복)을 맞이하지만, 특정 지역에 한해서만 발생하는 에피데믹(Epidemic)을 겪고 있다. 또한, 코로나(COVID-19)가 장기화되면서 언론과 인터넷에선 관련된 뉴스와 정보가 넘쳐나는 가운데, 잘못된 의학 정보와 가짜뉴스, 악성루머, 국제활동, 세계 무역 등에 영향을 주는 인포데믹(Infodemic, 정보전염병) 현상이 매우 빠르게 퍼지면서, 글로벌 경제활동은 많이 위축되었다. 유럽에서 자국 영토회복을

주장하는 러시아와 우크라이나 전쟁의 장기화는 세계 에너지, 비즈니스와 식량안보의 중요한 변수가 되고 있었으며, 이에 따라서 국제 지도자들의 정책 방향성(Directivity)에 혼선을 갖는다.

코로나 팬데믹 이전, 미국의 트럼프 정부는 자국 우선주의 정책으로 기존의 가입된 국제협약과 환경 활동에서 탈퇴를 통해서 자국의 보호무역을 강화해 왔다. 이로 인하여, 많은 세계무역기구(WTO), 세계관세기구(WCO), 아시아 · 태평양 경제협력체(APEC), 동남아시아 국가연합(ASEAN), 아시아 · 유럽 정상회의(ASEM), 관세행정 관련 국제협약 등 자국 우선주의 노선을 독자적인 노선으로 정책을 적용했다. 도널드 트럼프 대통령은 종종 미국 경제가 역사적인 고공 행진을 하고 있다고 말한다. 미국 역사상 "아마도 (지금이) 최고 수준의 경제 상황"이라고 전했다. 그는 UN 총회 연설에서도 자신의 "'성장 친화적인 경제 정책'이 미국인들의 일자리와 임금에 도움이 됐다"라고 말했다.[01]

| 최근 미국 대통령: 바이든, 오바마, 트럼프

---

01   BBC, https://www.bbc.com/news/business

그러나, 조지프 로비넷 바이든 주니어(Joseph Robinette Biden, Jr.)는 2021년 1월 20일에 취임한 미국의 제46대 대통령이다. 1973년부터 2009년까지 델라웨어주 연방 상원 의원으로 재직했으며, 2009년부터 2017년까지 제47대 부통령을 지냈으며 2021년부터 제46대 미국 대통령으로 재임 중이다. 그는 기존의 트럼프 정부의 자국 우선주의에서 새로운 친환경 정책으로 기존에 탈퇴되었던 글로벌 환경 활동과 다시 글로벌 정부(경찰의 역할)를 위한 EU 및 유엔, 동맹국 관계 개선에 정책 방향을 전환하고 있다. 또한, 바이든 정부는 본인이 부통령으로 있었던 버락 오바마(Barack Hussein Obama, Jr.) 정부 시절에 기후 변화에 최전방에서 글로벌 리더로 역할을 하였다. 그 당시, 오바마 대통령은 연일 "미국이 기후 변화 대응에 앞장서겠다"라고 강조하며 "온실가스 감축을 위한 전 세계의 노력이 더욱 빨라질 것"이라는 기대를 키워나갔다. 그는 대중연설에서 "미국은 기후 변화를 막기 위한 노력을 주도할 준비가 돼 있다"라며 "지금은 지구를 지키기 위해 에너지 사용 방식을 바꿔야 할 때"라고 말했다.[02]

버락 오바마의 친환경 정책은 바이든 정부가 들어오면서, 또다시 미국 사회와 국제사회에 지구환경 보호에 대한 비즈니스 방향성을 제시하게 되었다. 바이든 정부는 지구환경 및 글로벌 환경규제 등 뉴그린 정책으로 선회를 하면서, 친환경 정책으로 새로운 3대 정책을 발표했다. 경제문제, 인종차별주의, 기후 변화 문제 해결을 위한 새 정부의

---

02 Wiki, https://ko.wikipedia.org

정책 방향을 세웠다. 특별히, 기후 변화 문제 해결을 위한 기존에 탈퇴한 파리 기후 협정(Paris Agreement, 2015년 유엔 기후 변화 회의에서 채택된 조약)에 재가입했다.[03]

핵심 웨이브

글로벌 사업환경 변화 : 미국 바이든 정부 時 ('21.1~) 친환경 정책   By BBC, Reuters, Bloomberg

○ 미국 바이든 정부의 친환경 정책 전환
- 트럼프 정부의 자국우선주의 정책으로 글로벌 환경활동에서 탈퇴
- 새로운 글로벌 정부(경찰의 역할)의 역할을 위한 EU 및 유엔, 동맹국 관계 개선
- 지구환경 및 글로벌 환경규제 등 뉴그린정책으로 선회를 통한 친환경 정책(친환경 에너지 등)
 * 3대 정책 : 경제 문제, 인종차별주의, 기후변화 문제 해결 (미국은 탈퇴한 파리 기후 협정에 재가입한다, '20.11.4)

---

03 미국 HUFFPOST, https://www.huffpost.com

유엔 기후 변화 협의(United Nation Climate Change)

매년 유엔 기후 회의는 브라질 리우데자네이루에서 1992년에 설립된 유엔 기후 변화 협약(UNFCCC: The United Nations Framework Convention on Climate Change)의 틀에서 개최된다. 그 임무는 '기후 시스템에 대한 위험한 인위적 간섭을 방지할 수 있는 수준으로 온실가스 배출을 안정화'하는 것이다.

UNFCCC 당사자의 첫 번째 공식 회의[당사자 회의, 당사국 총회 COP(Conference of the Parties)]는 1995년에 열렸고, 1992년 '브라질 리우 협약'의 일부가 부적절하다고 선언한 '베를린 위임장'을 제정했다. COP1에서는 특정 기간 설정의 중요성을 강조하고 선진국의 역할이 더 크다는 점을 인정했다. 베를린 위임 사항은 COP3에서 채택된 1997년 '교토 의정서'로 이어졌고, 교토 의정서는 배출량을 줄이고 보유한 국가의 기여도를 높이는 데 중점을 두어 2012년까지 전체 배출량을 1990년보다 5% 줄이는 목표를 설정했다. 그러나, 미국은 경제에 대한 잠재적 피해를 이유로 비준하지 않았다.[04]

---

04 영국 BBC, 유엔 파리협약, https://www.bbc.com/korean/international-54868932

| **2015 유엔 파리협약**(UN Paris Convention, France, 2015년)

2015년 파리 협정 COP21에서는 지구 온도 상승을 1.5℃로 제한하기 위한 노력을 소개했다. 협정은 완화 및 적응 조치의 필요성과 재정적 기여의 필요성, 선진국의 개발 도상국에 대한 기술이전의 필요성을 강조했지만 파리 협정은 추출 에너지의 단계적 폐지는 물론 억제의 필요성에 대해 언급하지 않았으며 목표는 다음과 같다. '지구적 재앙을 피하는 데 필요한 것보다 훨씬 적다' 196개국이 서명한 협정은 기후 운동의 힘을 반영하는 기후 위기의 세계적 시급성을 인정했다.

2021년 스코틀랜드 글래스고에서 열린 COP26에는 주요 석유 및 가스 회사와 연결된 500명 이상의 화석 연료 로비스트가 참석했으며 이는 단일 국가 대표단보다 많은 수였다. 글래스고 기후 협정은 파리 협정에서 확인된 1.5℃ 목표를 유지하기로 약속한 협약과 UNFCCC 역사상 처음으로 당사국들에게 감소되지 않은 석탄과 화석 연료에 대한 비효율적인 보조금의 단계적 축소를 가속화할 것을 촉구했다. 특히 화석 연료 배출이 지구 기후 변화의 중심에 있다는 점을 언급하는 것은 한 걸음 더 나아간 것이다. IEN(Indigenous Environmental Network),

GGJ(Grassroots Global Justice Alliance), JTA(Just Transition Alliance), JwJ(Jobs with Justice) 등과 같은 Climate Justice Alliance 회원 그룹은 회의 동안 전략적 개입에서 중추적인 역할을 했다.

| 유엔 기후 변화 회의(UNFCCC)

이집트 사름 엘 세이크(Sharm el-Sheikh, Egypt)에서 개최되는 COP27(2022년)은 작년 영국의 글래스고에서 열린 유엔 기후 변화 회의 COP26(2021년)의 성공을 기반으로 하며, 파리 협정의 운영 세부 사항을 마무리하고 기후 협약 10년 동안의 기후 행동 및 지원을 결의했다. 진정한 기후 해결책은 공식적인 UN 협상 과정이 아니라 우리의 글로벌 협력 증대와 힘에서 나온다. 나아가서, 기후 정의 동맹(CJA: Climate Justice Alliance)은 기후 위기의 영향을 가장 많이 받는 사람들이 이끄는 전 세계적으로 꽃을 피우는 사회 운동과 일치할 것이다. 현재 CJA는 글로벌 정부에 보다 의미 있는 조치를 취하도록 압력을 가하고 있으며, 고유한 실제 솔루션을 현장에서 구현하고 취약한 지역사회가 기후 변화의 심각한 영향에

서 가장 잘 살아남을 수 있는 방법을 계획하고 있다.[05]

가. 과학 및 기술 자문 보조 기구 의장(SBSTA), 토시 음파누(Tosi Mpanu)

올해 특히 어려운 지정학적 상황에도 불구하고 기후 변화가 여전히 정부 의제에 매우 중요하다고 확신했다. "기후 변화는 우리가 직면한 가장 실존적인 문제로 남아 있다. 장기적으로 인명에 가장 큰 위협이며, 우리는 기후 변화가 가장 중요한 문제임을 강조해야 한다"라는 시나리오 노트는 글래스고(2021년)에서 이루어진 공동의 성과를 반영하였고 온실가스 배출 감소, 기후 영향에 대한 적응, 역량 구축 및 개발지원 제공과 같은 다양한 중요한 주제에 대해 2022년 6월 논의했다.

나. 실행을 위한 보조 기구의 의장(SBI), 마리안느 칼센(Marianne Karlsen)

3년 만에 독일 본(Bonn, Germany)에서 첫 번째 대면 회의를 개최하여 유엔 기후 변화 프로세스의 정당성과 예측 가능성을 되찾게 될 것이라고 다음과 같이 지적했다. "실현이 핵심이며, 이는 파리 협정의 모든 측면을 구현하여 야심 차게 좁힐 수 있음을 의미한다. 우리는 섭씨 2.7℃의 지구 평균 기온 상승을 향해 가고 있다. 우리는 파리 협정에 따른 국가 기여의 야심을 강화해야 한다. 이것은 또한 정책적인 조치, 그리고 행동을 뒷받침할 개발 도상국에 대한 지원을 통해 행동을 강화하는 것을 의미한다"

---

05 유엔 기후 변화 회의 COP26(2021년), https://unfccc.int/

기후 변화에 대처하기 위한 야망을 높이기 위한 정부의 노력과 더불어 COP26(2021년, 영국 글래스고)은 독일 본(Bonn, Germany)에서 계속될 예정인 비당사국 이해 관계자의 참여를 강화하는 방향으로의 중요한 전환을 표시했다. 마리안 칼센(Marianne Karlsen, SBI) 의장은 "기후 행동과 파리 협정의 이행은 모든 사람의 소유권을 요구한다. 이러한 참여, 역량 및 소유권을 동원하는 것이 중요하다"라고 말했다.[06]

COP 27(2022) 의장단과 차기 COP 28(2023) 의장단은 2023년 11월 30일부터 12월 12일까지 아랍에미리트 두바이에서 소집될 COP 28을 앞두고 투명하고 포괄적인 프로세스를 보장하기 위해 노력하고 있다. 이들은 연중 내내 장관, 대표단 및 기술 수준에서 당사국을 참여시켜 저탄소 및 기후 회복력 있는 세계를 향한 글로벌 변혁을 주도하는 성공적인 COP 28을 전달하고, 야심 찬 기후 조치를 취하고 관련 지원과 이행을 촉진하고 있다.

핵심 웨이브

By https//www.unfccc.int(유엔 기후변화 기구)

○ 유엔 기후변화 기구(UN Climate Change)
- 주요내용
. 과학 및 기술 자문 보조 기구 의장(SBSTA), 토시 음파누(Tosi Mpanu)
"기후 변화는 우리가 직면한 가장 실존적인 문제로 남아 있다.
" 온실 가스 배출 감소, 기후 영향에 대한 적응, 역량 구축 및 개발 지원을 제공해야 한다.
. 실행을 위한 보조 기구의 의장(SBI), 마리안 칼센(Marianne Karlsen)
"실현이 핵심이며, 이는 파리 협정의 모든 측면을 구현하여 야심 차게 좁힐 수 있음을 의미한다.
"기후 행동과 파리 협정의 이행은 모든 사람의 소유권을 요구한다.

---

06 마리안 칼센(Marianne Karlsen, SBI) 의장(2022.5.24), https://www.unfccc.int

글로벌 '기후 변화'에 대한 관심 고조

오늘날 전 세계 각국 정부와 기업들이 지구온난화로 인한 기후 변화를 막기 위해 탈탄소 정책과 관련 사업을 실행으로 옮기고 있다. 기후 변화는 지구 전체 규모에서의 평균 기후 변화를 의미하며, 여기에서 '기후'란 수십 년간의 기온과 날씨를 평균화한 것이다. 이런 변화의 요인으로는 인간 활동에 의

한 인위적 요인과 태양 에너지 변화나 화산폭발 등 자연 요인이 있을 수 있다. 국제 기후 변화 보고서(IPCC)는 UN 내 전문기관인 '세계기상기구(WMO)' 등이 1988년 설립한 조직으로, 195개 회원국의 전문가들로 구성되어 있다.[07]

---

07   국제 기후 변화 보고서, IPCC, https://www.ipcc.ch/report/ar5/syr/

IT 비즈니스(Tesla, Amazon, Microsoft)들의 인플루언서(Influence+er) 움직임

가. 테슬라 CEO 일론 머스크(Tesla, Elon Musk, 2021.1.21)

미국의 일론 머스크는 지난 2017년 미국 대중문화 매거진 롤링 스톤과의 인터뷰에서 "인공지능을 제외하면 기후 변화는 우리가 이 세기에 만난 가장 큰 위협이다"라는 의견을 밝히고 있다. 그는 트럼프 전 미국 대통령이 파리 기후 변화 협정 탈퇴를 결정했을 당시 "기후 변화는 현실이다"라고 반발하며 대통령 자문 위원회를 떠난 바 있었다. 한편, 2021년 4월부터는 총 U$ 1억의 상금이 걸린 탄소 포집 기술 경연대회를 개최했다. 이는 CO2 제거(CDR) 기술 개발에 U$ 1억의 상금을 제시했다.

———

* CDR: Carbon Dioxide Removal

머스크는 본 경쟁의 목표가 '탄소 중립이 아닌 제거(Carbon negativity, not neutrality)'이며, 이론적 경쟁이 아니라 수단과 방법을 가리지 않는 실행의 중요성을 강조했다. 특히 '시간이 가장 중요(Time is of the essence)'하다고 밝혔다. 본 CDR 기술 개발 경쟁은 비영리 재단(Xprize Foundation)이 관리하며, 상금은 일론 머스크 펀드(Musk Foundation)이다.

나. 아마존 CEO 제프 베조스(Amazon, Jeff Bezos, 2020.2~11)

제프 베조스는 2020년 2월에 개인 재산 U$ 100억을 출연하여 기후 변화 대응 기금 '베조스 어스(Earth) 펀드'를 조성했다. 해당 기금은 기후 변화를 연구하는 과학자와 환경운동가, NGO 등을 지원하는 데 쓰이고 있으며, 2019년 11월에는 16개의 단체가 총 U$ 7.9억을 지원받은 바 있었다. 이후 베조스 어스 펀드를 포함한 자선사업에 집중하면서 기후 변화에 대응하는 방안을 모색할 계획을 준비했다.

다. 마이크로소프트 설립자 빌 게이츠(Microsoft, Bill Gates, 2020.2)
Microsoft

빌 게이츠는 지난 2월 저서 『How to Avoid a Climate Disaster(기후 재앙을 피하는 법)』의 출간을 앞두고 로이터와 인터뷰했다. 그는 "CO2를 비롯한 온실가스를 배출하지 않고 시멘트와 철강을 만드는 기술이 아직 없지만, 정부와 투자자들은 문제 해결을 위해 안간힘을 쓰지 않는다"라며, 온실가스 배출 저감을 위해 모두가 진지하게 노력해야 한다는 의견을 피력했다.

온실가스는 대기 중 장기간 체류하며 지구에서 빠져나가려는 에너지를 흡수하여 온실효과를 일으키는 기체이다. 온실효과는 온실가스가 마치 온실 유리처럼 작용하여 지구 표면 온도를 높게 유지하는 효과를 의미한다. 또한 2016년 'Breakthrough Energy Ventures(BEV)'라는 펀드를 조성하여 기후 변화에 대처하려는 혁신적 벤처기업에 투자했다. 이 펀드에는 소프트뱅크 손정의, 아마존 제프 베조스, 버진그룹 리처드 브랜슨, 알리바바 창업자 마윈 등이 함께 출자했다.

결과적으로, 이들  의 공통점은 인간 활동으로 인해 배출되는 온실가스의 급증과 이로 인한 지구온난화 및 기후 변화에 위기의식을 갖고, 이를 막기 위해 행동한다는 성격을 갖고 있다.[08]

⟨ΙΧΘΥΣ⟩ IPCC 5차 평가 보고서

가. 지구온난화의 주요 원인은 온실가스라는 보고서를 채택했다

현재 이산화탄소(CO_2), 메탄(CH_4), 아산화질소(N_2O) 등 주요 온실가스의 대기 중 농도는 인간 활동에 의한 인위적 영향으로 지난 80만 년 내 최고 수준이었다. 지구 온실가스 가운데 이산화탄소, 메탄, 아산화질소가 지구온난화에 미치는 영향은 아래와 같은 목록이 있었다.

---

08 https://www.breakthroughenergy.org/

먼저, 이산화탄소(CO2)는 인간 활동으로 가장 많이 배출되는 온실가스로, 전체 복사 강제력의 약 64%를 차지하여 지구온난화에 가장 많은 영향을 끼친다. 둘째는 메탄(CH4)은 이산화탄소 다음으

이산화탄소(CO₂)	산림벌채, 에너지 사용, 화석연료의 연소 등
메탄(CH₄)	가축 사육, 습지, 논, 음식물 쓰레기, 쓰레기 더미 등
아산화질소(N₂O)	석탄, 폐기물 소각, 화학 비료의 사용 등
수소불화탄소(HFCs)	에어컨 냉매, 스프레이 제품 분사제 등
과불화탄소(PFCs)	반도체 세정제 등
육불화황(SF₆)	전기제품과 변압기 등의 절연체 등

| 6대 온실가스 목록과 발생 원인

로 지구온난화에 큰 영향을 끼친다. 대기 중에 ppm(100만분의 1) 수준으로 존재하는 이산화탄소와 달리, 메탄은 ppb(10억분의 1) 수준으로 매우 적은 양이 존재한다. 셋째는 이산화질소(N2O)는 메탄과 마찬가지로 ppb 수준으로 존재하지만, 양에 비해 온실효과를 가속하는 바가 굉장히 켜며, 대기 중 체류시간이 120년으로 굉장히 길며, 전체 온실가스 복사 강제력의 약 6%를 차지한다.

나. 지구온난화와 기후 변화의 상관관계

현재 지구온난화는 해양, 대기, 빙하에 복합적인 영향을 끼치는데, 이는 아래와 같은 경로 등을 통해 극심한 기후 변화를 불러온다. 전 지구적으로 순환

| 기후 변화의 영향, 적응 및 취약성

하여 에너지를 운반하는 심층·표층 해류의 변화를 가져오기도 한다. 또한, 지구온난화가 지구 전체 기후 시스템을 교란하고, 이로 인해 한파를 포함한 극한 기상이 과거에 비해 잦은 빈도로 나타나고 있다는 주장이 설

득력을 얻고 있다.

IPCC 6차 평가 보고서는 지구 및 지역 수준에서 생태계, 생물다양성 및 인간 공동체를 관찰하면서 기후 변화의 영향을 평가한다. 또한, 제6차 평가 보고서의 제1 실무그룹(Working Group I) 보고서는 최신 기후 과학, 고기후(古氣候)의 증거, 관찰, 시뮬레이션 등에 기반하여 기후 시스템과 기후 변화에 대한 최신 정보를 다룬다.

다. 기후 변화 현황 및 미래 예측

대기, 해양, 토지의 온도 상승에 인류의 영향이 명백했다. 10년 단위로 기간을 나누어 살펴보았을 때 최근 40년은 1850년대의 그 어느 때보다 기온이 높게 나타났다. 2011~2020년의 지구 표면 온도는 1850~1900년보다 1.09℃ 높았으며, 2040년 지구평균온도는 1850년보다 1.5℃ 이상 높아질 것으로 예상했다(2023.03.31., 스위스).

기후 시스템 전역에서 나타난 변화의 규모와 최근 기후 시스템에 나타나는 다양한 양상은 지난 몇 세기 혹은 몇천 년 동안에도 전례 없는 수준이었다. 인류가 초래한 기후 변화는 이미 모든 지역에 걸쳐 '기후 이변'을 발생시키고 있었다. 보고서는 최저 및 저배출 시나리오(SSP1-1.9, SSP1-2.6)부터 최고 배출 시나리오 (SSP5-8.5)에 이르는 5개 기후 변화 시나리오에 따른 미래 기후 변화를 전망했다.

———

* Shared Socio-economic Pathway(SSP): 공통사회 경제 경로

모든 시나리오가 2050년까지 지구 표면 온도는 계속해서 상승할 것이라고 예측했다. 향후 몇십 년 내 CO2와 기타 온실가스에 대한 심층 감축이 진행되지 않는다면 21세기 중 지구온난화는 1.5℃ 및 2℃를 넘어설 것을 예상한다. 지구온난화가 심각해지면서 기후 시스템에 나타나는 변화의 규모

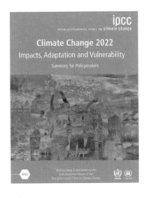

가 커지고 있다. 폭염, 해양 고온, 폭우, 가뭄, 폭풍, 북해 빙하 축소 등의 빈도와 강도가 커지고 있다. 지구 온도가 0.5℃ 상승할 때마다 폭염, 폭우, 가뭄 등의 발생 빈도와 강도가 커지고 있다. 지구온난화가 지속되면 폭풍우, 가뭄 및 홍수 발생이 잦아지는 등 전 세계 물순환이 강화될 것으로 예측했다.

라. 기후 변화 완화하기

과거와 미래 온실가스 배출로 인한 변화(특히 해양, 빙하, 해수면 등)는 몇백 년 혹은 몇천 년이 지나도 돌이킬 수 없을 것이다. 21세기 해수면은 계속해서 상승할 것으로 보며, 2100년까지 해수면은 0.28~0.55m(최저·저 배출 시나리오) 혹은 0.63~1.01m(최고 배출 시나리오) 상승할 것이다. 인류로 인한 지구온난화를 특정 수준으로 완화하려면 누적 CO2 배출을 제한하고, CO2 순 배출 제로를 달성하고, 기타 온실가스 감축이 필요하다. 또한, 빠르고 강력하며 지속 가능한 방식으로 CH4 배출을 감축하면 에어로졸 오염으로 인한 지구온난화를

방지하고, 대기 질을 개선할 수 있어야 할 것이다.[09]

핵심 웨이브

결론적으로, 인류가 배출한 CO2의 순 배출 제로(Zero) 달성 정책   By IPCC (국제 기후변화 기구)

○ 글로벌 국가들이 초래한 지구 온도 상승을 안정화시키는 것이 필수적 요소

- 지구 온도 상승 억제하려면 누적 CO2 배출을 탄소 예산(carbon budget)* 내에서 제한하는 것이다.
- 인류 발생 CO2 제거(CDR)는 대기 중 CO2를 제거하고 오랜 기간 저장할 수 있는 잠재력을 가지고 있다.
- 이것은, 전 세계 순 역(逆)배출로 이어진다면 대기 중 CO2 농도를 낮추고 해양 산성화를 완화할 수 있을 것이다.

* 기후에 심각한 영향을 미치지 않는 선에서 인류가 배출한 CO2 누적 순 배출량의 최고치

---

09 IPCC 6차 평가 보고서(AR6), https://climatenetwork.org/ipcc/

향후 10년
최대 글로벌 리스크

프롤로그(Prolog)

||||||||||||||||

기후 변화 위기 평가 및 지역별 대응을 위한 활동

오늘날에 기후 변화에 의한 지구온난화가 지속되면 모든 자연은 동시다발적 기후 영향인자(CID)를 더욱 많이 겪게 될 것이다. 이를 해결하기 위해서, 글로벌 국제협력 활동은 시작이 되었다. 제3차 세계기후총회(World Climate Conference, WCC, 2009년)에서 기후에 대한 이해와 기후 예측 및 사각지대 없는 기후 정보의 사용을 위해 WMO 내 GFCS(Global Framework for Climate Services, 전 지구 기후서비스체제) 조직을 구성하였다.

지구온난화로 인한 이상기후 재해 경감에 대한 공동 대처하기 위한 국가 간 협력이 필요할 것이다. APEC 회원국 간 합의로 설립한 APCC(APEC Climate Center)는 기후 예측정보의 부가가치 창출을 위한 혁신적인 기술 개발하며, 또한 우리나라를 포함한 아태지역 이상기후 감시 및 최적의 기후 예측정보를 상호 생산·제공함으로 지역 번영 실현에 이바지하고, 한반도 중심의 장기 예보 향상 기술 개발 및 실무 지원하는 역할을 하고 있다.

21세기 지역 평균 해수면은 계속해서 증가할 것으로 보이며, 전체 해안선의 3분의 2는 전체 평균 해수면 상승의 ±20% 수준으로 상승할 것으로 예측된다. 100년에 한 번꼴로 발생하던 해수면 관련 재난이 2100년까지 적어도 1년 주기로 발생할 것이다. 도시는 인류가 초래하는 지역 단위 온난화를 촉진하며, 추가적인 도시화는 폭염의 심각성을 더욱 확대할 것이다. 이에 따라서, 다보스 세계경제포럼(World Economic Forum, WEF)에서도 글로벌 향후 10년 최대 글로벌 리스크를 발표하였다.

| 사이먼 코페(Simon Kofe) 투발루 법무부 장관

2021년 11월 투발루 푸나푸티의 바다에서 사이먼 코페(Simon Kofe) 투발루 법무부 장관이 COP26 성명을 발표했다. "이 성명서는 기후 변화와 해수면 상승의 영향으로 인해 투발루가 직면한 실제 상황과 COP26 설정을 나란히 하고 있으며, 기후 변화하에서 인간 이동성의 매우 시급한 문제를 해결하기 위해 투발루가 취하고 있는 과감한 조치를 강조합니다"라고 전했다. 하와이에서 남서쪽으로 약 2,500마일 떨어진 투발루는 9개의 작은 섬으로 이루어져 있으며 인구는 약 12,000명이며, 학교 학생들은 기후 변화의 영향에 대해 배우고 있으며 많은 사람이 이미 뉴질랜드로 이주했다고 덧붙였다.

세계은행에 따르면 서태평양의 해수면은 세계 평균보다 2~3배 빠른 속도로 상승했다. 그들은 세기가 끝나기 전에 0.5~1.1m 상승할 것으로 예상된다. 섬나라 지도자들은 이미 스코틀랜드 글래스고에서 열린 COP26에서 강력하게 호소했으며 또한, 이브라힘 모하메드 솔리 몰디브 대통령은 "우리 섬이 하나둘씩 바다에 잠식되고 있다. 우리가 이 추세를 뒤집지 않으면 몰디브는 세기말까지 존재하지 않게 될 것입니다"라고 전했다.[10]

---

10 미국 경제 금융 전문 매체, CNBS, https://www.cnbc.com

다보스 아젠다(Davos Agenda)

오늘날 세계의 저명한 기업인 · 경제학자 · 저널리스트 · 정치인 등이 모여 범세계적 경제문제를 주제로 토론하고 국제적 실천과제를 모색하는 국제 민간회의, 세계경제포럼(World Economic Forum, WEF)은 미국 하버드대 클라우스 슈밥(Klaus Schwab) 교수가 1971년 다보스에서 개최한 유럽 기업가들의 비공식 모임에서 유래되었다. 1987년 이러한 모임의 명칭을 WEF로 변경하였으며, 참석자를 정부, 학계, 언론계 인사까지 확대하고, 이들이 다루는 의제들도 세계 경제, 정치, 사회 이슈로 확대하였다. 2002년에는 9 · 11테러에 맞선다는 의미로 다보스 대신 뉴욕에서 열렸다.

WEF는 비영리, 비정치, 비 지역적 재단의 성격을 가지고 있으며, 스위스 제네바에 본부가 소재하고 있다. 2015년 1월 스위스 정부로부터 국제기구 지위를 획득하였다. WEF의 설립자인 클라우스 슈밥이 회장을 맡고 있으며, 최고 의사결정기구인 이사회(Board of trustees)는 세계 정계, 재계, 학계, 시민사회 지도자 23명으로 구성되며, WEF의 활동과 사업을 총괄하는 집행위원회는 60명의 전문가로 구성된다.

또한, 매년 1월 스위스 다보스에서 소위 '다보스 포럼'이라는 연차총회를 개최하고 있으며, 연차총회를 통해 글로벌 리더들이 주요 세계 현안을 논의하고 해결방안을 모색하는 논의의 장을 마련하고 있다. 연차 총회는 저명한 글로벌 민간 포럼으로서 세계여론에 큰 영향력을 미치고 있다. 우리나라의 경우, 코로나 팬데믹으로 화상으로 개최된 2021년 2월 '다보스 어젠다 주간'에는 문재인 대통령이 특별연설을 했다.[11]

| 2021 세계경제포럼(WEF) 문재인 대통령 특별연설

한편, 하계 다보스 포럼은 중국에서 매년 여름 개최되며, 이외에도 6개의 지역회의를 아세안, 중동, 아프리카, 라틴아메리카, 유럽, 중앙아시아 지역에서 개최하고 있다. 또한 세계 경쟁력 보고서, 세계 성격 차(젠더) 보고서 등 분야별로 다양한 보고서를 발간하는 싱크 탱크로서의 기능도 수행하고 있다.

지난 2022년 4월 윤석열 대통령 당선인은 독일 태생으로 스위스 경제학자인 클라우스 슈밥(Klaus Schwab) 세계경제포럼(WEF) 회장을 접견

---

11 세계경제포럼(WEF), https://www.weforum.org

하고 "WEF가 세계 경제 성장에 큰 역할을 했다고 생각한다"고 밝혔다. 윤 당선인은 "한국 사회에서 4차 산업혁명이라고 하면 슈밥 회장님이 잘 알려져 있다"며 "회장님께서 4차 산업혁명이라는 용어를 제시하고 정의를 내린 게 인공지능(AI), 로봇, 디지털 산업을 발전시키는 데 굉장히 도움이 많이 되는 제시가 아니었나 생각한다"고 말했다.

그러면서 클라우스 슈밥(Klaus Schwab) 회장은 "WEF는 4차 산업혁명 시대에 대비하고 정책들을 이행하기 위한 더 깊은 연구를 위해 16개국에 과학자, 교수, 정책 임원 등

으로 구성된 '4차 산업혁명 연구센터'를 운영하며 AI, 가상화폐 등을 집중 연구한다"며 "언젠가 한국에도 4차 산업혁명 연구센터를 개소할수 있으면 매우 좋을 것"이라고 덧붙였다.

결론적으로, 세계의 정계·재계·언론계·학계 지도자들이 참석해 '세계 경제올림픽'으로 불릴 만큼 권위와 영향력이 있는 유엔 비정부 자문기구로 성장하면서 세계무역기구(WTO)나 서방 선진 7개국(G7) 회담 등에 막강한 영향력을 행사하고 있다.[12]

---

12 한국민족문화대백과사전: http://encykorea.aks.ac.kr

다보스 어젠다 워크: 향후 10년 최대 글로벌 리스크는?

세계경제포럼(WEF) '다보스 어젠다 2021'은 7가지의 주요 아젠다를 논의했다. COVID-19 확산(The diffusion of COVID-19), 경제침체에 대한 극복(Coping with COVID-19), 코로나로 인한 산업의 변화(Industry transition by COVID-19), 미래의 직업(Future of job), 기후 변화 대응(Natural Climate Solusions), 4차 산업혁명 기술 이용(Usage of the fourth industrial revolution tech) 및 글로벌 리스크(Global Risk 2021)가 있다.

가. 2021년 글로벌 리스크(Global Risk 2021)

국제사회가 직면할 핵심 리스크를 평가한 'Global Risks Report 2021'은 국제사회가 직면한 리스크 요인에 대한 순위와 함께 코로나 19 등에 의한 글로벌 사회의 변화를 다음과 같이 분석하였다.

A. **균열된 미래**(Fractured Future) **디지털 포용성에 대한 장벽**(Barriers to Digital Inclusivity)

B. **잃어버린 기회 시대의 청년** (Pandemials: Youth in the Age of Lost Opportunity)

C. **수렁에 빠진 중간국가: 양분된 세상 속에서의 항해**(Middle Power Morass: Navigating Global Divide)

| 글로벌 리스크 네트워크

D. 불완전한 시장: 무질서한 산업 재편(Imperfect Markets: A Disorderly Industrial Shakeout)

나. 포스트(Post) 코로나 시급성

코로나19 확산 이전과 같이 다수의 환경 관련 이슈가 상위권 리스크로 선정된 반면 코로나 확산으로 인해 대응 필요성이 확대된 리스크가 주목받았다. 코로나19 확산으로 인한 실업자 발생과 취약 계층의 확대 위기 극복을 위한 경제 주체의 부채 증대 등으로 발생할 수 있는 리스크 대응의 시급성이 강조되었다. 또한 코로나19 유행으로 디지털 활용이 크게 증대되었으나 개인 간 또는 국가 간 디지털 활용 능력 격차가 상존하는 등 디지털 불평등이 이슈화되었다.

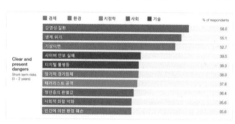

| 향후 2년 내 최대 리스크 요인

단기적으로는 감염성 질환, 생계 위기, 기상이변, 사이버 안보 실패 등이 주요 위협요인으로 작용할 것이라고 분석하였다. 글로벌 리스크에는 환경 관련 이슈가 다수 포함된 가운데 코로나 확산의 여파로 가시화된 이슈가 등장하였다.

다. 기후 변화 대응(Natural Climate Solutions)

21세기에 들어오면서, 지구환경 문제, 기후 변화 등을 시급히 해결해야 한다는 국제적 공감대가 확산하고 있으며 향후 그린 이코노미의 확대와 보편화가 예상된다. 최근 몇 년간 탄소배출 증가로 인한 지구 온난화 및 해수면 상승 등 산업화 과정에서 발생한 환경 문제 해결이 시급하다는 위기감이 고조되고 있다. 유럽 등 주요국을 중심으로 기후 변화 대응에 적극적인 행보를 보여왔으며 미국(바이든 정부)의 정권 교체가 이뤄지면서 국제적 온실가스 규제에 대한 논의와 제도화가 가속화될 가능성 확대된다.

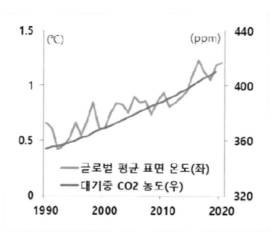

| 글로벌 평균 온도 및 CO2 농도 추이, 세계기상기구

세계기상기구(世界氣象機構, World Meteorological Organization, WMO)는 1950년 기상 관측을 위한 세계의 협력을 목적으로 설립된 유엔

의 기상학(날씨와 기후) 전문 기구이며, 본부는 스위스 제네바에 있다. WMO에서는 지난 100년간의 글로벌 평균 표면 온도는 산업화 이전(1850~1900년) 평균 표면 온도 대비 상승량을 분석했다.[13]

이를 기반으로, 다보스 포럼은 글로벌 리더들의 지구환경 문제, 기후 변화 등을 시급히 해결해야 한다는 국제적 공감대가 확산하고 있으며, 향후 그린 이코노미의 확대와 보편화가 예상될 것으로 보인다. 최근 몇 년간 탄소배출 증가로 인한 지구온난화 및 해수면 상승 등 산업화 과정에서 발생한 환경 문제 해결이 시급하다는 위기감이 고조되고 있다. 이로 인해서, 주요 선진국은 미래 탄소 중립을 달성하겠다는 목표로 정책 마련과 인프라 투자 계획 등을 수립하였고 이를 통해 글로벌 그린 이코노미가 부상할 것으로 보인다. 나아가, 탄소 중립 실현과 환경 문제 해결 과정에서 재생에너지 친환경 소비재 등 친환경 산업 부문의 일자리 창출 등이 수반될 것으로 기대된다.[14]

핵심 웨이브

메가트렌드 인사이트

향후 10년 최대 글로벌 리스크 : 기후변화 → 그린 이코노믹 확대　　By WEF (세계 경제 포럼)

○ 다보스 세계 경제포럼(World Economic Forum: WEF)
- 환경 문제, 기후변화 등을 기후변화 대응(Natural Climate Solutions) 시급히 해결해야 한다는 국제적 공감대가 확산.
- 최근 몇 년간 탄소 배출 증가로 인한 지구 온난화 및 해수면 상승 등 산업화 과정에서 발생한 환경 문제 해결이 시급.
- 위기감이 증가되면서 주요 선진국은 미래 탄소 중립을 달성하겠다는 정책 마련과 인프라 투자 계획 수립됨.
- 이를 통해 향후 그린 이코노미(Green Economic)의 확대와 보편화가 예상될 것으로 보인다.

13　세계기상기구(WMO), https://worldweather.wmo.int/en/error.html

14　WEF 기후 변화 보고서, https://www.weforum.org/reports/the-global-risks-report-2021

글로벌
투자 동향 및
ESG 비즈니스 물결

Chapter A

지속 가능 및
임팩트 투자 동향에 대한 보고서

프롤로그(Prolog)

글로벌 지속 가능한 투자 연합 'GSIA'

GSIA(Global Sustainable Investment Alliance)는 전 세계의 회원 기반 지속 가능한 투자 조직의 협력체이다. GSIA의 사명은 의도적인 국제협력을 통해 지속 가능하고 책임 있고, 임팩트 있는 투자를 심화하고 확장하는 것이다. GSIA의 비전은 지속 가능한 투자가 금융 시스템과 투자 체인에 통합되고, 전 세계의 모든 지역이 지속 가능한 투자 커뮤니티를 대표하고 발전시키는 활발한 회원 기반 기관의 지원을 받는 단체이다.

또한, GSIA의 사명은 의도적인 국제협력을 통해 지속 가능하고 책임 있고 임팩트 있는 투자를 심화하고 확장하는 것이다. GSIA의 비전은 지속 가능한 투자가 금융 시스템과 투자 체인에 통합되고 전 세계의 모든 지역이 지속 가능한 투자 커뮤니티를 대표하고 발전시키는 활발한 회원 기반 기관의 지원을 받는 세상이다. 회원으로는 유로시프(EURESIF), 일본 지속 가능한 투자 포럼, 오스트랄라시아(Australasia) 책임투자협회, 캐나다 책임 투자협회, UKSIF, 미국 SIF가 있다.[15]

Eurosif

Eurosif Survey on Climate Data & Indicators

유로시프 'EUROSIF'

EUROSIF(The European Sustainable Investment Forum)는 UN, 유럽연합 및 기타 유럽 국가에서 설정한 지속 가능한 개발 목표에 측정 가능한 이바지하는 민간 및 공공 투자 자금을 지원함으로써 금융 시장을 통한 지속 가능한 개발을 촉진한다. 또한, EUROSIF는 지속 가능한 투자 산업 가치사슬에서 가져온 400개 이상의 유럽 기반 조직에 걸쳐 있는 네트워크의 직접적인 지원과 함께 유럽에 기반을 둔 국가 지속 가능한 투자 포럼(SIF)의 파트너십으로 작동한다. 이러한 조직에는 기관 투자자, 자산관리자, 금융 서비스, 지수 제공자, 총자산이 20조 유로가 넘는 ESG 연구 및 분석 회사가 포함된다.

주요 활동은 지속 가능한 투자 모범 사례를 육성하기 위한 공공 정

---

15 미국 지속 가능 투자 협회(USSIF), https://www.ussif.org/globalsri

책, 연구 및 플랫폼을 생성하는 것이다. 유럽에서 빈곤과 사회적 배제를 줄이는 것을 목표로 하는 변화하는 사회 보호 정책의 효과에 대해 새롭고 젠더에 민감한 비교 지식을 제공한다. 초점은 사회 보호 시스템의 역할(최저 소득 제도 포함), 작업의 디지털화 및 사회 보호 전달, 3가지 시민 그룹(위험에 처한 청소년, 보호 의무가 있는 불안정 노동자와 장기 요양이 필요한 노인이나 장애인)을 갖는다. 이들은 국가 및 유럽 이해 관계자의 참여를 통해 효과적인 정책 제안을 개발하고 관련 정책 입안자에게 정보를 제공하여 사회적 및 과학적 관점에서 프로젝트의 영향을 극대화하는 것을 목표로 한다.[16]

영국 지속 가능한 투자 및 금융 'UKSIF'

UKSIF(UK Sustainable Investment and Finance Association)는 영국에서 지속 가능하고 책임감 있는 금융 성장을 위해 헌신하는 금융 업계 종사자를 위한 회원 조직이다. UKSIF는 영국의 지속 가능한 금융 커뮤니티를 한데 모으고, 회원들이 이 핵심 부문을 확장, 강화 및 홍보할 수 있도록 지원하기 위해 존재한다. 이들은 강력하고 연결된 영국 커뮤니티를 구축하고 정부와 규제 기관에 영향을 미치며, 문제 및 솔루션에 대한 집단 지식을 공유함으로써 목표를 달성한다.

---

16   유로시프(EUROSIF), https://www.eurosif.org/

UKSIF는 조직의 30주년을 기념하기 위해 2021년 정책 비전을 발표했다. 100개 이상의 회원사가 주요 환경, 사회 및 거버넌스 문제를 해결하기 위한 영향력 있는 솔루션에 중점을 둔 문서 작성에 참여했다.[17]

핵심 웨이브

By https://www.ussif.org/ (GSIA, 미국)

비즈니스 방향성

○ 글로벌 지속 가능한 투자 연합GSIA (Global Sustainable Investment Alliance)
- 주요내용
  . 의도적인 국제 협력을 통해 지속 가능하고 책임 있고, 임팩트 있는 투자를 심화하고 확장
  . US SIF는 자랑스럽게 GSIA의 창립 멤버이자 참가 그룹
  . 참여기관 :
  ➢ 유로시프(EUROSHIP), 일본 지속 가능한 투자 포럼, 책임투자협회 오스트랄리시아,
  ➢ 캐나다 책임 투자 협회, UKSIF, 미국 SIF

---

17   영국 지속 가능 투자협회, https://uksif.org/policyvision/

미국 지속 가능 책임투자포럼
(US SIF: Sustainable and Impact Investing Foundation)

US SIF 지속 가능 투자

US SIF는 초기에 자랑스러운 글로벌 지속 가능 투자협회 GSIA 의 창립 멤버이자 참가자이다. 미국 지속 가능 책임투자포럼(US SIF: Sustainable and Impact Investing Foundation)은 전 세계의 지속 가능하고 임 팩트 있는 투자 시장의 허브로, 긍정적인 사회적 및 환경적 영향과 경 쟁력 있는 수익을 달성하기 위해 노력하는 글로벌 투자 포럼이다. US SIF는 컨퍼런스, 리셉션, 웨비나 및 토론 그룹을 통해 관리 또는 자문 중인 자산으로 집합적으로 5조 달러를 대표하는 동료 네트워크에 대 한 앙트레를 제공한다. [18]

가. 세계 투자 포트폴리오: 지속 가능한 투자(Sustainable Investing)

전 세계적으로 투자 포트폴리오 구성에 있어 '재무적 성과'뿐만 아 니라 비재무적 성과도 함께 고려하는 '지속 가능한 투자(Sustainable Investing)'가 빠르게 확산하고 있다. 특히, 글로벌 기관 투자자들이 기 업의 실적과 투자가치를 평가하는 과정에서 'ESG 통합' 지표의 비중 이 갈수록 확대된다. 매튜 넬슨 EY 글로벌 리더는 "자본시장의 규칙

---

18 미국 지속 가능 투자협회, US SIF, https://www.ussif.org

이 새롭게 정립되고 있다"라며, "기관 투자자들은 단기 성과에 집중하기보다 장기적인 가치 창출에 초점을 두며, 기업을 평가하는 과정에서 ESG 요소의 중요성을 강조한다"라고 설명한다.

나. US SIF의 투자 방향

미국의 전체 투자자산(U$ 51조 4,000억, 2020년) 중 지속 가능 투자자산 총액은 U$ 17조 1,000억이다. 미국의 지속 가능 투자는 US SIF가 1995년 지속 가능 투자 규모를 발표한 이후부터 그 규모가 꾸준히 증가하고 있다. 지속 가능 투자자산 총액은 1995년 U$ 6,390억에 불과했으나, 2012년 이후 빠르게 성장해 25배 이상 증가했다. 2018년(U$ 12조 1,000억) 대비 42%가 증가한 금액으로, 이는 3달러 중 1달러가 지속 가능 투자에 쓰이는 비중을 차지했다.

ⲭⲑⲩⲋ 'ESG 통합 전략(ESG Incorporation)'

지속 가능 투자자산(U$ 17조 1,000억)의 대부분인 U$ 16조 6,000억은 'ESG 통합 전략(ESG Incorporation)'을 사용했다. 'ESG 통합 전략(ESG Incorporation)'의 3가지 요소는 다음과 같다. 첫째, ESG 환경(Environmental) 요인들은 기후 변화, 산림 파괴, 생물다양성, 폐기물 관리 등 이슈들이 있다. 둘째로, 사회(Social) 요인들은 근로 기준, 영양, 건강, 안전과 같은 이슈들이 포함된다. 마지막으로, 기업지배구조

(Governance)는 기업의 전략에서 성과 보상 정책, 이사회의 독립성이나 다양성에 이르기까지 다양한 이슈들이 포함한다.

결론적으로, 지속 가능한 투자(Sustainable Investing)에서 자산 운용사들은 ESG 요소 중에서 '환경(E)'에 가장 많은 관심을 보였으며, 이들에게 가장 중요한 ESG 투자 이슈로는 '기후 변화 및 탄소배출'이 선정되었다. 이들은 전체 중 39% 투자되었다. 2020년에는 2018년보다 39% 증가한 U$ 4조 1,800억의 투자자산을 기후 변화 및 탄소배출 분야에 투입했다. 기타 환경과 관련된 청정기술, 유독물질 배출, 그린빌딩과 같은 다양한 이슈도 고려 요인에 포함했다.

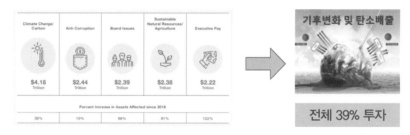

| 2020년 ESG 분야 중요 이슈 및 투자 금액

핵심 웨이브

ESG 비즈니스 물결:
국가별 에너지 전략 및 태양광 발전

프롤로그(Prolog)

||||||||||||||||||

　50여 년 전, 1974년 석유 안보에서 세계를 안전하고 지속 가능한 에너지 전환으로 이끄는 새로운 에너지 물결을 이끌어 갈 새로운 국제 협의가 진행되었다. 글로벌 석유의 안전한 공급을 보장하기 위해 1974년에 설립된 국제 에너지 기구(IEA: Agreement on an International Energy Program)는 수년에 걸쳐 발전해 왔다. 에너지 안보가 핵심 임무로 남아 있지만, 오늘날 IEA는 전력 안보에서 투자, 기후 변화 및 대기 오염, 에너지 접근 및 효율성 등에 이르기까지 다양한 문제에 초점을 맞추며 전 세계 에너지 논쟁의 중심에 있다.

IEA는 1973~1974년 석유 위기와 함께 태어났다. 당시 선진국들은 가격을 역사적으로 높은 수준까지 끌어올린 주요 생산국의 석유 금수 조치에 대처할 수 있는 장비가 충분하지 않다는 것을 알게 되었다.

이 첫 번째 오일 쇼크로 인해 1974년 11월 에너지 안보 및 에너지 정책 협력에 대한 광범위한 권한을 가진 IEA가 창설되었다. 여기에는 잠재적인 석유 공급 중단에 효과적으로

| IEA 설립 협정 서명: 1974년 11월 18일

대응하기 위한 집단행동 메커니즘의 설정이 포함되었다. 이 프레임워크는 OECD(파리)에서 주최한 새로 창설된 자율 기구로 '국제 에너지 프로그램에 관한 협정(IEA)'이라고 하는 국제기구가 되었다.

IEA는 공급 안보, 장기 정책, 정보 투명성, 에너지 효율성, 지속 가능성, 연구개발, 기술 협력, 국제 에너지 관계와 같은 다양한 문제에 대한 에너지 협력을 위한 주요 국제 포럼으로 설립되었다. IEA의 창립 회원은 오스트리아, 벨기에, 캐나다, 덴마크, 독일, 아일랜드, 이탈리아, 일본, 룩셈부르크, 네덜란드, 노르웨이, 스페인, 스웨덴, 스위스, 터키, 영국, 미국이었다. IEA 집단적 비상 대응 시스템 메커니즘(IEA's collective emergency response system mechanism) IEA는 시장과 세계

경제에 안정적인 영향력을 보장한다. 이들 집단적 비상 대응 시스템 메커니즘이 생성된 이후 다섯 번의 중요한 활동과 결정을 했었다. 첫 번째는 1991년 1월 제1차 걸프전 당시였으며, 두 번째는 허리케인 카트리나와 리타가 멕시코만의 석유 기반 시설을 손상시킨 2005년이었다. 세 번째는 2011년 리비아 위기 때였으며, 네 번째와 다섯 번째는 러시아가 우크라이나를 침공한 2022년이었다.

현대화 전략

2015년에 IEA의 각료 회의는 새로 임명된 사무총장인 파티흐 비롤(Fatih Birol) 박사가 제시한 새로운 현대화 전략을 승인하여 글로벌 에너지 정책에 대한 권위 있는 목소리로서 IEA의 역할을 강화했다. 장관들은 신흥 에너지 경제와의 긴밀한 참여를 통해 더 포괄적이고 진정한 글로벌 기관을 만드는 데 중점을 두었다. IE의 현대화는 3가지 기둥으로 구성되었다. 주요 신흥 경제국과의 IEA 참여 심화, 에너지 효율성을 포함하여 청정에너지 기술에 더 큰 초점을 제공한다.[19]

---

19 IEA, 세계 에너지 기구, https://www.iea.org

핵심 웨이브

ESG 비즈니스 물결 : 글로벌 에너지 현황 및 미래 예측　　By IEA (국제 에너지 기구)

○ 에너지 전환을 위한 새로운 물결에서 에너지의 창조적인 역할 : IEA 협정(1974)

○ IEA의 집단적 비상 대응 시스템 메커니즘(The IEA's collective emergency response system mechanism)

○ 현대화 전략 :

. 2015년에 IEA의 각료 회의는 새로 임명된 사무총장인 Fatih Birol 박사가 제시한 새로운 현대화 전략을 선포

. 세 가지 현대화의 기둥 : 주요 신흥 경제국과의 IEA 참여 심화, 에너지 효율성을 포함하여 청정 에너지 기술에 더 초점을 맞춤

전 세계는 지속 가능 및 임팩트 투자(Sustainable Investing) 확산　　By US SIF(미국 지속가능 투자포럼)

○ 전 세계적으로 투자 포트폴리오 구성에 있어 '재무적 성과' 뿐만 아니라 '비재무적 성과' 도 함께 고려하는
'지속 가능한 투자(Sustainable Investing)'가 빠르게 확산되고 있다.

　세계 투자 포트폴리오 구성 : 지속 가능한 투자(Sustainable Investing)'

　　├ 재무적 성과

　　└ 비재무적 성과　→　사회책임투자(Social Responsible Investment, SRI)'

　　　　　　　　　　├ 투자 고려: 환경 (Environmental)·사회(Social)·지배구조(Governance)

　　　　　　　　　　└ 대표 전략: 스크리닝, ESG 통합, 지속가능 테마 투자, 주주 관여(주주 행동)

○ 특히, 글로벌 기관투자자들이 기업의 실적과 투자가치를
평가하는 과정에서 'ESG 통합' 이 지표의 비중이 갈수록 확대됨!

- 매튜 넬슨 EY 글로벌 리더는 "자본시장의 규칙이
새롭게 정립되고 있다." 며, "기관투자자들은 단기적 성과에
집중하기보다 장기적인 가치 창출에 초점을 두며, 기업을
평가하는 과정에서 ESG 요소의 중요성을 강조 한다" 고 한다.

[ESG 구성요소]

※ 참고(미국투자포럼, US, SIF): https://www.ussif.org/trends

국제 에너지 기구(IEA: International Energy Agency): 탄소배출감소&재생에너지

 국제 에너지 현황과 미래 예측

오늘날에 에너지 안보가 핵심 임무로 남아 있지만, IEA는 글로벌 에너지 시스템의 변화에 적응하면서 수년에 걸쳐 발전해 왔다. 오늘날 IEA 권위는 통계 및 분석을 제공하고 에너지 문의 전체 스펙트럼을 조사하며 31개 회원국 및 그 외 국가에서 에너지의 신뢰성, 경제성 및 지속 가능성을 향상시킬 정책을 옹호하는 에너지에 관한 글로벌 대화의 중심에 있다.

앞으로 글로벌 탄소배출감소&재생에너지에 관한 관심은 범지구적인 전략과 시장이 이끌어 나갈 것이다. 국제 에너지 기구(IEA)는 2040년 세계 1차 에너지 수요가 2018년 대비 23.8% 증가한 177.2억 toe에 이를 것으로 전망하며, 재생에너지는 인센티브 정책, 기술 발전 등으로 비중이 확대될 것으로 전망했다. 에너지 수요의 증가에 따라 온실가스 배출 등의 환경 문제로 인해 이산화탄소 감축을 위한 방법으로 에너지 효율 개선과 1차 에너지에서 '재생에너지'로의 에너지 전환 시대가 도래한다고 발표했다.

가. 탄소배출 감소를 위한 에너지 효율 개선 및 재생에너지 부문에서 달성을 명시한 정책발표

2050년까지 탄소배출을 10Gt CO_2 이하로 감소시키기 위해 에너지 효율 개선(37%)과 신재생에너지 보급(32%)이 주요 수단으로 대두된다. EU, 영국, 독일, 프랑스, 미국, 중국, 일본 등 주요국들

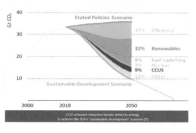

| 감축 수단별 예상 탄소 감축 기여도

은 탄소배출 감소를 위한 에너지 효율 개선 및 재생에너지 부문에서 달성목표를 명시한 정책을 발표, 실행하고 있다.

에너지 효율 부문에 대한 투자는 2018년 $2,400억에서 2030년까지 연간 약 $4,450억 증가하여 2040년까지 누적 총 $11조 7,000억에 이를 것으로 추정했다.

에너지 효율 개선(37%)과 신재생에너지 보급(32%)의 효과에 의해 생성된 에너지 절약의 전부 또는 일부를 상쇄하는 일련의 경제 및 행동 메커니즘을 가져다주었다. 반동 효과의 범위는 정량화하기 어렵지만, 이 현상에 대한 기존 도표 내에서 그래프가 나타난다.

IFPEN이 이바지한 최근 연구는 매우 중요한 반동 효과에 대한 증거를 분명히 보여준다. 즉, 개선된 에너지 효율성으로 인한 에너지 절감의 절반 이상을 확인했다. 결과적으로, 감축 수단별 예상 탄소 감축 기여도에서 에너지 효율 개선과 신재생에너지 보급의 효과가 글로벌

에너지 수요 측정에 있어서, 정치적 의사결정을 이끄는 시나리오에서 상당히 과소 평가된 것으로 보여진다.[20]

나. 국가별 에너지 정책과 전략

 USA는 바이든 정부 출범으로 재생에너지 비중을 확대하며, 원전 발전량 유지 및 산업재건을 한다

재생에너지 확대: 태양광 · 풍력 분야에 대한 투자 확대로 2050년까지 재생에너지 비율 42% 전망하며, 2050년 탄소 중립 실현에 이바지할 예정이다. 원전산업 재건방안으로 가동기한 갱신(갱신율 91.5%)을 통한 기존 원전 계속 운영 및

| 미국 에너지정보국(EIA, 2021.2)

발전량 유지, 차세대 원자로 개발, 원료(우라늄) 확보 확대 등 계획한다.

 Germany는 재생에너지 비중 대폭 확대 및 화력 · 원전 대폭 축소한다

재생에너지 확대: 2030년까지 전체 전력 수요의 65%를 재생에너지로 공급 목표로 한다. 그러나, 화력 · 원전 축소 계획으로 석탄 화력(2038

---

20 국제 에너지 기구(IEA) 지속 가능한 개발, https://www.ifpenergiesnouvelles.com

년), 원전(2022년) 전면 가동 중단 추진한다. 급격한 원전 축소로 전기 요금 상승, 석탄발전 축소 지연 등 부작용이 발생한다. 그러나, 최근 러·우크라이나 전쟁으로 인해 전략수정이 예상된다.

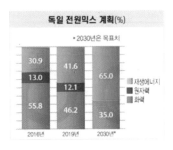

| 독일 기후 보호 프로그램 2030(2019.9)

 UK은 재생에너지 비중 확대 및 기후 변화 대응을 위해 원전 유지한다

재생에너지 확대: 풍부한 풍력자원 활용한 풍력 확대 등 재생에너지 비중의 지속적 확대한다. 원전 유지로 원전을 탄소 중립 실현을 위한 중요 수단으로 인식한다. 가동 중인 8개 원전의 가동기한 연장 및 3개 원전 신규 건설 진행 중이다.

| 영국 기업 에너지 산업전략 (2021.1)

 France는 전원혼합 다양화 추진 및 중요 기저 전원으로 원전 지속 활용 예정한다

전원혼합 다양화: 풍력·태양광 발전 등 재생에너지 분야에 10년 (2018~2028년)간 총 710억 유로(약 95조 원) 투자하여 전원혼합을 다양

화한다. 원전 활용으로 원전을 기후 변화 대응과 안정적 전력공급을 위한 중요 기저 전원으로 인식하여 장기적으로도 50% 비중 유지한다. 마크롱 대통령: "원자력은 미래에도 프랑스 전력 공급의 핵심 부문이 될 것이다(2020.12, AFP)"

| IEA 전력통계(2021.1)

 Korea는 화력 · 원전 비중 지속적 축소 및 태양광 · 풍력 중심 재생에너지 비중 대폭 확대한다

전원혼합: 2034년까지 석탄(-13.1%P), 원전(-8.1%P) 설비 비중을 지속해서 감축하고 신재생에너지(+24.5%P) 설비 비중 대폭 확대한다. 재생에너지 확대로 2034년 재생에너지 설비 용량 중 태양광(58.6%)과 풍력(32.0%)이 전체의 90.6% 차지한다.

| 산자부 (제9차 전력수급기본계획, 2020~2034년)

핵심 웨이브

글로벌 에너지 현황 및 미래 예측 : 탄소 배출 감소 및 신 재생에너지   By IEA (국제 에너지 기구)

○ 탄소 배출 감소를 위한 에너지 효율 개선 및 재생에너지 부문에서 달성을 명시한 정책발표
○ 국가별 에너지 정책과 전략 국가별 (2021~2050)
  . G7 주요국은 공통적으로 재생에너지 비중을 확대하고 화력 비중을 감축하는 정책 방향 설정
  . 국가별로 지리적 조건, 부존자원, 기술력, 전력망 연계 등에 따라 에너지정책 및 추진속도 상이
  . 미국(USA)은 원전산업생태계 재건, 영국(UK)은 지리적 이점 활용한 풍력 비중 확대/(유럽) 전력망 연계로 유연성
  . 결론적으로, 독일·한국을 제외한 주요국들은 원전을 기후변화 대응, 안정적 전력 공급을 위한 중요 기저전원으로 인식해 유지·확대하는 만큼 이후에는 이들 국가들도 신중한 재 검토를 진행예상

IEEE 태양광 전문가 회의 (PVSC: Photovoltaic Specialists Conference)

PVSC는 민족, 인종, 국적, 장애, 사회경제적 지위, 성적 취향, 종교, 성별, 연령 및 또는 개인의 정체성과 관계없이 과학자와 엔지니어에게 평등한 기회를 제공하는 전문가 단체다. 또한, PVSC는 태양광 커뮤니티의 네트워킹 및 협업을 위한 회의이다. 이들은 태양광 커뮤니티의 각 구성원의 참여를 소중히 여기며, 모든 참석자가 즐겁고 만족스러운 태양광 전문가 경험을 제공한다.

60년 동안 PVSC는 기초 과학에서 상업 응용에 이르기까지 태양광 발전의 모든 영역에 초점을 맞춘 최고의 과학 및 기술 회의였으며 점차적으로 배포, 정책 및 자원에 이르기까지 발전해 왔다. 이들은 11개 영역으로 나누어진 다양한 기술 프로그램을 제공하고, 교차 절단 시너지를 강조하는 몇 가지 특별 및 공동 기술 세션을 제공함으로써 그 전통을 이어간다. PVSC는 모든 인종, 민족, 성별, 연령, 능력, 종교 및 성적 취향의 사람들 참여를 환영하는 포괄적이고 존중하는 회의 환경을 만드는 데 전념하고 있다. 왜냐하면 이들은 태양광 발전의 다양성을 반영할 때 더 혁신적이고 풍요로워지는 것을 알고 있기 때문이다.[21]

---

21 IEEE 태양광 전문가 회의, https://www.ieee-pvsc.org

미국, 핀란드 : 재생 가능한 태양광 에너지 증가를 예상

모든 에너지 기술의 장기 성장률은 1950년대부터 인식되었다. 에너지 시장의 새로운 '왕', 지난 몇 년 동안 가장 비용이 적게 드는 전기에너지 지원과 함께 에너지 시스템 기술, 특히 배터리 및 전해조가 발전해 왔지만, 자원고갈에 따른 그 대안으로 태양(솔라파워)이 1차의 주요 대안으로 등장할 것을 전망한다.

가. 재생 가능 에너지 도입 전망

2015년 전체 재생 가능 에너지 도입이 22%일 때에는 태양광 발전이 1%를 넘지 못하고 있었으나, 2019년의 태양광 발전 누적 발전용량은 627GW가 되었다. 이에 따라서, 매년 150GW 이상으로 추가로 발전용량이 증가할 것을 예견한다.

2050년 RE100(Renewable Energy 100 percent) 시나리오에 따르면, 태양광 발전이 69%를 넘어서 제1의 재생에너지가 될 것으로 시나리오를 세운다.

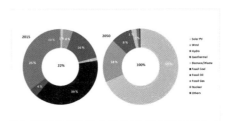

다양한 전력원에 의한 발전량 점유율(2015~2050년)을 표로 확인할

수 있다.[22]

나. 핀란드, 크리스티안 브레이어(Christian Breyer, LUT University) 교수

그는 Keynote 강연에서 '태양 시대
의 시작: 100% 재생 가능한 PV의 역
사 에너지 시나리오 및 미래 전망(Dawn
of Solar Age: On the History of PV in 100%
Renewable Energy Scenarios and Future
Prospects)'을 설명했다. 많은 재생에너지

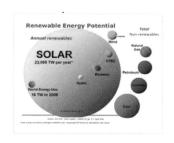

| 미국, 2020년 IEEE PVSC

가운데, 바람, OTEC, 수력, 생물자원, 천연가스, 석유, 석탄, 우라늄
등이 있다. 이들 중에 태양 에너지는 향후 재생에너지 부분에서 큰 비
중을 차지할 것으로 예상된다. 2050년까지 최소 30% 점유에서 가상
적인 시나리오에서 최대 80%까지 에너지를 점유할 것으로 본다.[23]

---

22 Breyer et al. 2017, Progress in photovoltaic, Ram et al., 2017 Global energy ststem based
    on 100% renewable energy, https://www.the-beam.com

23 100% 재생 가능한 에너지, 핀란드, 크리스티안 브레이어(Christian Breyer, LUT Univ): https://
    www.slideshare.net

다. 100% 태양광 발전 재생에너지 시스템

(Solar Photovoltaics in 100% Renewable Energy System)

불과 수십 년 만에 인류를 위한 에너지와 함께 100% 재생 가능한 연구 분야 에너지 시스템 분석이 강력하게 발전했다. 2000년대 중반 이후 점차 증가하고 있는 참여하는 연구 그룹 및 단체 100% 재생 가능한 에너지 커뮤니티의 역할은 이러한 분석에서 태양광 PV는 꾸준히 증가했으며, 제공하는 태양광 PV의 진정한 잠재적 역할 100% 재생에너지 공급이 확인되었다.

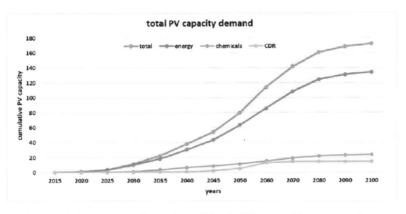

| PVSC, 2021, BREYER : Solar photovoltaics in 100 renewable energy systems

핀란드 LUT 대학의 크리스티안 브레이어(Christian Breyer), 드미트리 보그다노프(Dmitrii Bogdanov), 시아바시 칼릴리(Siavash Khalili)와 도미닉 카이너(Dominik Keiner)는 100% 태양광 발전 재생에너지 시스템에 대한 연구를 실행했다. 앞으로의 글로벌 에너지 소비량에 대응하기 위한

완전히 지속 가능한 에너지 시스템이 의미하는 태양광 발전의 균형적인 재조정 연구 진행을 이어간다. 최근 몇 년 동안 최첨단 연구 결과에서, 예측 및 실증 통계의 그래프는 태양 시대의 시작을 예견하고 있다. 2100년에 진정으로 지속 가능한 사회를 위한 핵심 태양광 발전 (PV) 수요 부문인 에너지, 화학 및 CDR와 함께 태양광 발전의 누적 용량은 증가할 것이다.

핵심 웨이브

미국, IEEE 태양광 전문가 회의(PVSC : Photovoltaic Specialists Conference) By IEEE PVSC (태양광 전문가 회의)

○ **PVSC는** 태양광 커뮤니티의 네트워킹 및 협업을 위한 회의
  . **태양 시대의 시작 :** 100% 재생 가능한 PV(태양광 발전)**의 에너지 시나리오 및 미래 전망**

○ 핀란드, 크리스티안 브레이어(Christian Breyer, LUT University) 교수 (2021~2050) :
  . **태양 시대의 시작 :** 100% 재생 가능한 PV(태양광 발전)**의 에너지 시나리오 및 미래 전망**
  . 태양에너지가 향후 재생에너지가 2050년까지 최소 **30%** 점유에서 가속적인 시나리오에서 최대 **80%** 점유
  . **결론적으로,** 100% 태양광 발전 재생 에너지 시스템 **연구와 개발로** 태양 시대의 시작을 예견하고 있다.

The Beam: 국가별 태양광 시장 동향(미국, 중국, 일본, 유럽)

 국가별 태양광 성장 기조

The Beam은 에너지 전환과 탄소 제로 경제를 향한 글로벌 단체활동을 한다. 이들은 해마다 지속 가능한 사회를 위한 핵심 태양광 발전(PV) 수요의 점진적인 증가를 조사한다. 특별히, 오늘날에 태양광 발전의 누적 용량도 국가별로 성장세가 일어난다고 보고하고 있다.

가. 미국 및 유럽(독일, 프랑스, 스페인) 지역

미국: '지속적인 태양광 사업(Photovoltaic Beyond the Horizon)', '썬샷 이니셔티브 프로그램(SunShot Initiative Program)'을 추진하여 기술 수준에 따라 프로그램을 구분하여 적극적인 지원 중이며, 향후 투자세액공제 제도 설치 수요가 증가할 것으로 예상되며, 가정용 시장도 증가할 전망이다.

유럽: 독일, 프랑스 및 스페인 등이 주도할 것으로 예상하며 독일은 2020년 1분기 1.48GW를 추가하였다. 유럽 시장은 탄소배출량 50% 감소를 목표로 향후 다시 성장할 것으로 전망한다.

나. 아시아 지역

중국: 태양광 시장의 보조금 지급 정상화에 따른 수요 40GW를 회복할 것으로 예상되었으나 코로나19 발생으로 35GW를 밑돌 전망이

다. 신재생에너지 전력 구매를 의무화하는 전략을 추진 중이며, 자국 태양광 업체에 부가세 50% 환급, Golden Sun Model Project를 통해 보조금을 지급한다.

일본: Cool Earth 에너지 혁신기술계획, All Japan Project와 Advanced PV Generation Program을 통해 태양광 원가절감 및 효율 향상 기술 개발 지원, 2050년 목표로 PV2030+ 설정, 정부 차원의 대규모 R&D를 통해 글로벌 태양광 시장 점유율 확대를 계획한다.[24]

다. 향후 글로벌 태양광 수요 전망

2020년 글로벌 태양광 시장은 코로나19 사태에도 불구하고, 중국·미국·유럽 등 주요국의 수요 증가와 기후 변화 및 ESG 이슈의 본격 등장에 힘입어 수요가 전년 대비 증가했다. 태양광 시장조사업체 PV InfoLink는 앞으로도 태양광의 수요는 지속해서 성장할 것으로 봤다. 다만 원자재 가격, 중국의 공급망, 미국의 수입 규제 정책 등이 변수로 작용할 수 있다고 분석했다.[25]

미국 블룸버그 경제신문(Bloomberg NEF)은 2021년에 새로 설치된 PV 용량이 183GW에 달했다고 전했다. 세계 태양광이 2022년에 처음으로 200GW를 넘을 것이라고 말하면서 패널 가격 인하를 기대한다고

---

24   The Beam(탄소 제로 경제활동단체), https://www.the-beam.com

25   인더스트리뉴스, http://www.industrynews.co.kr

밝혔다. BNEF 분석가들은 새로 설치된 PV 용량이 2022년에 204GW에서 252GW 사이가 될 것으로 예상한다.[26]

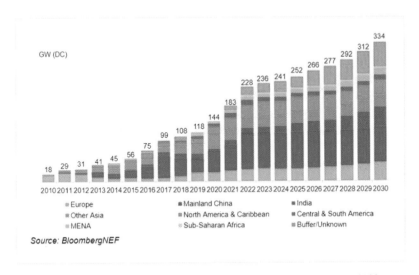

| Figure 1 : Global PV installation estimate and forecast, as of January 2022

　중동은 전 세계 설치 태양광 발전용량의 점유율을 올해 3%에서 2023년 9%로 3배로 늘릴 계획이다. 또한, 태양광의 중요한 모듈은 중국 시장이 둔화함에 따라 공급 과잉 증가로 인해 모듈 가격이 더 빠르게 하락할 것으로 예상되며, 이는 실제로 다른 시장, 특히 유럽에서의 설치를 촉진할 수 있다. 글로벌 태양광 발전 PV 백시트 시장은 2031년까지 USD 94.4 Billion 달러의 매출을 달성하고 2022~2031년 동안 7.1%의 CAGR로 성장을 전망한다. 전 세계적으로 태양 전지

26　미국 블룸버그 경제신문, Bloomberg NEF, https://www.pv-magazine.com

패널의 배치 증가로 인해 성장하는 시장이 될 것이다.[27]

핵심 웨이브

---

27 Kenneth Research(March 31, 2022, 08:00 ET), https://www.globenewswire.com

Subject 3

법률○제도적
재생에너지 정책 변화와
미래 그린 수소&핵융합 발전

Chapter A

법률◯제도적 재생에너지 정책 변화

프롤로그(Prolog)

||||||||||||||||

코로나 팬데믹은 2020년 상반기 재생에너지 보급에 부정적인 영향을 미쳤으나 장기적으로는 그 영향이 크지 않으리라고 전망한다. 실제로, 글로벌 팬데믹(Pandemic)으로 인해 경제활동이 침체하면서 에너지 수요가 급격히 줄었지만, 재생에너지는 장기 고정계약 및 계통에 우선 접속하는 경우가 많아 다른 에너지원에 비해 상대적으로 적은 영향을 받은 것으로 나타났다. 단기적으로 중국과 유럽의 봉쇄로 태양광, 풍력 제품 생산에 차질이 생기거나 경매나 프로젝트 일정의 지연이 생기는 일들이 발생하였다. 그러나, 장기적으로는 코로나19가 재생에너지 산업과 보급에 미치는 영향은 크지 않을 것으로 보인다. 이로 인해서, 각국에서

경기 부양책으로 친환경적인 재생에너지 산업, 보급 확대를 예상한다.

먼저, 미국 의회(USC: United States Congress) 상원은 Medicare, 세금 공제, 및 기후를 확대할 3조 5,000억 달러 예산 계획의 프레임워크를 승인한다. 전기차, 재생에너지 발전 및 기후 변화 대응과 화석 연료 탈피를 위한 청정에너지 계획의 예산 지출 기반이 마련되었다. 또한, 탄소배출이 많은 수입품에 관세가 부과되고 전력 회사들에 탄소배출이 없는 에너지원 사용을 강제하는 프로그램이 마련될 수 있다.[28]

둘째, 2021년 한국 금융위원회는 기업 ESG 정보 공개에 대한 법률 강화를 진행하고 있다. 이것은 기업 공시 부담 경감, 투자자 보호 강화, ESG 책임투자 기반 조성 등을 위하여 '기업공시제도 종합 개선방안'으로 추진한다. 특별히, ESG 책임투자 활성화를 위한 제도적 기반을 마련했는데, 이것은 ESG 정보의 자율 공시를 활성화하고 단계적으로 의무화를 추진한다. 구체적으로 지속가능경영 보고서 공시 활성화를 2025년까지 자율 공시 활성화 제안했다. 2025년에서 2030년까지 일정 규모 이상 기업 의무화하고, 2030년 이후에는 全 코스피 상장사 의무화가 진행될 것이다. ESG 책임투자 활성화를 위한 제도적 기반 조성을 위하여 'ESG 정보 공개 가이드'를 제공하여 상장사의 지속가능 경영 보고서 자율 공시를 활성화하고 단계적 의무화를 추진한다.[29]

---

28 미국, 경제 금융 전문, CNBC, https://www.cnbc.com
29 한국 금융위원회(2021.1.14), https://www.fsc.go.kr

셋째, 2004년에 모건 스탠리 캐피털 인터네셔널(MSCI: Morgan Stanley Capital International)이 뉴욕에 본사를 두고 있으며, 제네바, 런던, 뭄바이, 홍콩, 파리, 도쿄, 상파울루, 두바이, 시드니, 프랑크푸르트, 밀란, 버클리, 샌프란시스코에 지사를 두고 있다. 미국 MSCI(Morgan Stanley Capital International)는 뉴욕 증권거래소(NYSE)에서는 MXB라는 기호로 표시된다. 이 기업은 주식, 채권, 헤지펀드 관련 지수들과 주식 포트폴리오 분석 도구를 제공한다. MSCI 국제 및 세계 자본 지수들은 1970년 이래로 산출됐다. 이 기업의 가장 유명한 지수들로는 MSCI World와 MSCI EAFE가 있고, 이들 지수는 국제적인 자기자본 포트폴리오들의 성과를 측정하는 벤치마크 지수로써 널리 활용된다. 이들은 지수연동형 자산운용이나 상장지수 펀드(ETF: Exchange-Traded Fund)와 같은 소극적 투자 상품의 근간이 되고 있다.

MSCI는 2021년에 접어들면서 계속되는 글로벌 팬데믹에서도 증가하는 기후 위기의 긴급성, 투자 산업에 대한 규제 요구사항 가속화를 배경으로 새로운 도전과 기회를 제시할 5가지 ESG 트렌드를 주시하고 있다. 먼저, 쓰라린 현실이 된 기후 변화(Climate Reality Bites: Actually, We May Not Always Have Paris), ESG 투자 호황과 불황을 넘어(Beyond Boom and Bust: ESG Investment Finds Its Footing), 생물다양성 위기, 사느냐 죽느냐(To Bee or not to bee: Investors Tackle the Biodiversity Crisis), ESG 데이터의 홍수(The ESG Data Deluge: Sink or Swim for Companies and Investors), 불평등, 기울어진 저울 바로잡기(Righting the Scales: Social Inequalities Test Investors' Creativity)에 대한 거대한 투자의 방향을 제시한다.

핵심 웨이브

국가별 법률◦제도적 재생 에너지 정책 변화　　　By Bloomberg NEF (미국, 블룸버그 경제)

○ 미국 : 법안통과('20.12.23)
- 내용 : 향후 10년의 부양책 속에 숨겨져 있는 주옥같은 **청정 에너지 사업 기회들**
   이 **법안은** 환경 보호국에 15 년 동안 하이드로 플루오르 카본의 생산 및 사용을 85 % 감소 시키도록 요청

○ 한국, 금융감독원 : 상장기업의 ESG 정보공개, 단계적으로 강화 ('21.1.14)
- 내용 : 금융위원회가 ESG(환경ㆍ사회ㆍ지배구조) 정보 공개에 대한 단기, 중장기 제도 개선을 발표했으며,
   주된 내용은 상장기업에 대한 'ESG 정보 공개 가이던스' 제공

○ 미국, MSCI, 투자기관이 바라본 '2021년 주목할 만한 5대 ESG 트렌드'('20.12)
- 내용 : 모건스탠리캐피털인터내셔널(MSCI)은 '2021년 주목할 만한 ESG(환경ㆍ사회ㆍ거버넌스) 5대 트렌드 발표

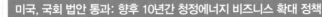 미국, 국회 법안 통과: 청정에너지 비즈니스 확대 정책(2020.12.23)

미국 의회(USC: United States Congress)는 미국 연방의회로 입법부이다. 상원(Senate)과 하원(House of Representatives)의 양원으로 구성되어 있다. 상원과 하원 모두 직접 선거를 통해 선출된다. 이들 입법부 산하에는 행정기관이 8개가 있으며, 매년 각종 현안과 미래 전략 및 정책에 대한 입법을 추진한다. 재생에너지 정책 방향 관련 향후 10년의 부양책 속에 숨겨져 있는 주옥같은 청정에너지 사업 기회들의 법안은 환경 보호국에 15년 동안 하이드로 플루오로 카본(HFC: Hydro Fluoro Carbon, 수소 불화탄소)의 생산 및 사용을 85% 감소시키도록 요청하는 법률을 제정했다.

가. 하이드로 플루오로 카본(HFC: 수소불화탄소)

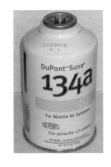

이는 불소와 수소 원자를 포함하는 인공 유기 화합물로 가장 일반적인 유형의 유기 불소 화합물이다. 대부분은 상온 및 압력에서 기체이며, 이들은 에어컨과 냉매로 자주 사용된다. 국제사회는 성층권 오존층의 회복을 돕기 위해 몬트리올 의정서를 따라서, 단계적으로 폐지된 클로로 플루오로 카본(CFC: Chloro Fluoro Carbons)과 현재 단계적으로 폐지되는 하이드로 클로로 플루오로 카본(HCFC: Hydro Chloro Fluoro Carbons)을 대체하기 위해

HFC를 채택하였다. R-134 a는 가장 일반적으로 사용되는 HFC 냉매 중 하나다. HFC는 또한 단열 폼, 에어로졸 추진제, 용제 및 화재 방지용으로 사용된다. 이것들은 그들이 대체하는 화합물만큼 오존층에 해를 끼치지 않지만, 지구온난화에 영향을 준다. 그들의 대기 농도와 인위적인 온실가스 배출에 대한 기여는 빠르게 증가한다.[30]

나. 블룸버그 BNEF: 부양책 속에 숨겨져 있는
주옥같은 청정에너지 사업 기회(2020.12.23)

2020년의 마지막 주요 법안에서 미 의회는 미국 경제에 9,000억 달러의 부양책을 제공하고, 현 회계연도 말까지 연방 정부의 불을 밝히는 데 1조 4,000억 달러를 제공하는 거대한 법안을 압도적으로 승인한다. 5,600쪽 법안의 깊숙한 곳에는 저탄소 및 제로 탄소 에너지 기술의 연구, 개발 및 시연에 자금을 지원하기 위한 예비 공약과 함께 재생가능 에너지에 대한 주요 세금 인센티브를 확장하는 조항이 있다.

Buried in U.S. Stimulus: a Handful of **Clean Energy Gems.**, Executive Summary (1/2)

○ In its final major act of the year, the U.S. Congress overwhelmingly approved mammoth legislation to provide $900 billion in stimulus to the U.S. economy and $1.4 trillion to keep the federal government's lights on through the end of the current fiscal year.

○ Nestled deep in the 5,600-page bill are provisions to extend and expand key tax incentives for renewables along with preliminary commitments to fund research, development and demonstration of low - and zero-carbon energy technologies.

○ The bill provides a major boost to the offshore wind sector, but its largesse will flow to most corners of U.S. clean energy. The legislation will also allow the U.S. to make important progress addressing climate change by limiting hydrofluorocarbon emissions.

---

30 하이드로 플루오르 카본, https://www.wikipedia.org

이 법안은 해상 풍력 부문에 큰 힘을 실어주지만 그 규모는 미국 청정에너지의 대부분으로 흘러갈 것이다. 또한 미국이 하이드로 플루오로 카본(HFC: Hydro Fluoro Carbon, 수소 불화탄소) 배출을 제한함으로써 기후 변화를 다루는 중요한 진전을 이루도록 허용할 것입니다.

승인된 에너지 RD&D는 10년 이상 350억 달러 지원할 것이며, 법규에 따른 HFC 배출량 85% 감소를 목표하고 있다. 미국 해상 풍력에 대한 새로운 30% Capex 세금 공제에 대한 잠재적 정부 비용은 14~220억 달러가 될 것이다.[31]

Buried in U.S. Stimulus: a Handful of **Clean Energy Gems**., Executive Summary (2/2)

- Passed by large bipartisan majorities in both chambers, the bill declares that funding for fundamental research should be prioritized to "meet 100 percent of the power demand... through clean, renewable, or zero-emission energy sources." While non-binding, the language puts this Congress on record embracing a fully decarbonized power sector.

- President Donald Trump had been expected to sign the legislation into law immediately, but late on December 22, he complained the bill provided insufficient direct financial support to U.S. citizens while offering too much foreign aid and funding other domestic initiatives. Notably, he did not criticize the inclusion of clean energy supports or directly threaten veto.

- The bill directs the Environmental Protection Agency to regulate an 85% reduction in the production and use of hydrofluorocarbons in 15 years. That would put the U.S. in concert with international plans to reduce global warming by curtailing HFCs, which are components of refrigerants orders of magnitude more potent than CO2.

이 법안은 기본 연구 자금이 '청정, 재생 가능 또는 제로 배출 에너지 지원을 통해 전력 수요의 100% 충족'에 우선순위를 두어야 한다고 선언한다. 구속력이 없지만, 이것은 의회가 완전히 탈 탄소화된 전력 부

---

31   USA, Bloomberg NEF, https://www.bloomberg.com

문을 포용하는 기록에 올려졌다. 향후 이 법안은 환경 보호국에 15년 동안 하이드로 플루오로 카본의 생산 및 사용을 85% 감소시키도록 지시될 것이다. 이는 미국이 CO2보다 훨씬 더 강력한 냉매의 구성요소인 HFC를 줄임으로써 지구온난화를 줄이려는 국제적인 계획과 조화를 이루는 것이다.

핵심 웨이브

○ 미국 국회 법안통과('20.12.23)   By BloombergNEF (미국, 블룸버그 경제)

- 주요내용 :

. 저 탄소 및 제로 탄소 에너지 기술의 연구, 개발 및 시연에 자금을 지원하기 위한 예비 공약과 함께 재생 가능 에너지에 대한 주요 세금 인센티브를 확장 및 확장하는 조항이 있다.

. 이 법안은 해상 풍력 부문에 큰 힘을 실어 주지만 그 규모는 미국 청정 에너지의 대부분으로 흘러 갈 것이며,

. 또한, 미국이 하이드로 플루오로 카본(HFC : hydro fluoro carbon,수소 불화 탄소) 배출을 제한함으로써 기후 변화를 다루는 중요한 진전을 이루도록 허용할 것이다.

. 미국이 CO2보다 훨씬 더 강력한 냉매의 구성 요소 인 HFC를 줄임으로써 지구 온난화를 줄이려는 국제적인 계획과 조화를 이룰 것이다.

한국, 금융위원회 ESG 정보

세계시장서 ESG(환경·사회·지배구조) 소송을 당할 리스크가 커지고 있다. 이에 따라서, 국내에도 ESG(환경·사회·지배구조) 열풍이 불면서 기업뿐 아니라 일반 투자자도 관련 정보에 목이 마른다. 그러나, 기업에 대한 객관적 비재무 정보(ESG 원칙 관련 정보)를 알기가 쉽지 않다. 기업의 ESG를 다룬 언론보도는 무늬만 ESG인 경우가 많아서, 친환경이 아닌데도 환경적으로 지속 가능성이 있다고 홍보하는 '그린 워싱(Green washing)'도 흔하다.[32]

가. 한국 금융위원회는 ESG(환경·사회·지배구조) 정보 공개

단기, 중장기 제도 개선 주된 내용은 상장기업에 대한 'ESG 정보 공개 가이던스' 제공한다. 단계별 공시 의무화 진행은 3단계로 이루어진다.

1단계: 2021~2025년 – 'ESG 정보 공개 가이던스'에 따른 지속 가능 경영 보고서 자율 공시
2단계: 2025~2030년 – 일정 규모 이상(예: 2조 원 이상) 코스피 상장사에 대하여 공시 의무화

32　한국, 금융위원회, http://www.fsc.go.kr/no010101/75176

3단계: 2030년 – 전체 코스피 상장사에 대하여 공시 의무화

금융위원회는 'ESG 정보 공개 가이던스'에서 ESG 공시 표준화, 기업 간 산업별 비교 가능성 향상, 정보의 중요성 평가 방법 제시, 이해 관계자와 소통 채널 확립을 강조했다.

정부가 적극적으로 ESG 정보의 정확성과 기업 간 비교 가능성을 높일 것을 주문하고 공시의무를 강화함에 따라, 기업은 ESG 정보의 생성, 측정, 보고, 공시, 이해 관계자 요구 등을 체계적으로 관리할 필요성이 커진다. 한국 거래소가 권고한 공개지표 12개 항목 21개 지표를 제정했다.

핵심 웨이브

○ 한국, 금융위원회 : 상장기업의 ESG 정보공개, 단계적으로 강화 ('21.1.14)   By FSC (한국, 금융위원회)
- 주요내용 :
  . 기업에 대한 객관적 비재무정보(ESG 원칙 관련 정보)를 공개 가이던스 제공한다.
  . 이 법안은 단계별 공시 의무화 진행하여 지속 가능 경영 보고서 자율공시 활성화 [21~25년도]
  . 일정 규모 이상(예: 2조원 이상) 코스피 상장사에 대하여 공시 의무화 [25~30년도]
  . 전체 코스피 상장사에 대하여 공시 의무화 [30년도부터 ~]
- 금융감독원은 'ESG 정보 공개 가이던스'를 통하여 ESG 공시 표준화, 기업간/ 산업별 비교가능성 향상, 정보의 중요성 평가방법 제시, 이해관계자와 소통채널 확립을 상소함

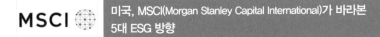

 미국, MSCI 5대 ESG 트렌드

글로벌 투자기관을 비롯한 다양한 이해 관계자들의 ESG에 관한 관심이 증대되는 가운데, 코로나19 이후(Post COVID-19) 경제, 사회적 대전환 속에서 기업 ESG 경영에 대한 중요성 및 요구가 더욱 증대될 것으로 전망된다. 각국 정부와 국제기관 차원에서는 ESG 관련 정책이 강화될 것으로 예상되는 가운데, 주요국들은 중장기 탄소 중립 목표를 발표하며, 이후에는 기후 변화 및 탄소배출 저감을 위한 정책이 본격화할 전망이다.

주요 국가의 탄소 중립 목표연도로 EU 2050, 한국 2050, 중국 2060, 일본 2050이며, 이것은 자본시장 차원에서는 과거 비주류에 머물던 ESG 투자가 핵심 테마로 부상하여 ESG 시장이 빠르게 성장 기대된다. MSCI뿐만 아니라 세계 최대 자산 운용사인 블랙록(Blackrock)은 '글로벌 전망(Global Outlook)'에서 "우리는 지속 가능성의 변곡점에 도달했다"라고 분석하면서 새로운 투자 질서를 준비할 필요가 있다고 강조했다. 또한, 미국, 모건스탠리캐피털인터내셔널(Morgan Stanley Capital International, MSCI) 투자기관이 바라본 2021년 주목할 만한 5대 ESG(환경 · 사회 · 거버넌스)는 기후 변화(Climate Reality Bites), ESG 투자 확대, 생물다양성 위기, ESG 데이터의 홍수 및 사회적 불평등을

주목하고 있다.[33]

가. 쓰라린 현실이 된 기후 변화

(Climate Reality Bites: Actually, We May Not Always Have Paris)

2015년 파리 협정 체결 이후 많은 투자자가 투자 포트폴리오와 파리 협정과의 연계를 약속하였으나, 2021년 및 향후 매년 요구되는 감축 수준이 높아짐에 따라 파리 협정 연계 투자 기회에 제약이 높아질 전망이다. 2℃ 목표 달성을 위해서는 글로벌 온실가스 배출량 연간 5% 이상, 1.5℃의 경우 연간 9~15% 감축이 필요하며 이를 통해 2050년 탄소 중립 달성이 가능하다.

MSCI 대표 지수 중 하나인 ACWI(All Country World Index) 내 8,900개 이상 기업 대상 분석 결과에 따르면, 현 상태로는 지구 평균 온도 약 3.6℃ 상승 전망(2020년 11월 말 기준)이다. 또한 1.5℃ 혹은 2℃ 목표 달성을 위해서는 2050년까지 MSCI AW 지수 내 모든 기업이 탄소 집중도(Scope 1, 2, 3)를 현재 대비 연평균 8~10% 감축할 필요가 있다.

투자(기관)들 목표달성 위한 방안	▶ 기업의 탄소 감축 촉진을 위한 관여 (Engagement) 노력 확대
	▶ 탈탄소화에 적극적인 기업에 가중치를 부과하는 등의 방법을 통한 포트폴리오 집중
	▶ 녹색인프라투자, 녹색채권 등 다른 자산으로 전환(Shifting to other assets) 등 필요

---

33 미국, MSCI, '2021 ESG Trends to Watch' Blackrock Investment Institute, 2020.12, 2021 Global, Outlook', https://www.msci.com

나. ESG 투자, 호황과 불황을 넘어

(Beyond Boom and Bust: ESG Investment Finds Its Footing)

ESG 투자가 확대되는 가운데 2021년 ESG 투자에 대한 과대 포장과 회의론이 모두 나타날 것이며, 이러한 과정에서 ESG 투자에 대한 수용도 및 이해도는 높아질 전망이다. 비록 과도한 가치평가, 다른 ESG 등급 등에 대한 우려가 있으나 현명한 투자자들을 위한 다양한 평가 도구와 분석이 존재한다. 또한 재무적 성과만이 아닌 기후 변화 등에 초점을 둔 다양한 ESG 투자전략이 존재하며 이에 대한 투자자의 이해 수준 향상이 된 것이다. 냉철한 사고에 기반한 ESG 투자 시장이 형성됨에 따라 향후 ESG 투자 유입 확대에 따른 지속 성장이 예상된다.

다. 생물다양성 위기 (Investors Tackle the Biodiversity Crisis)

코로나19 사태로 자연의 중요성이 두드러지는 가운데, 향후 정책 입안자나 투자자들은 생물다양성 손실에 대한 경각심과 세심한 주의를 기울일 것으로 예상된다. 투자자(기관) 관점에서는 '영향(Impact)' 및 '의존도(Dependency)' 측면에서 투자 포트폴리오 내 기업들을 분석할 필요성을 대두했다. 특히 농업의 경우 전 세계 산림황폐화의 약 80%를 거론되기에 법적 규제 및 위험성을 알리고, 공론화가 필요하다.

기후 변화와 마찬가지로 생물다양성 위기도 이미 당면한 문제이며 이를 해결하기 위해 투자자나 이해 관계자를 중심으로 생물다양성 이슈와 연관된 투자 포트폴리오 영향과 리스크 측정 및 보고를 위한 프레임워크 논의가 진행 중이다. 2019년 다보스 포럼에서 '자연 관련 재무 정보 공개 TF(Task Force on Nature related Financial Disclosure, TNFD)'가 논의되었으며 2021년 발족이 되었다.

라. ESG 데이터의 홍수

(The ESG Data Deluge: Sink or Swim for Companies and Investors)

ESG 정보 공개 요구 및 의무화가 증대되고 있는 가운데 앞으로도 투자자, 정부, NGO, 고객 등으로부터 ESG 정보 공개 압력이 더욱 거세질 그것으로 전망한다. '기후 관련 재무 정보 공개 태스크포스(TCFD)'의 경우, 2020년 UN 책임투자원칙(PRI) 서명 기관을 대상으로 의무화되었고 조만간 영국, 뉴질랜드 등 국가에서 의무화 예정이다. EU의 '지속 가능 재무 공개규제(Sustainable Finance Disclosure Regulation, SFDR)'의 경우 투자기관과 기업에 (투자)기업의 환경, 에너지, 생물다양성, 용수, 폐기물, 인권, 사회와 직원 이슈 등 다양한 항목에 대한 정보 공개를 의무화한다.

불평등 해소 목표	▶ UN SDGs 17개 목표 중 불평등 감소와 같은 불평등 해소를 위한 명시적 목표 뿐 아니라 빈곤 퇴치, 기아종식, 건강 및 웰빙, 양질의 교육, 양성평등, 양질의 일자리 및 경제성장 등을 불평등 관련 목표와 연계하며
	▶ 특히 '20년의 경우 '건강 및 헬빙'과 '양질의 일자리 및 경제성장'과 연계하여 전염병 구제를 목표로 한 소셜본드 발행 증가

마. 불평등, 기울어진 저울 바로잡기

(Righting the Scales: Social Inequalities Test Investors Creativity)

코로나19로 불평등이 심화하는 가운데 2021년 투자자(기관)들은 소셜본드를 포함한 금융투자방식 등을 통해 불평등 문제 해결을 위한 보다 창의적이고 시스템적인 접근을 할 것으로 예상된다. MSCI 분석에 따르면, ESG 가운데 'S(사회)' 이슈의 경우, 소송, 파업 등 부정적인 사건들은 물론 생산성 저하 및 기술 혁신 침체 등을 일으킬 수 있다.

'E(환경)' 경우는 경쟁력 저하, 주가 하락 등의 영향이 높고, 'G(거버넌스)'의 경우 스캔들, 사임, 감원 등의 부정적인 사건으로 구체화하는 경향을 보인다. 기존에는 투자자(기관)들이 개별기업에 나쁜 관행을 바꾸도록 요구하였으나 이러한 방식으로는 불평등과 같은 시스템적인 문제를 해결하기는 어렵다는 인식이 증대된다. 이에 투자자(기관)들은 목표 수립 및 영향 진단 등을 위해 UN SDGs를 프레임워크로 활용하는 한편 전염병 구제 등을 위한 소셜본드 발행 등이 확대되고 있다.

핵심 웨이브

○ 미국, MSCI, 투자기간이 바라본 '2021년 주목할 만한 5대 ESG 트렌드'('20.12) By MSCI (미국, 모건 스탠리)

- 주요내용 :
  - 쓰라린 현실이 된 기후변화 (Climate Reality Bites: Actually, We May Not Always Have Paris).
  - ESG 투자, 호황과 불황을 넘어(Beyond Boom and Bust: ESG Investment Finds Its Footing)
  - 생물다양성 위기, 사느냐 죽느냐 (To Bee or not to bee: Investors Tackle the Biodiversity Crisis)
  - ESG 데이터의 홍수 (The ESG Data Deluge: Sink or Swim for Companies and Investors)
  - 불평등, 기울어진 저울 바로잡기 (Righting the Scales: Social Inequalities Test Investors' Creativity)

세계적인 에너지 분야:
그린 수소 사업(Green Hydrogen Industry)

프롤로그(Prolog)

IIIIIIIIIIIIII

미국, 우드 맥킨지(Wood Mackenzie, USA) Edge 회장의 수석 분석가, 사이먼 플라워 (Simon Flowers)는 2022년 에너지 분야 주요 이슈에 대하여 전망했다. 그는 "유럽과 아  시아의 가스 및 전력가격은 이번(북반구) 겨울에 신의 무릎에 있다"라고 했다. 러시아와 우크라이나 전쟁으로 인하여 가스 가격은 유럽과 아 시아에서 전방위적인 수준에 도달했다. 또한, 세계 경제가 회복되면 서 수요는 급증하지만, 많은 가스공급이 중단되고 있었다. 러시아 파 이프 가스가 유럽에 기존용량 이하로 흐르고 있는 동안, 가스공급은 또한 유럽과 전 세계의 전력 시간에도 영향을 주었다. 유럽의 전력 시장은 제한된 발전소 가용성과 낮은 수력 및 풍력 가동률이 이슈화되고 있으며, 브라질과 중국의 수력은 점유율이 낮고, 석탄 및 탄소 가격이 사상 최고치로 상승했다. 가스 및 전력에 대한 수요 파괴와 높은 가격은 경제 회복을 방해하고 있다. 이로 인해서, 가스와 전력이 에너지 전환의 중심이 되는 신뢰성과 안정성에서 저렴한 에너지원이라는 인식에 문제가 발생했다.[34]

러시아·우크라이나 전쟁이 석유 또는 가스, 광업이나 금속, 전력 및 재생 가능, 기업 및 석유화학 부문에 미치는 영향은 전 세계 경제에 안정적인 대체 에너지원 확보에 시각적인 전환을 요구하게 되었다. 이로 인해, 글로벌 투자는 2022년에 위기의 저점에서 회복될 것이지만 성장으로의 신속한 전환을 기대하지는 않는다. 그러나, 현재 탈탄소화 작업(Decarbonising Operations)은 모든 부문에서 빠르게 우선순위가 되고 있다.

첫 번째 사례로, 리오 틴토 그룹(Rio Tinto Group, 오스트레일리아: RIO, 런던: RIO, NYSE: RTP)은 1873년 스페인의 Rio Tinto 광산을 구매하여 개발하면서 창립된 기업으로 본사는 영국 런던에 있지만, 호주 광산이 주 생산지로 영국, 호주, 미국 주식시장에 상장되어 있으며, 브라질 광산업체인 발레(Vale, Brazil)를 제치고 시가총액 1위로 올라선 세계 최

---

34 우드 맥킨지, 에너지 및 천연자원에 대한 2022년의 주요 테마(2021.12.14), http://www.woodmac.com

대 철광석 생산 업체이며, 다국적 기업이다.

리오 틴토(Rio Tinto)로, 2022년에
처음으로 0.5억 달러(지출의 6%)를
탈 탄소 운영에 할당했으며 매년
2030년까지 두 배의 지출을 목표
로 한다. 향후 재생 가능 에너지에
대한 유기적 투자는 이미 강력한 상승세를 보인다. 나아가 글로벌 공
급 원료 비용 측면에서 가스 가격이 지속해서 높은 상황에서 차기 에
너지원으로 녹색 수소에 유리하게 기울어 간다.

두 번째 사례로, 독일은 주요 에너지 법안을 대대적으로 개편하여
재생 가능 에너지 보급을 가속함으로써 기후 위기와 화석 연료 수입
에 대한 과도한 의존에 맞서 싸우기를 원한다. '수십 년 만에 가장 큰
에너지 정책 개혁'과 같은 법안 초안에서 풍력 및 태양광 발전을 '완전
히 새로운 수준으로' 올릴 것을 제안했다. 이 계획은 2035년까지 거의
100% 재생 가능한 전력공급을 달성하기 위해 녹색 전력 생산을 위한
새로운 토지를 확보하고 허가 절차를 가속하며 풍력 및 태양열 증설
을 대폭 늘리는 것을 목표로 한다. 독일 프라이부르크 지역의 태양열
(Solar Settlement)에서 최적의 에너지 효율성은 연간 200,000ℓ의 석유
와 500t의 CO2를 절약한다.

최근 독일 정부는 최대 4GW(기가와트) 전해조 용량을 지원할 계획이

며 우편 서비스를 위해 마지막 내륙 항공편을 없애고 싶어 한다. 독일의 2030년 기후 목표인 1990년 수준의 65%를 달성하고 2045년까지 기후 중립을 달성하기 위한 약 100가지 조치가 나열되어 있다. 독일 정부의 수소 프로젝트는 CAPEX 지원을 받을 수 있으며, 이는 이러한 설치에 대한 비용 절감을 달성하고 독일을 수소 기술의 선두 시장으로 만드는 것을 목표로 한다. CAPEX는 미래의 이윤을 창출하기 위해 지출한 비용을 말한다. 이는 기업이 비유동자산을 구매하거나, 유효수명이 당 회계연도를 초과하는 기존의 비유동자산에 대한 투자에 돈을 사용할 때 발생한다.

———

* CAPEX: Capital Expenditures

실질적인 사업으로 독일 정부는 2020년 연말부터 시작한 국가 수소 전략으로 지원을 받은 첫 프로젝트 중 하나로 사우디아라비아에서 녹색 수소와 암모니아 생산을 위한 20MW급 알칼리성 전해액 시제품 개발에 대한 보조금을 티센크루프(ThyssenKrupp)에게 지원했다. 이 프로젝트 파트너인 네옴(Neom)은 개발사인 ACWA 파워앤에어프로덕츠 (Neom Green Hydrogen Company)를 통해서 2026년에 예정된 생산을 개시하며 2GW급 설비를 가동할 예정이다. 에어프로덕츠는 H2를 무탄소 암모니아로 합성해 세계시장에 수출할 전망이다.[35]

---

35 클린 에너지 와이어(2022.5.3), https://www.cleanenergywire.org/

세 번째, 한국전력(KEPCO)은 탄소 중립과 수소경제 전환에 대응하기 위한 한국전력의 수소에너지 분야 신사업은 이산화탄소 배출이 없는 블루 수소생산부터 연료전지·터빈 등과 같은 발전 기술에 이르기까지 전 주기에 걸쳐 광범위하게 추진되고 있다.

블루 수소 분야에선 금속 소재의 산화·환원 반응을 이용한 생산기술을 개발 중이다. 이 기술은 수소 정제공정과 이산화탄소 포집 공정 없이 고순도 수소와 이산화탄소를 분리 생산할 수 있어 차세대 블루 수소생산기술로 주목받고 있다. 천연가스를 금속 촉매로 직접 분해해 청정수소를 생산하고, 천연가스에 포함돼 있던 탄소는 흑연 등의 고부가 탄소 소재로 배출해 주는 청록 수소 기술 개발에도 착수했다. 한전은 블루 수소·청록 수소생산기술에 대해 연내 시제품 실증을 진행하고, MW(메가와트)급 설계기술을 확보한다는 목표다. 2025년에는 수소발전소 현장에 적용해 실적 확보 후, 연료전지와 수소 터빈 등 전력 그룹사가 운영하는 청정수소 발전소에 확대 보급할 계획이다.

그린 수소 분야에선 재생에너지 전력으로 물을 전기 분해해 온실가스 배출 없는 수소를 생산·저장하는 P2G 기술을 개발하고 있다. 산

업통상자원부 지원사업으로 알칼라인과 고분자막 수전해 모듈을 연계한 국내 최대 2MW급 하이브리드 수전해 시스템도 개발 중이다. 알칼라인(대용량·장주기)과 고분자 막(변동성·단주기)의 특성을 최적화한 하

이브리드 시스템은 기후요인에 따라 생산량이 간헐적인 재생에너지를 보완할 것으로 기대된다. 앞으로 해상풍력발전 등 대규모 재생에너지 단지와 연계한 그린 수소생산 상업 운전을 추진할 계획이었다.[36]

넷째, MENA(Middle East and North Africa's, 중동 · 북아프리카) 지역은 세계에서 가장 높은 태양 조도(태양의 강도와 농도)와 재생 가능 에너지원에서 전기를 생산하는 데 사용할 수 있는 엄청난 바람 잠재력, 그리고 결국 녹색 수소의 혜택을 누리고 있다. 재생 가능 에너지의 배치는 이 지역에서 매우 빠르게 증가하고 있다. 지난 8년 동안 투자가 9배 증가했으며, 많은 국가에서 에너지 전환이 진행되고 있다. 모로코는 2030년까지 전기의 50%가 재생 가능 에너지로 생산되는 것을 목표로 한다. 또한, UAE와 오만은 2050년까지 총 혼합에서 30~35%의 녹색 에너지를 달성할 것으로 예측됨에 따라 석유가 풍부한 걸프국가 중 일부는 기후 변화의 위협과 에너지 다각화의 이점을 이해한 것으로 보인다.

현재 중동은 탄소 절감을 위해 에너지 전환을 시도하고 있는데, 사우디의 50억 달러 규모의 그린 수소 및 암모니아 생산시설 프로젝트 및
이집트의 그린 수소 프로젝트, 중동 다수 국가의 태양광 에너지 프로젝

---

36 한국전력연구원(2022.2.24), https://www.kepri.re.kr

트(카타르, 모로코, 사우디 등)는 이러한 중동의 에너지 전환에 대한 움직임을 보여주고 있다. '중동의 에너지 트랜지션'은 석유 수출로 대표되는 중동을 탄소 중립 실현을 위해 발 빠르게 정책 전환의 대표적인 변화이다.

이를 통해서, 2030년까지 중동 전체 전력 생산의 약 20%가 재생에너지로 대체될 전망이다. 또한 2030년까지 1.4GW 규모의 원자력 발전소 2기를 건설하고, 태양광 및 풍력 등 비수력 재생에너지를 2030년까지 5.5GW 이상 공급하는 등 탈 탄소화를 위한 계획을 속속 발표하고 있다. 이후, EU(독일, 벨기에 등)는 MENA(Middle East and North Africa's, 중동 · 북아프리카) 지역에 '녹색' 수소 계획을 시작했다. 이로 인해서, MEMA 지역은 그린 수소생산 최적지로 부상되고 있다.[37]

핵심 웨이브

세계적인 에너지 분야 ESG참여 사례

○ 미국 : 우드 맥킨지(Wood Mackenzie) : 에너지분야 주요 이슈
 - 내용 : 저탄소 에너지, 태양광 전력, 전기차 판매량, 리튬, 니켈 등 핵심 광물 투자 확대, 기후변화정책 변화

○ 독일 : 티센그룹(ThyssenKrupp) : 사우디 Neom신도시 그린 수소 사업
 - 내용 : 그린 수소 생산을 위해 4GW의 풍력, 태양광 및 전력저장 장치 건설

○ 한국 : 한국전력(KEPCO) : 그린 수소 본격 생산 위한 대규모 재생에너지 발전단지 조성
 - 내용 : 새만금 그린 수소 생산 클러스터 구축' 협력을 위한 업무협약(MOU)을 체결

○ 네덜란드 : MENA(중동·북아프리카) 지역, 그린 수소 생산 최적지로 부상
 - 내용 : MENA(Middle East and North Africa's) 지역: 저렴한 재생 에너지를 바탕으로 최적의 그린 수소 생산지.

---

37 MENA(중동 · 북아프리카) 지역의 '녹색 수소 러시', IPS 저널(ips-journal.eu)

미국, 우드 맥킨지(Wood Mackenzie)는 에너지 분야 주요 이슈

향후 10년의 부양책 속에 숨겨져 있는 주옥같은 청정에너지 사업 기회들이 법안은 환경 보호국에 15년 동안 하이드로 플루오로 카본의 생산 및 사용을 85% 감소시킬 그것으로 전망했다.[38]

가. 석유·가스 기업, 저탄소 에너지로의 전환 가속화

글로벌 석유·가스 기업, 전통적인 정유사업 비중 줄이고, 신재생 에너지 관련 투자 확대 전망한다. 먼저, 브리티시 페트롤륨(BP: British Petroleum, Beyond Petroleum)은 영국 최대의 기업이며, 미국 엑손모빌에 이어 세계 2위의 석유 회사이다. 세계에서 세 번째로 큰 다국적 에너지 기업이며, 영국 런던에 본사를 두고 있다. 신재생에너지 발전용량은 2019년 2.5GW → 2030년 50GW로 전망한다.

로얄 더치 셸(Royal Dutch Shell)은 세계적인 정유기업으로서, 네덜란드 왕립 석유 회사(Royal Dutch Petroleum)와 영국의 셸 트랜스포트&트레이딩이 1907년에 합병하면서 생긴 회사다. 2018년 현재 셸의 매출액은 3,884억 달러로 세계 5위이다. Shell은 2021년부터 2025년까지 신재

---

38 미국, 우드 맥킨지(Wood Mackenzie), 2021년 에너지 분야 10대 이슈 선정, https://www.woodmac.com

생에너지에 연간 U$ 20억~30억 투자 예정한다.

토탈(Total)은 프랑스 파리 근교 지역인 라 데팡스(La Défense) 업무지구에 본사를 둔 석유 회사로 6개의 슈퍼메이저 중 하나이다. 슬로건은 "Committed to better energy"이다. 사업 분야는 석유와 가스 체인점 운영, 탐사와 생산, 전력 생산, 운송, 정제, 제품 마케팅, 거래 등이다. 토탈은 또한 석유제품을 대규모로 생산하고 있다. Total은 신재생에너지 발전용량을 2020년 초 3GW 시작해서 2020년 말 6GW 해서 2025년 25GW 목표로 한다.

렙솔(Repsol)은 스페인의 석유와 가스 기업이다. 세계 10대 석유 기업 중 하나이며 28개국에 활동 거점을 가진다. 중남미에서 가장 큰 에너지 관련 기업이다. Repsol은 신재생에너지 발전용량을 2020년 3GW를 시작으로 2025년 7.5GW 해서 2030년 15GW 목표로 한다.

나. 탄소배출 감축 선언 기업 증가

기후 변화의 주범으로 탄소가 주요 투자 리스크로 분류되면서, '탈(脫) 탄소' 투자하는 경향이 강화될 것으로 전망했다. 블랙록, 넷제로 투자자  연합 등은 투자 기업에 '탄소배출 감축 목표'를 제시할 것을 요구하며, 탄소배출 감축에 진전이 없을 때는 투자 철회 및 이사 선임에 반대할 계획을 한다. 기관 투자자들의 압력이 커지는 가운데, 석유화학, 철강, 자동차 산업 등 글로벌 기업들의 탄소배출 저감 목표 선언이 더욱 증가할 것으로 전망했다.

다. 美, 셰일오일 산업 내 초대형 M&A 계약 체결 예상

미국 셰일 산업은 2020년 1분기에 사상 최대인 U$ 260억 규모의 손실을 기록했다. 코로나19로 원유 수요가 감소함과 동시에 유가 폭락까지 더해 미국 내 석유·가스 기업들의 파산보호신청이 잇따랐다. 어려워진 경영 환경으로 인해 미국 셰일 산업 내 M&A는 지속될 것으로 전망했다. 우드 맥킨지는 향후 2~3개 대형 기업이 M&A를 추진할 것으로 전망했다.

라. 태양광 전력 판매계약가 U$13/MWh 밑으로 하락

태양광 발전비용은 기술 개선, 규모의 경제, 설치 및 운영 비용 감소 등으로 꾸준히 절감된다. 2019년 태양광 발전비용은 2010년 대비 82% 절감(U$ 0.378 → 0.068/kWh)이었으나, 태양광 발전비용 하락은 전력 판매계약가(Power Purchase Agreement, PPA) 하락으로 이어졌다. 글로벌 전력 판매 계약가(PPA)는 U$ 13/MWh 수준으로 하락할 것으로 전망했다. 아부다비 전력청은 아부다비 알다프라 태양광 발전 프로젝트 입찰에서 세계 최저 가격인 kWh당 U$ 0.0135를 제시한 컨소시엄을 최종 선정했다.

마. 글로벌 전기차 판매량 2020년보다 74% 증가해 400만 대 육박

세계 경기 부양책으로 내놓은 전기차 지원책으로 전기차 판매량이 전년 대비 74% 증가를 전망했다. 중국은 작년까지 폐지하기로 했던 전기차 보조금 제도를 2년 연장해 2022년까지 보조금을 단계적으로 삭감하기로 확정했다. 유럽은 전기차 구매 보조금 확대, 부가가치세 한시적 감면, 노후 차 교체 지원금 등을 적용했다. 미국 바이든 차기 행정부는 연비규제 완화 조치를 철폐하고, 전기차 등 친환경 차에 대한 대규모 보조금을 약속했다. 올해 전기차 판매량, 전 세계 승용차 판매량의 약 5% 수준 전망했다.

바. 리튬, 니켈 등 핵심 광물 투자 확대

글로벌 친환경 정책으로, 전기차나 ESS 시장 증가로 세계 각국은 필수 광물에 투자 확대할 것으로 전망했다. 전기차 배터리의 핵심 원료인 리튬, 니켈, 코발트의 수요가 급증하면서, 미국, 중국, 유럽, 호주, 인도 등은 주요 광산의 지분을 확보하고, 자국 민간기업에 금융지원을 강화해 광물자원의 안정적 공급망을 확보할 계획을 했다.

사. 중국의 호주산 석탄 수입 금지 지속

코로나19 책임론으로 시작된 중국과 호주의 무역 갈등이 계속되고 상황을 전망했다. 호주가 코로나19의 발원지와 확산 경로에 관해 국제적인 독립 조사 필요 주장하면서 양국관계가 악화하기 시작했다 (2021.4). 중국은 호주산 쇠고기 수입 규제를 시작으로 호주산 보리와 포도주에 반덤핑 관세 부과했다. 중국은 호주산 쇠고기, 보리, 포도주에 이어 호주산 석탄 수입의 전면 금지를 공식화했다. 중국은 호주를 제외한 국가에서 들어오는 석탄의 수입 통관 절차를 면제하는 방안을 승인했으며, 이는 사실상 호주산 석탄에 대한 무기한 수입 금지 조치였다. 중국은 석탄 수요를 충족시키기 위해 호주 대신 인도네시아, 러시아, 몽골을 통해 석탄을 수입 재편할 계획을 했다.

아. 美 바이든 행정부, 기후 변화정책 신중히 접근할 전망

미국 바이든 당선인은 탄소배출량 감축, 지구온난화 해결 등 기후 및 환경 분야에서 세계적인 리더로서의 미국의 지위를 되찾을 것을 약속했다. 기후 변화 대응을 국가 우선 과제로 선언하며, 2025년까지 온실가스 감축 목표치를 수립하고 청정에너지 및 기후 연구와 혁신에 U$ 2조 규모의 투자를 계획했다.

다만, 임기 초에는 급진적인 기후 법안을 통과시키기보다는 재생에너지 전환을 통한 일자리 창출에 중점을 둘 것으로 예상했다. 그러나 파리 기후 협정 재가입 및 2050년 탄소배출 제로 목표 설정 등 향후 상징적 움직임이 있을 것으로 전망했다.

핵심 웨이브

○ 미국 : 우드맥킨지(Wood Mackenzie) : 에너지분야 주요 이슈   By Wood Mackenzie (미국, 우드맥킨지)

- 주요내용 :
  - 석유·가스 기업, 저탄소 에너지로의 전환 가속화 .
  - 탄소배출 감축 선언 기업 증가
  - 美, 셰일오일• 산업내 초대형 M&A 계약 체결 예상
  - 태양광 전력 판매 계약가 U$13/MWh 밑으로 하락 .
  - 글로벌 전기차 판매량 '20년보다 74% 증가해 400만대 육박.
  - 리튬, 니켈 등 핵심 광물 투자 확대
  - **중국의 호주산 석탄 수입 금지 지속**
  - 美 바이든 행정부, 기후변화정책 신중히 접근할 전망

독일(티센그룹): 사우디 Neom 신도시 그린 수소 사업 참여

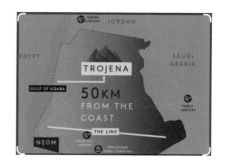

네옴(Neom)은 사우디아라비아가 계획 중인 신도시이다. 사우디아라비아 북서쪽에 위치한 계획형 신도시로서, 북쪽으로는 요르단과 접경하고, 서쪽으로는 홍해를 접하며, 15km 길이의 다리를 건설해 이집트와 연결될 계획이다. 사업비 5,000억 달러(약 564조 원)에 2만6,500㎢(서울 면적의 44배)의 넓이로 건설된다. 사우디아라비아에 조성되는 세계 최대 스마트시티 '네옴(NEOM)'이 10년 안에 100만 명을 수용할 전망이다. 네옴은 '네옴 시티(NEOM City)', '네옴 베이(NEOM Bay)', '두바 산업 존(Duba Industrial Zone)' 등 3개 지역으로 나눠 조성된다. 인구 밀집도는 벤쿠버나 코펜하겐과 비슷할 전망이다.

가. 영국 BBC: 사우디 사막에 건설 중인 친환경 미래 도시, 누구를 위한 도시인가?

멀린 토마스, 바이브케 베네마(영국, BBC, 2022년 2월)는 "야광으로 빛나는 해변. 사막이 대부분인 나라에 심어진 나무 수십억 그루. 진공 튜브 열차. 인공 달. 사막에 160km가 넘는 직선으로 세워진, 차도 없

고 탄소배출도 없는 도시. 바로 사우디아라비아 친환경 정책의 일환이자 미래형 친환경 도시 '네옴(Neom)' 계획 중 일부다. 하지만 이 모든 것들은 실현되기엔 너무 좋기만 하지 않을까?"라고 전했다.[39]

저탄소 스마트시티 건설사업으로 진행 중인 네옴 시티(Neom City)는 북서부 타부크(Tabuk)의 해안가에 있는 네옴(Neom) 지역은 공식적으로 발표된 3개 지역, 주로 더 라인(The Line)이다. 다른 곳에 계

획된 Neom 지역은 세계에서 가장 큰 부유식 산업 단지가 될 첨단 청정 산업으로의 관문인 '옥사곤(Oxagon)'이다. 그리고 고대 이스라엘 백성의 구약성경(Old Testament) 출애굽의 지도자 모세의 시내 산이 있는 아라비아광야 산의 건조한 공기, 스키 슬로프, 산악자전거, 수상 스포츠, 웰빙 시설 및 쌍방향 자연 보호 구역이 있는 1년 내내 방문할 수 있는 '트로제나(Trojena)'가 있다.

더 라인(The Line)

먼저, 사우디아라비아 정부는 스마트시티 네옴(Neom)의 일부로 홍해 근처에 건설될 500m 높이의 선형 도시인 '더 라인(The Line)'을 공개했다. 사우디아라비아 북서쪽을 가로질러 170km에 걸쳐 펼쳐지는

---

39 UK, BBC 사우디 네옴(Neom), https://www.bbc.com

이 거대 구조물의 높이는 500m
이지만 너비는 200m에 불과하
다. 네옴 시티 개발 일부로 계획
된 '더 라인'은 일반적으로 중앙
지점에서 방사형으로 뻗어 있는
전통적인 도시에 대한 극적인

대안으로 설계됐다. '더 라인'의 구조는 2개의 벽과 같은 구조로 구성
되며 그사이에 열린 공간이 있다. 500m 높이에서 한 쌍의 구조물은
세계에서 열두 번째로 높은 건물이 될 뿐만 아니라 세계에서 가장 긴
건물이 될 것으로 보인다. 날아다니는 택시(Flying Taxis), 로봇 아바타
(Robotic Avatars) 및 홀로그램(Holograms)으로 이루어진 네옴 시티는 아라
비아 북쪽 타부크(Tabuk) 지역 해안지대에 3개 지역으로 나누어진다.[40]

　완공 시 900만 명의 거주자를 수용하도록 설계된 이 구조에는 주
거, 소매 및 레저 지역은 물론 학교와 공원이 포함될 것이며 거대 구
조물의 운송 시스템은 20분 이내에 도시의 양 끝을 연결할 예정이다.
사우디아라비아 정부는 "더 라인은 독특한 특성을 제공하고 작은 발
자국도 자연과 조화를 이룰 수 있도록 외부 거울 외관을 가질 것이며
내부는 특별한 경험과 마법 같은 순간을 만들 수 있도록 지어질 것"
이라고 말했다. 네옴 시티 프로젝트를 위해 설립한 회사인 네옴(Neom)
의 이사장인 무함마드 빈 살만 사우디아라비아 왕세자는 "더 라인은

40　미국 CNBC, https://www.cnbc.com

오늘날 도시 생활에서 인류가 직면한 도전을 해결하고 대안적인 삶의 방식을 제시할 것"이라고 말했다.[41]

옥사곤(Oxagon)

둘째, 옥사곤(Oxagon)은 세계 최대 부유식 산업 단지가 될 것이다. 사우디아라비아가 세계 최대 부유식 산업 단지이자, 세계 최초로 완전히 통합된 항만·공급망 생태계인 옥사곤(Oxagon)의 출범을 발표했다. 이곳은 사우디아라비아 북서부에 있는 5,000억 달러 규모의 미래형 거대 도시 네옴(NEOM)에 자리 잡고 있다. Neom 프로젝트 중 일부

로 세계 무역의 13%가 수에즈 운하를 통과하면서, 이 새로운 단지는 뛰어난 해상 교통, 도로, 항공, 고속철도들과 연결을 하고 있다고 한다. 예상되는 항구는 350만 TEU의 용량을 가질 것이다. 동 패키지 입찰에 초청된 회사는 Archirodon Saudi Arabia(그리스/로컬), China Harbour Engineering Company, Deme(벨기에), 현대건설, 얀데눌(벨기에), National Marine Dredging Company(UAE), Royal Boskalis Westminster(네덜란드), Van Oord(네덜란드) 등이다.

---

41 스마트시티투데이, https://www.smartcitytoday.co.kr

트로제나(Trojena)

Trojena는 NEOM의 지역 계획 일부
로 자연 지역의 중심부에 있는 Aqaba
만 해안에서 50km 떨어져 있으며 해발
1,500m에서 2,600m에 이르고 면적은
거의 60㎢에 이른다. 겨울 기온이 섭씨 영하로 떨어지고 연중 기온이
일반적으로 다른 지역보다 10℃ 더 낮은 이 지역의 다양한 기후를 활용
하여 맑고 신선한 공기와 멋진 전망을 제공하는 Trojena는 매혹적인 장
소일 뿐만 아니라 생활하고 일할 수 있는 마법 같은 장소이기도 하다.

"Trojena는 사우디왕국 비전 2030의
목표와 일치하는 자연을 보전하고 지
역사회의 삶의 질을 향상하려는 우리
의 노력을 강조하면서 생태 관광의 원
칙에 기반한 장소를 만들어 세계 산악 관광을 재정의할 것입니다. 이
것은 환경 보호를 위한 글로벌 노력의 일부가 되겠다는 약속입니다.
Trojena는 사우디아라비아가 지리적 및 환경적 다양성을 기반으로 목
적지를 만드는 방법의 독특한 예로, 산악 관광이 미래 세대를 위해 천
연자원을 보존하면서 왕국의 경제 다각화를 지원하는 또 다른 수입원
이 되도록 보장할 것입니다"라고 설명했다.[42]

---

42 사우디아라비아, 네옴(Neom), https://www.neom.com/en-us/regions/trojena

나. 사우디는 그린 수소생산을 위해 4GW의 풍력,
태양광 및 전력저장장치 건설

이를 위한 프로젝트를 시행할 예정이라고 이미 밝힌 바 있다. 사우디는 풍부한 천연가스를 활용하여 만든 블루수소를 암모니아 형태로 전환하여 2020년 9월 세계 최초로 수출한 바 있다. 2021년 사우디 예산 60%(약 1,490억 달러)가 석유에서 나와 화석 연료에 대한 세계 수요가 줄어드는 것에 대비해 수입원을 다양화해야 한다. 수소는 자동차, 산업 또는 가정 난방 및 전력공급에 사용될 수 있다. 수소는 석유 생산자가 탈 탄소화를 위해 가야 할 방향이기 때문에 사우디가 이를 추구하는 것이 합리적 선택이다.

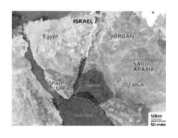

재생 가능한 전기를 사용하여 물을 분리하여 만든 그린 수소는 가장 환경 친화적이다. 사우디 북서쪽 해안은 1년 내내 햇빛과 태양 전지판과 풍차에 전력을 공급할 수 있는 꾸준한 바람이 있다. 이에 사우디는 북서쪽 해안에 세계 최대 청정에너지원 생산국이 되기 위해 수십억 달러 규모의 수소 공장 건설 계획을 진행하고 있다. 새 공장이 환경친화적인 그린 수소의 일일 생산 목표인 650톤을 충족하면 세계 최대 규모가 된다. 계획도시인 홍해 연안 네옴 부지에는 아직 대규모 공장 건설이 시작되지는 않았지만, 2026년부터 생산이 시작될 것으로 전망했다.

다. 독일은 그린 수소 및 암모니아 생산을 위한 프로토타입 개발

독일 정부는 티센크루프(Thyssenkrupp)의 플랜트 기술 사업부 'Uhde Chlorine Engineers'에 보조금을 지급하여 사우디에서 그린 수소 및 암모니아 생산을 위한 20MW 알칼리 전해조 프로토타입 개발을 추진한다. 대기업 티센크루프(Thyssenkrupp)는 현재 재생에너지 통합을 위한 핵심 기술인 대규모 프로젝트를 위한 산업 규모의 물 전기 분해를 제공하고 있다. 물을 수소와 산소로 나눔으로써 이 기술은 깨끗하고 CO_2가 없는 에너지 운반체인 '녹색' 수소를 제공한다. 필요한 유일한 투입은 풍력, 수력 발전 또는 태양광으로 인한 물과 재생 가능 전기이다.

티센크루프(Thyssenkrupp)는 사우디가 미래의 첨단 도시로 건설 중인 홍해의 Neom 신도시 'Element One' 프로젝트에 그린 수소용 전해조를 설립을 계획했다. 이 사업은 세계 최대 규모 중 하나로 추정되는 50억 달러 규모의 세계 녹색 수소 프로젝트로 에어프로덕츠, ACWA 파워에 Neom의 파트너십을 통해 추진된다. 이 공장은 매일 650톤의 녹색 수소를 생산할 것으로 예상된다.[43]

---

43 독일 티센크루프(Thyssenkrupp), 청정에너지, 재생 가능한 연료와 화학 물질, 탄소재활용, https://insights.thyssenkrupp-industrial-solutions.com

라. 사우디 Neom Helios 수소 프로젝트 생산, 이송 및 판매(독일, 티센 계약)

MENA 국가 중 사우디는 이 지역의 그린 수소 사업을 주도하고 있다. 2020년 7월 사우디의 ACWA Power는 미국 Air

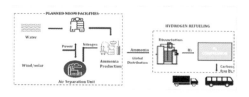

| Neom planned H2 production, transport and application

Products 등과 U$ 50억 계약을 체결하여 풍력, 태양광 및 저장 용량으로 구동되는 세계 최대의 그린 수소-암모니아 프로젝트인 Neom Helios 출범되었다.

또한, 2020년 9월 사우디는 세계 최초로 블루 암모니아 40톤을 일본에 수출했다. 독일 ThyssenKrupp의 전기 분해 기술을 사용하여 하루 650톤의 수소(연간 237,250t)를 생산한다. 또한 덴마크 Topsoe 회사의 공기 분리 장치(ASU)를 사용하여 암모니아를 생산하며, 생산량은 연간 1.2 Mt로 추정된다. 에어 프로덕트(Air Products) 회사에서 이를 독점적으로 구매하고 해상 또는 육로를 통해 판매한다.

핵심 웨이브

○ 독일 : 티센그룹(ThyssenKrupp) : 사우디 Neom신도시 그린 수소 사업   By ThyssenKrupp (독일, 티센그룹)
- 주요내용 :
  - 독일정부 : 티센의 플랜트 기술 사업부 'Unde Chlorine Engineers'에 보조금을 지급함
  - 티센그룹(Thyssenkrupp) : 사우디가 미래의 첨단 도시로 건설 중인 홍해의 Neom 신도시 'Element One'에 그린 수소용 전해조를 설립
  - 사우디 : '20년 초 그린 수소 생산을 위해 4GW의 풍력, 태양광 및 전력저장 장치 건설을 위한 프로젝트를 예정

한국 KEPCO(KEPCO: Korea Electric Power Corporation)

전 세계적 탄소 중립 달성을 위해 재생에너지를 연계한 MW급 그린 수소생산 프로젝트 등 친환경 에너지 정책을 추진하고 있다. 향후 재생에너지 등 분산 전원 확대에 따른 전력계통의 안정화와 유연성 자원을 확보하기 위해 그린 수소 핵심기술을 개발하고 실증사업을 추진한다.[44]

가. 한전, 그린 수소생산 클러스터 구축을 위한 업무협약 체결

한전의 자회사인 한수원(한국수력원자력, 이하 한수원)은 지자체 및 기업 등 9개 기관과 '새만금 그린 수소생산 클러스터 구축' 협력을 위한 업무협약(MOU)을 체결한다. 업무협약은 새만금에서 생산되는 대규모 재생에너지를 활용하여 수소를 생산, 저장, 운송, 활용하기 위한 국내 최대 규모의 '그린 수소 클러스터' 구축에 협력할 것을 규정하고 있다. 수소생산 집적시설을 통해서 재생에너지와 연계한 그린 수소 산업 생태계 구축을 위해 예비타당성 조사 통과에 대응하고, 세부 추진계획을 마련한다.

44　한국, 한수원, KEPCO, https://www.knpnews.com

나. 새만금 간척 부지에 3GW 규모의 대형 재생에너지 발전단지 조성

사업 기간은 2022년부터 2031년까지 10년간이며, 사업비는 5,000억 원 규모로(국비 2,500억 원, 지방 비 1,000억 원, 민자 1,500억 원) 투자될 것이다. 이후 2024년까지 전용 단지 조성과 그린 수소생산·

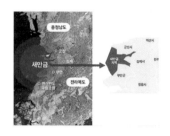

실증 기반을 구축하고, 2027년까지 혁신 인프라 관련 기업 유치를 완료할 예정이다. 2028년부터는 국내 최대 그린 수소생산거점 조성과 성과 확산을 추진한다는 방침이다. 새만금 산업단지 5공구(15만 평)에는 수전해 설비 기반구축 및 그린 수소 통합지원센터 건립 등 그린 수소생산 클러스터 사업을 진행하여 그린 수소생산기업 육성 및 관련 산업 생태계 구축을 통한 그린 수소 보급 확대한다.

다. 참여기관

새만금 그린 수소생산 클러스터 예비타당성 조사연구를 위한 지원을 강화하고 재생에너지 산업과 연계한 일자리 창출, 연관산업 육성 등 시너지를 낼 수 있도록 협력체제를 구축하고 있다. 투자유치를 통해서 그린 수소생산 클러스터 내 그린 수소생산 관련 기업 유치와 새만금산단 내 그린 수소 소재부품 기업 및 기관 유치 추진한다. 특별히 전라북도, 새만금개발청, 군산시, 전북테크노파크, 현대로템, 두산중공업 등 9개 기관을 통해서 실증적인 사업으로 진행할 예정이다.

핵심 웨이브

○ 한국 : **한전** 그린 수소 **본격 생산 위한 대규모 재생에너지 발전단지 조성**

- 주요내용
  . 국내 최대 새만금 그린 수소 생산 클러스터 구축을 위한 업무협약 체결
  . 새만금 간척 부지에 3GW 규모의 대형 재생에너지 발전단지 조성
  . 참여기관 : 새만금 그린 수소 생산 클러스터 예비타당성 조사연구를 위한 지원을 강화하고
    재생에너지 산업과 연계한 일자리 창출, 연관산업 육성 등 시너지를 낼 수 있도록 협력체제를 구축하고 있다.
    (전라북도, 새만금개발청, 군산시, 전북테크노파크, 현대로템, 두산중공업 등 9개 기관을 통해서 실증적인 사업)

MENA(중동 · 북아프리카) 지역, 그린 수소생산 최적지로 부상

MENA(Middle East and North Africa's)는 중동과 북아프리카에 위치한 국가 그룹을 나타낸다. 이 지역은 구성 국가 전반에 걸쳐 많은 문화적, 경제적, 환경적 유사성을 공유한다. 예를 들어, 기후 변화의 가장 극단적인 영향 중 일부는 MENA에서 느낄 수 있다.[45]

MENA 국가는 알제리, 바레인, 이집트, 이란, 이라크, 이스라엘, 요르단, 쿠웨이트, 레바논, 리비아, 모로코, 오만, 카타르, 사우디아라비아, 시리아, 튀니지, 아랍에미리트 및 예멘으로 구성된

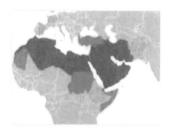

다. 중동 및 북아프리카(MENA) 국가와 미국의 무역 및 투자 관계는 미국의 상업 및 외교 정책 이익 측면에서 상당한 잠재적 가치를 가지고 있다. 특히 최근 여러 국가에서 극적인 발전이 이루어지고 있는 상황에서 무역 및 투자 관계 강화를 통해 지원되는 경제 발전은 MENA 지역의 평화와 안정이라는 미국의 목표를 달성할 수 있었다. 요르단, 이스라엘, 모로코, 바레인 및 오만과의 미국 자유 무역 협정(FTA)과 다른 많은 MENA 국가와의 무역 및 투자 기본 협정(TIFA)은 이러한 정부와

---

45   UAE WAM, https://wam.ae/en/detaHs/1395303017524, https://www.ustr.gov

의 미국 무역 및 투자 정책 대화의 맥락을 제공했고, 미국 수출을 늘리고 지역 내 경제 유대를 발전시키는 것을 목표로 했었다.

가. MENA 재생에너지 생산 천연자원 환경

최근 수십 년 동안 사우디아라비아, 카타르, 쿠웨이트 및 UAE가 보유한 막대한 석유와 가스 매장량은 중동을 세계 경제 강국으로 성장시키는 원동력이 되었다. 그러나, 화석 연료에서 벗어나는 것이 이 지역이 직면한 가장 큰

도전 중 하나이며, 수소에 대한 단호한 조치가 필요하다는 데는 의심의 여지가 없다. 이 지역 전반에 걸쳐 수소의 잠재력에 대한 분명한 증거가 있으며, 풍부한 천연자원은 매우 중요한 요소이다. 이 지역에서 이미 수립된 태양열 및 풍력 에너지 프로젝트, 특히 태양 에너지 비용이 저렴하여서 쉽게 이용할 수 있는 재생 가능 에너지원에서 녹색 수소를 생산할 수 있다는 점에서 경쟁 우위에 있다.

MENA 지역에서 가장 평판이 좋고 종합적인 에너지 행사인 Middle East Energy(Middle East Electricity)가 두바이 세계 무역 센터에서 개최되어서 미래의 지역의 녹색 수소를 둘러싼 기회에 대해 논의하기 위해 고위 에너지 리더, 정책 입안자 및 영향력 있는 사람들이 모였다. 산업 탈 탄소화를 지원하고 새로운 수출 경제를 창출할 잠재력이 더 잘 이해됨에 따라 중동에서 녹색 수소생산을 확대하고 빠르게 증가하

는 태양열 및 풍력 용량을 활용하기 위해 구축하고 있다.

나. MENA 지역: 저렴한 재생에너지를 바탕으로
최적의 그린 수소생산지로 부상

MENA 지역은 높은 태
양광 복사량과 풍속(8m/s
이상)으로 인해 그린 수소
생산비용이 세계에서 가장
저렴한 지역에 속한다. 경

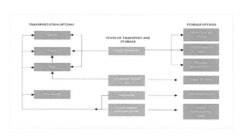

| 수소의 저장과 수송 옵션

쟁 지역은 남서부 아프리카, 칠레, 미국 남서부, 멕시코, 중국 서부 및
북서부 인도 등이 있다. 글로벌 최저 생산단가인 재생에너지를 활용
한 전해조(Electrolyzer, 전기 에너지를 이용해 순수한 물을 수소로 변환시키는 장치)
를 통해 그린 수소를 생산함으로써 비용 경쟁력을 확보했다.[46]

MENA 지역 국가들은 수소 최대 수요국으로 부상 중인 EU(유럽)에
파이프라인 수송, 암모니아 형태 수출 등 상대적으로 저렴한 방법으
로 수소를 수출할 수 있다.

다. 그린 수소의 글로벌 수요 예상

2050년까지 5억 3,000만 톤으로 추산(U$ 3,000억)되며, 2050년까

---

46   MENA(중동 · 북아프리카) 지역 수소생산단지, https://www.ips-journal.eu

지 세계 석유 생산량의 37%의 석유 수요를 대체 예상된다. MENA 국가들은 저렴한 생산 비용에 기인한 높은 수출 경쟁력을 바탕으로 다양한 수소 프로젝트를 진행하고 있다.

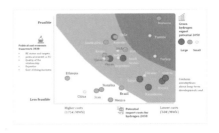

| 글로벌 국가별 수소 수출 잠재력

라. 그린 수소생산 및 수출 경쟁력을 위해서는 갖추어야 할 요소들

먼저, 고수익 재생에너지 자원은 1년 내내 지속 가능한 에너지를 효율적으로 저렴하게 공급해야 한다. 둘째는, 넓은 평지 및 저렴한 지대는 MENA 지역에서 대규모 재생에너지 및 전기 분해 공장을 건설하는 데 충분한 토지를 보유해야 한다. 셋째는 물이며, 이는 2050년 그린 수소 수요를 충족하려면 약 5.6조 리터의 탈이온수가 필요할 것으로 예상된다(MENA는 해수 접근 용이). 마지막으로, 낮은 국내 소비는 MENA 지역은 낮은 전기료 및 수소 수요산업 부족으로 대부분의 그린 수소생산량을 수출할 수 있다.

마. 사례 1: UAE 태양광 수소발전소(독일, 지멘스 계약)

2018년 2월 UAE의 두바이 수전력청(DEWA), Siemens 및 Expo 2020 Dubai는 Mohammed bin Rashid Al Maktoum(MBR) Solar Park에 MENA 최초의 태양광 기반 수소 전기 분해 시설 건설을 위한

파일럿 프로젝트를 시작했다. PEM(양성자 교환막) 전해조를 사용하는 MW 규모 수소생산시설은 2020년 두바이 엑스포에서 선보이는 수소 연료전지차를 공급하기 위한 것이었다.[47]

이를 통해서, UAE는 2050년까지 Net Zero 전략 계획을 발표했으며, 청정에너지는 기후 변화 문제를 해결하고 GHG 배출량을 줄이는 주요 기둥 중 하나다. 그린 수소는 에너지 전환과 세계 경제의 탈탄소화에 핵심적인 역할을 할 것으로 기대된다. 그린 수소 프로젝트(Green Hydrogen Project)는 Solar Park의 일부인 DEWA 연구개발 센터의 야외 테스트 시설에서 10,000㎡의 면적을 커버한다. 낮에는 공장에서 PEM 전기 분해라는 기술을 사용하여 녹색 수소를 생산하기 위해 MBR Solar Park의 일부 광전지를 활용한다. 밤에는 녹색 수소가 전기로 변환되어 지속 가능한 에너지로 도시에 전력을 공급하는 계획을 한다.

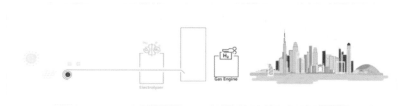

| 그린 수소 프로젝트(Green Hydrogen Project) 원리

---

47 독일 지멘스(UAE 태양광 수소발전소), https://www.siemens-energy.com

바. 사례 2: 오만, HyPortGreen H2 프로젝트 발표(벨기에, DEME 계약)

벨기에 DEME는 준설, 해양 엔지니어링 및 환경 정화의 고도로 전
문화된 분야의 세계적인 선두 기업이다. 이 회사는 140년 이상의 노
하우와 경험을 바탕으로 혁신과 신기술의 선두주자로서 역사를 통틀
어 선구적인 접근 방식을 육성해 왔다.

DEME의 비전은 해수면 상승, 인구 증가, CO2 배출량 감소, 오염
된 강과 토양, 천연자원 부족과 같은 전 세계적인 문제에 대한 솔루션
을 제공함으로써 지속 가능한 미래를 향해 일하는 것이다. DEME의
활동은 핵심 준설 사업에서 시작되었지만, 포트폴리오는 준설 및 토
지 매립, 해양 에너지 시장을 위한 솔루션, 해양 기반 솔루션 및 환경
솔루션을 포함하여 수십 년 동안 상당히 다양해졌다.

회사의 뿌리가 벨기에에
있지만 DEME는 전 세계 바
다와 대륙에서 강력한 입지
를 구축했으며 전 세계 90개
이상의 국가에서 사업을 운
영하고 있다. DEME는 전 세계적으로 5,200명의 고도로 숙련된 전문
가에게 의존할 수 있다. 광범위한 보조 장비로 뒷받침되는 100척 이
상의 다용도 현대식 함대를 통해 회사는 가장 복잡한 프로젝트에도
솔루션을 제공할 수 있다.

2020년 3월 벨기에 회사 데메 컨소시엄(DEME Concessions) 와 오마니 (Omani) 파트너는 오만 두쿰(Duqm)지역에서 세계 최고의 녹색 수소 공장을 개발하기 위한 독점 파트너십을 발표했다.[48]

이 시설은 오만의 지역 화학 산업의 탈 탄소화에 크게 이바지할 뿐만 아니라 앤트워프 인터내셔널(Antwerp International) 항은 유럽의 국제 고객에게 녹색 수소 또는 파생물(예: 녹색 메탄올 또는 암모니아)을 제공한다.

첫 번째 단계에서 예상되는 전해조 용량은 250~500MW로 추정된다. 이 첫 번째 단계에 따라 설치 규모가 확대될 것으로 예상된다. 두쿰(Duqm)지역 위치의 장

| 오만 두쿰(Duqm), 세계 최고 녹색 수소 공장

점은 저렴한 재생에너지(태양광 및 풍력)와 접근 가능한 대규모 부지(육상 및 해상)를 이용할 수 있는 유리한 입지 조건이다.

녹색 수소는 전기 분해를 통해 전기로 수소(H_2)를 생산하면 이 과정에서 CO_2가 배출되지 않는다. 그러나 생산된 수소는 그 과정에서 재생 가능한 전기가 사용되어야만 '그린'이라고 할 수 있다. 이 공장에서는 그린 수소 또는 그린 암모니아 및 메탄올을 생산하여 EU로 대부분 수출할 것이며, 첫 단계에서 250~500MW 용량의 전해조를 갖추고 다음 단계에서 확장해 나간다는 계획이었다. 이 공장은 두쿰(Duqm) 항

---

48 벨기에, DEME사, Zawya, 2022.10.11., Oman's green hydrogen sector is the most developed in GCC: Report, https://www.deme-group.com

구는 크고 접근 가능한 육상 및 해상 부지에 자리를 잡고 있으며, 저렴한 재생에너지를 이용이 가능한 지역 입지로 유리하다.

오만은 2040년까지 수소생산을 위해 수전해 설비 용량 30GW를 달성한다는 목표를 수립했으며, 투자자들은 오만의 태양광, 풍력 및 토지 자원, 잠재적 시장에 대한 접근성 및 정부의 적극적인 지원 정책에 매력을 느낀다고 전망했다. 오만의 통치자인 알 사이드(Haitham bin Tariq al-Said) 군주는 2050년까지 넷제로(Net-Zero)에 도달하겠다는 국가의 서약을 승인하는 왕실 법령에 서명했다. 이로써 오만은 걸프협력회의(GCC)에서 넷제로 목표를 설정한 네 번째 국가가 되었다. 전 세계글로벌 컨설팅 기업 Oxford Analytica는 최근 발표한 보고서에서, 오만은 그린 수소 프로젝트의 장기 비전을 가지고 있으며 GCC에서 수소 산업 발전을 위한 가장 명확한 전략을 보유한 국가라고 했다(2022.10.11).

핵심 웨이브

○ 중동·북아프리카(MENA)지역, DEME(벨기에)그룹 그린 수소 생산 최적지로 부상
- 주요내용
  . MENA 지역은 높은 태양광 복사량과 풍속(8m/s 이상)으로 인해 그린 수소 생산비용이 세계 저렴한 지역
  . 수소 최대 수요국으로 부상 중인 EU(유럽)에 파이프라인 수송, 암모니아 형태 수출
  . 참여기관 :
    ➢ UAE 태양광 수소 발전소 (독일, 지멘스 계약)
    ➢ 오만, HyPortGreen H2 프로젝트 발표 (벨기에, DEME 계약)

비즈니스 방향성

미래 신재생 에너지원:
지구를 살리는 인공태양,
핵융합 발전사업(ITER)

프롤로그(Prolog)

||||||||||||||

지구상의 온 인류는 생활 수준을 향상하기 위한 끝없는 도전에서 우리의 진화에 연료를 공급하기 위해 엄청난 양의 전력에 변함없이 의존해 왔다. 내셔널 지오그래픽(National Geographic, NG)의 현재 추정치에 따르면 매일 3,200억 킬로와트아워의 에너지를 사용한다. 오늘날 엄청난 요구사항 대부분은 화석 연료를 태워서 해결된다. 지금까지 화석 연료는 현대사회의 에너지 요구를 매우 효율적으로 충족시켜 왔지만, 재생 불가능하고 빠르게 고갈되고 있다.

이러한 연료원은 또한 온실가스 배출과 오염에 크게 이바지한다. 화석 연료에 대한 적절하고 더 나은 대체품을 찾아야 할 때가 왔다. 많은 과학자는 환경에 대한 영향을 제한하고 지구온난화에 대한 기여를 줄이는 새롭고 친환경적인 에너지원을 지속해서 연구하고 있다. 원자력, 태양 에너지, 풍력 및 바이오 연료의 에너지는 더 깨끗하고 친환경적인 미래를 위한 유망한 대안 중 일부에 불과하다. 더 나은 연료전지, 지열 에너지 및 해양 에너지와 같은 비교적 새로운 에너지원도 탐색되고 있다. 다음 공간에서는 현재 에너지원을 살펴보고 가능한 미래 에너지원에 대해 나눈다.[49]

가. 화석 연료 – 석탄 화력 발전소(화석 연료)

화석 연료는 육지와 해저에서 죽은 동식물의 잔해로 구성된다. 이들은 수억 년 동안 지각의 열과 압력에 노출된 죽은 동식물의 화석화된 잔해에서 형성된다. 화석 연료는 주로 탄화수소로 구성되며, 탄소 대 수소 비율이 낮은 메탄이나 거의 순수한 탄소인 무연탄과 같이 다양한 비율로 탄소와 수소를 함유하고 있다.

에너지정보청(Energy Information Administration)의 추정에 따르면 화석 연료는 세계에서 생산되는 총 에너지의 86%를 차지한다. 이 중 석유가 36.8%, 석탄이 26.6%, 천연가스가 22.9%를 차지했다. 그러나 화석 연료는 재생 불가능한 에너지원이다. 화석 연료에 대한 우리의 과

---

49 미래 신재생 에너지원, https://www.justenergy.com

도한 의존의 또 다른 단점은 연소 중에 생성되는 이산화탄소의 양이 연간 213억 톤으로 추산된다는 것이다. 그러나 자연적 과정은 대기로 방출되는 이산화탄소 총배출량의 약 절반만 흡수할 수 있다. 즉, 매년 대기 중 이산화탄소의 양이 106억 5천만 톤씩 증가하고 있다. 잠재적으로 생태계에 매우 부정적인 영향을 미칠 수 있는 지구온난화의 주요 기여자로 이론화된다.

나. 천연가스

천연가스는 일반적으로 화석 연료와 함께 석탄층에서 발견되며 다른 유형의 암석에 갇혀 있다. 매립지, 습지 또는 습지에 존재하는 메탄 생성 유기체에 의해  생성된다. 그것은 자연적으로 메탄과 에탄, 프로판, 부탄, 펜탄, 고분자량 탄화수소, 황, 헬륨 및 질소와 같은 소량의 기타 가스로 구성된다. 천연가스를 연료로 사용하기 전에 메탄 이외의 천연가스 성분을 제거해야 하지만, 환경에 더 좋은 천연자원을 연료로 사용하는 기존 기술을 보여주는 한 종류의 천연자원이다.

천연가스는 다른 화석 연료보다 깨끗한 것으로 간주하지만 여전히 오염과 지구온난화에 이바지하는 것으로 밝혀졌다. 전 세계적으로 고갈되고 있는 전통적인 화석 연료 매장량을 보충하는 데 사용할 수는 있지만 100% 깨끗하고 공해가 없
는 대안은 아니다. 2004년 천연가
스 사용으로 인한 이산화탄소 배
출량은 53억 톤, 석탄과 석유가 각
각 106억 톤, 102억 톤의 이산화
탄소 배출에 이바지했다. 그러나 천연가스는 당시 석탄 84억 톤, 석유
1만 7,200톤에서 1,100만 톤의 이산화탄소를 배출할 것으로 예상되
는 2030년까지 역전될 것으로 예상된다.

다. 태양 에너지

이 세상의 거의 모든 것은 궁극적으로 태양으로부터 에너지를 얻
는다. 화석 연료와 같은 간접적인 소스에서 태양 에너지를 얻는 대신
전 세계의 연구기관과 조직들은 이 무제한 에너지 소스를 직접 활용
하는 방법을 찾고 있다. 지구는 태양 복사의 결과로 상층 대기에서 약
1,740억 메가와트의 전력을 받는다. 입사 태양 복사의 약 30%는 다
시 반사되지만, 나머지는 대기, 바다 및 육지에 흡수된다. 1시간 동안
사용할 수 있는 태양 에너지의 양은 전 세계에서 1년 동안 소비되는
총 에너지양보다 많다. 그러나 이것은 집중된 형태가 아니라 분산된
형태의 에너지이며 가장 큰 도전은 그것을 활용하는 데 있다. 태양의
열과 빛 복사는 반도체 태양 전지판을 사용하여 이용할 수 있다. 태양
에너지를 활용하는 데 있어 가장 큰 장애물 중 하나는 비용 효율적인
태양 전지판을 구축하는 것이다. 태양광 발전 비용은 킬로와트아워당

미화 6센트인 석탄 기반 전력 비용과 비교하여 킬로와트아워당 약 미화 8~15센트이다.

에너지의 적절한 저장은 또 다른 주요 걸림돌이 된다. 태양 에너지는 밤에 사용할 수 없지만 현대 에너지 시스템은 일반적으로 에너지의 지속적인 가용성을 요구한다. 이를 위해서, 열 질량 시스템(Thermal mass systems), 열저장 시스템(Thermal storage systems), 상변환 장치(Phase change materials), 독립형 태양광 시스템(Off-grid photovoltaic systems) 및 양수 저장 수력 전기 시스템(Pumped storage hydroelectricity systems)은 충전 후에 사용하기 위한 태양 에너지를 저장할 수 있는 몇 가지 방법이다. 이 모든 기술 발전에도 불구하고 태양 에너지 기술은 아직 초기 단계에 있다. 우리가 기술을 완성하고 실행 가능하고 효율적인 비용방식으로 태양 에너지를 활용하고 저장할 수 있을 때까지 화석 연료는 계속해서 가장 일반적으로 사용되는 에너지원이 될 것이다.

라. 원자력 에너지

전 세계적으로 전력 수요가 급증함에 따라 원자력은 기후 변화라는 글로벌 이슈를 해결할 청정 전력원으로서 그 중요성이 날로 커지고 있다. 화석 연료 가격의 변동성과 에너지 공급 확보에 대한 국가의 관심 증가는 원자력 에너지를 요구한다. 현재 전 세계 30개국에서 439기의 발전용 원자로가 가동 중이다. 이는 세계 전체 발전량의 14%를 차지한다. 국제원자력기구(IAEA)는 전 세계 원자력 발전용량이 2020년에는 437~542GW, 2030년에는 473~748GW로 증가할 것으로 예상한다. 안정적이고 깨끗한 에너지원인 만큼 몇 가지 문제를 해결해야 한다. 여기에는 경제적·경쟁력 향상, 안전하고 신뢰할 수 있는 원자력 발전소 설계, 사용후핵연료 관리 및 방사성 폐기물 처리, 적절한 숙련 인력 개발, 원자력에 대한 대중의 신뢰 확보, 핵 비확산 및 보안 보장이 되어야 한다.

탄소 중립 바람 타고 돌아온 '원전', 전 세계가 '주목', EU 그린 택소노미에 포함

우크라이나와 러시아전쟁으로 인해서, 유럽의 천연가스 공급에 차질이 있으면서, 유럽의 많은 나라들은 원자력 에너지로 눈을 돌리고 있다. 유럽연합(EU) 의회는 원자력 발전을 '그린 택소노미(Taxonomy)'에 포함하는 방안을 의결했다. 택소노미는 온실가스 저감과 탄소 중립 실현에 필요한 경제활동을 분류한 목록이다. 원자력이 택소노미에 포함됐다는 것은 '친환경 그린 에너지'로 인정한다는 의미다. EU가 지난 2020년 6월 택소노미를 발표했을 때만 해도 원자력 발전은 방사능폐기물 처리 문제로 포함해서는 안 된다는 반대의 목소리도 컸다.

하지만 온실가스 감축이 전 세계 과제로 부상하면서 원전 없는 화석 연료에 더욱 의존할 수밖에 없고, 온실가스 배출량도 적은 에너지원으로서 원전을 배제할 수 없다는 현실론이 고개를 들고 있다. 유엔

유럽경제위원회(UNECE)가 발표한 '발전원별 전주기 환경영향평가'에서
도 원전은 전체 22개 발전원 가운데 kW(킬로와트아워)당 온실가스 배출
량 측면에서 가장 친환경적 에너지로 평가됐다.[50]

마. 핵에너지

오늘날 새로운 미래 에너지원 핵
반응을 이용한 핵에너지에 개발을
진행하고 있다. 핵에너지는 둘 이상
의 원자핵을 쪼개거나(분열) 병합(융
합)하여 이용한다. 핵분열은 일반적
으로 에너지를 이용하는 과정에서
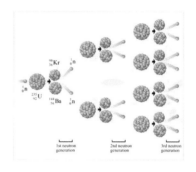
우라늄을 사용한다. 현재의 소비 속도로 지구의 지각에서 발견되는
우라늄은 우리가 약 100년 동안 사용할 수 있다. 그러나 연구자들은
다음 세기에 에너지 소비가 3배가 될 것으로 예측한다. 즉, 이용 가능
한 우라늄 자원은 약 30년 동안만 지속될 것이다. 한 가지 옵션은 사
용 후 핵연료를 재처리하는 것이다. 이 사용 후 핵연료는 플루토늄이
풍부하고 남은 우라늄과 결합할 때 연료로 사용할 수 있는 MOX로 알
려진 혼합물로 재처리될 수 있다. 이것은 사용 가능한 우라늄 자원을
수십 년 더 늘리는 데 도움이 될 수 있다.

---

50 대한민국 정책브리핑, www.korea.kr

반면에 핵융합은 우리의 에너지 문제에 대한 해답이 될 수 있다. 핵분열은 수소 동위원소, 리튬 및 붕소를 사용한다. 바다의 리튬 매장량과 함께 지구의 리튬 매장량은

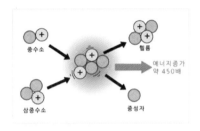

6,000만 년 이상 지속될 수 있다. 수소의 동위원소인 중수소는 2억 5,000만 년 더 지속될 수 있다. 그러나 이 동위원소로부터 에너지를 이용하는 과정은 상당히 복잡하고 아직 초기 단계에 있다. 핵융합을 에너지 생산에 활용하는 방법을 성공적으로 배울 수 있다면 에너지 세계의 새로운 왕이 될 것이다. 핵융합은 이산화탄소 배출량이 적은 청정 공정이며 방사성 폐기물도 비교적 짧은 반감기를 가지고 있다. 앞으로, 유럽과 한국 등 세계 각국에서 전개될 핵융합 발전은 극소량의 수소가 필요할 때마다 융합로에 조금씩 투입해서 연료를 보충하는 방식으로 이루어지며, 반응로 안에서 핵반응 제어에 문제가 생기더라도 폭발이 일어날 만큼의 연료가 없다.

핵심 웨이브

○ **미래 신재생 에너지원 : 핵융합 발전사업(ITER)**
- 주요내용
  - 새롭고 친환경적인 에너지원을 지속적으로 연구
    ➔ 화석 연료 - 천연 가스, 태양 에너지, 원자력 에너지, 핵융합
  - 새로운 미래 에너지원 **핵**반응을 이용한 **핵** 에너지
    ➔ **핵분열** : 둘 이상의 원자 핵을 쪼개는 방식(분열)
    ➔ **핵융합 발전** : 이산화탄소 배출량이 적은 청정 공정이며 방사성 폐기물도 비교적 짧은 반감기를 갖음

 핵융합 에너지란 무엇인가?

물질을 구성하는 원자는 그 중심에 양성자와 중성자로 이루어진 원자핵이 있고 그 주위를 전자가 돌고 있다. 그런데 초고온에서는 원자핵과 전자가 분리되는 플라스마 상태가 된다. 플라스마 상태의 가벼운 원자핵들은 고속으로 나아가다가 서로 충돌하여 합해지면서 무거운 원자핵으로 변하는데, 이것을 핵융합 반응이라고 한다.[51]

충돌하기 전 두 원자핵을 합친 질량보다 생성된 원자핵의 질량이 더 작다. 이때 사라진 질량은 에너지로 바뀌는데, 질량과 에너지 사이의 관계를 나타내는 아인슈타인 특수 상대성 이론의 공식 'E=mc²(E는 에너지, m은 질량, c는 빛의 속도)'에 따라 막대한 에너지가 발생한다. 빛의 속도는 대략 3억 m/s이기 때문에 만약 50원짜리 동전 한 개 정도의 질량인 4g이 모두 에너지로 변한다면, 공식에 따라 E=0.004kg×(3억m/s)² 이 되고, 발생하는 에너지는 36×1010kJ(킬로줄)가 된다. 이 에너지는 한 가구당 평균 전력 소비량이 5,000kWh라고 할 때 인구 8만 명의 도시가 1년 동안 사용할 수 있는 전기 에너지와 맞먹는다.

---

51 https://www.sciencetimes.co.kr

핵융합 발전의 원리

핵융합 에너지는 핵분열 원
자력과는 완전히 반대되는 발
전 과정을 가지고 있다. 핵분
열에 비해 높은 에너지를 발생
시키는 핵융합은 태양이 불타
는 원리를 참고하였다. 태양은

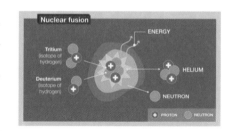

| 핵융합 에너지 발생 원리

수소, 헬륨의 핵융합 반응으로 엄청난 열과 빛의 에너지를 지속해서
뿜어내고 있다. 태양에서는 수소 원자 4개가 합쳐져 1개의 헬륨을 만
드는데, 매초 7억 톤의 수소가 헬륨으로 변환되고 있다. 이 과정에서
태양은 초당 4조 와트의 100조 배에 달하는 에너지를 방출한다.

핵분열과 핵융합에 대한 기초적인 이해는 모두 아인슈타인의 상대
성 원리 공식에 도움받은 것이라고 볼 수 있다. 원자의 질량이 손실되
어 사라지면서, 그에 상응하는 에너지가 발생한다는 원리를 따른다.
즉, 핵분열 과정에서도, 핵융합 과정에서도 일정량의 질량 손실이 발
생하며, 그 물질이 사라지면서 에너지가 생긴다는 것이다. 한국의 네
곳의 원자력 발전소에서는 핵분열 발전 방법으로 연간 750톤의 농축
우라늄과 천연 우라늄을 사용해 전기를 생산한다.

핵융합은 연료로 중수소와 삼중수소를 특수 전기 장치를 이용해 섭
씨 1억 도까지 올리면 전자가 분리되고, 이온화된 다량의 원자핵과 전

자가 고밀도로 몰려 있는 플라스마(Plasma) 상태가 된다. 플라스마 상태의 중수소와 삼중수소가 서로 충돌하면 중성자와 헬륨이 생성된다. 이때 생성된 중성자와 헬륨의 질량의 합은 충돌 전의 중 수소, 삼중수소의 질량의 합보다 작은데, 이 질량의 차이가 에너지로 변환된다. 그래서 핵융합 발전은 태양광, 풍력 등과 함께 신재생에너지로 미래의 에너지원이라 불린다.[52]

핵융합 발전을 위한 환경

지구는 태양처럼 핵융합 반응이 일어날 수 있는 초고온 및 고압 상태의 환경이 아니어서, 자기장이나 레이저를 이용해 태양과 같은 환경을 인공적으로 조성하는 '핵융합로'를 만들어야 한다. 이것이 사실 핵융합 기술의 핵심이라고 할 수 있다. 핵융합 에너지를 얻기 위해서는 지구상에 존재하지 않는 1억 도 이상의 초고온 플라스마를 만들어야 하고, 이 플라스마를 가두는 그릇 역할을 하는 핵융합 장치와 연료인 중수소와 삼중수소가 필요하다. 수억 도의 플라스마 상태에서 수소 원자핵들이 융합해 태양 에너지와 같은 핵융합 에너지를 만들 수 있다.

핵융합 장치는 초고온의 플라스마를 진공 용기 속에 넣고, 자기장을 이용해 플라스마가 벽에 닿지 않게 가두어 핵융합 반응이 일어나

---

52 국제원자력기구(IAEA), https://www.iaea.org

도록 하는 원리를 갖고 있다. 이 때 플라스마가 핵융합 장치 벽면에 직접 닿지 않기 때문에 벽면 부분의 온도는 수천 도에 불과한데, 핵융합 장치는 이처럼 태양에서와 같은 원리로 에너지를 만들어 낸다고 해 '인공태양'이라 불리기도 한다.[53]

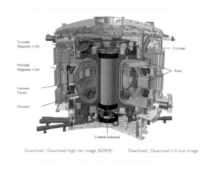

| 핵융합 발전소 구조:
Nuclear fusion power plant structure

핵심 웨이브

○ **핵융합 에너지란 무엇인가?**
- 주요내용
  . 초고온에서는 원자핵과 전자가 분리되는 플라스마 상태가 되며, 플라스마 상태의 가벼운 원자핵들은 고속으로 나아가다가 서로 충돌하여 합해지면서 무거운 원자핵으로 변하는데, 이것을 "핵융합 반응" 이라 한다.
  . 태양의 원리를 이용한 것으로, 태양은 수소, 헬륨의 핵융합 반응으로 열과 빛의 에너지를 지속해서 뿜어낸다.
  . 핵융합 발전을 위한 환경 :
    ➤ 자기장이나 레이저를 이용해 태양과 같은 환경을 인공적으로 조성하는 "핵융합로"
    ➤ 연료인 중수소와 삼중수소가 필요

---

53 Science Direct 논문, https://www.sciencedirect.com

프랑스, 국제핵융합실험로(ITER) 프로젝트

최근에 유럽을 중심으로 미래 에너지원으로 알려진 핵융합(核融合, Nuclear fusion)은 물리학에서 핵분열과 상반되는 현상으로, 2개의 원자핵이 부딪혀 새로운 하나의 무거운 원자핵으로 변환되는 반응이라고 설명한다. 기본적으로 원자핵은 내부의 양성자로 인해 양전하를 띠므로 2개의 원자핵이 서로 접근하게 되면 전기적인 척력에 의해 서로 밀어내게 된다. 하지만 원자핵을 초고온으로 가열하면 원자핵의 운동에너지가 전기적 척력을 이겨내어 두 원자핵이 서로 충돌하게 된다. 그리고 이후에는 두 원자핵 사이에 강력한 인력이 작용해 하나의 원자핵으로 결합할 수 있다.[54]

프랑스의 국제핵융합실험로(International Thermonuclear Experimental Reactor, ITER) 프로젝트는 라틴어로 'The Way'라고 한다. 오늘날 세계에서 가장 야심 찬 에너지 프로젝트 중 하나다. ITER 프로젝트는 전 세계 35개국의 협력이다. ITER 회원사인 유럽연합, 인도, 일본, 한국, 중국, 러시아 및 미국은 과학의 가장 큰 개척지 중 하나인 태양과 별에 연료를 공급하는 무한한 에너지를 지구에서 재생산하기 위해 모든 기술적인 자원을 결합했다.

---

54 영국 BBC, https://www.bbc.com

2006년에 체결된 ITER 협정에 서명한 7개 회원국은 프로젝트 건설, 운영 및 해체 비용을 분담하게 되었다. 그들은 또한 실험 결과와 제작, 건설 및 운영 단계에서 생성된 모든 지적 재산을 공유한다. 유럽은 건설 비
용의 가장 큰 부분을 차지한다(45.6%). 나머지는 중국, 인도, 일본, 한국, 러시아 및 미국이 동등하게 공유한다(각각 9.1%). 회원들은 프로젝트에 금전적 기부를 거의 제공하지 않았다. 대신 기부금의 10분의 9가 완성된 구성요소, 시스템 또는 건물의 형태로 ITER 조직에 전달했다. ITER 회원은 3개 대륙, 40개 이상의 언어, 세계 인구의 절반, 세계 국내총생산(GDP)의 85%를 대표할 수 있는 규모다. ITER 기구의 사무실과 7개 국내 기관의 사무실, 실험실 및 산업계에서 말 그대로 수천 명의 사람이 ITER의 성공을 위해 노력하고 있다.

가. ITER 실험 계획

프랑스 남부의 카다라슈(Cadarache)에 개간된 42헥타르 부지에서 2010년부터 공사가 진행 중이며, 중앙 토카막(Tokamak) 건물은 기계 조립 시작을 위해 2020년 3월 ITER 조직에 이양되었다. 이 새로운 단계의 첫 번째 주요 이벤트는 2020년 5월에 1,250톤의 저온 유지 장치 기지를 설치했으며, 전 세계의 ITER 사무소에서는 정확한 조립 행사순서가 신중하게 조정되고 조립되었다. 100만 개 이상의 구성요소(약 1,000만 개 부품)의 성공적인 통합 및 조립은 전 세계 ITER 회원 공장에서 제작되어 ITER 현장으로 배송되는 엄청난 물류 및 엔지니어링 과제로 남아 있다. ITER 조직은 다수의 조립 계약자(총 9개 계약)가 지원하는 작업을 진행한다. 2020년 7월, 공식적으로 기계 조립 단계를 시작했다. 오늘날(2022년 7월) 첫 플라스마(First Plasma)에 대한 프로젝트는 77.1%가 실행되었다.

ITER는 순 에너지를 생산하는 최초의 핵융합 장치가 될 것이며, 핵융합을 장기간 유지하는 최초의 핵융합 장치가 될 것이다. 그리고 ITER는 핵융합 기반 전기의 상업적 생산에 필요한 통합 기술, 재료 및 물리학 체제를 테스트하는 최초의 핵융합 장치가 될 것입니다. 1985년 국제핵융합실험에 대한 아이디어가 처음 시작된 이래 수천 명의 엔지니어와 과학자들이 ITER 설계에 이바지했다. ITER 회원국은 현재 ITER 실험 장치를 구축 및 운영하기 위해 35년간의 협력에 참여하고 있으며, 함께 시연 핵융합로를 설계할 수 있는 지점까지 핵융합을 실현하고 있다.

나. ITER 토카막(Tokamak)이란?

핵융합은 기존 원자력 발전소를 구동하는 핵분열 반응의 경우와 같이 원자핵을 쪼개지 않고 강제로 결합하여 에너지를 방출할 수 있다는 원리에 따라 작동한다. 태양의 중심부에서 거대한 중력 압력으로 인해 약 1,000만 섭씨온도에서 이러한 일이 발생할 수 있다. 지구에서 가능한 한 훨씬 더 낮은 압력에서 핵융합을 일으키는 온도는 1억 섭씨온도 이상으로 훨씬 높아야 한다. 그러한 건조열과의 직접적인 접촉을 견딜 수 있는 물질은 존재하지 않는다. 따라서 과학자들은 실험실에서 핵융합을 달성하기 위해 과열 가스 또는 플라즈마가 도넛 모양의 자기장 내부에 유지되는 솔루션을 고안했다. 이것을 토카막(Tokamak)이라고 한다.[55]

핵융합 발전에서, 태양처럼 핵융합 반응이 일어나는 환경을 만들기 위해 초고온의 플라스마를 자기장을 이용해 가두는 도넛형 장치가 토카막(Tokamak)이다. 이것은 가두어진 플라스마를 안정화하기 위해서는 자기장뿐만 아니라 내부에 전류가 흐르게 하여야 하며 플라스마가 벗어나지 않게 한다.

프랑스에서 진행 중인 ITER에서는 35개국이 협력하여 세계 최대 규모의 자기 융합 장치인 토카막(Tokamak)을 건설하고 있다. 이 토카막(Tokamak)은 우리의 동력원인 태양과 별과 같은 원리

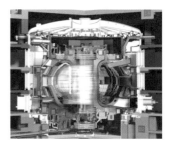

---

55 국제핵융합실험(ITER): https://www.iter.org/

를 기반으로 대규모의 탄소가 없는 에너지원으로서 핵융합 가능성을 입증하도록 설계되었다. 토카막(Tokamak)이 생산할 수 있는 핵융합 에너지의 양은 핵에서 일어나는 핵융합 반응의 수의 직접적인 결과가 된다. 과학자들은 용기가 클수록 플라스마의 부피가 커지고 따라서 핵융합 에너지의 가능성도 커진다는 것을 알고 있다.

세계 기록은 유럽의 Tokamak JET가 보유하고 있다. 영국 옥스퍼드셔(Oxfordshire)의 컬헴(Culham)에 위치한 JET(Joint European Torus)은 거의 40년 동안 이 융합 접근법을 개척해 왔다. 1997년에 JET은 24MW(Q=0.67)의 총 입력 가열 전력에서 16MW의 핵융합 전력을 생산했다. 그러나, ITER는 10배의 에너지 회수율(Q=10) 또는 500MW를 생성하도록 설계되었다. ITER는 오늘날의 소규모 실험 핵융합 장치와 미래의 실증 핵융합 발전소 간의 격차를 해소할 것이다. 과학자들은 미래 발전소에서 예상되는 것과 유사한 조건에서 플라스마를 연구하고 가열, 제어, 진단, 극저온 및 원격 유지 보수와 같은 기술을 테스트할 수 있다.

다. ITER에서 한국의 역할

프랑스의 제2의 도시인 마르세유(2022년 7월 25일)에서 열린 한 유럽 과학기술 회의(EKC) 참가자들이 ITER 현장을 방문했다. 한국은 과학기술정보 통신부 차관(오태석)이 이끌고 전 유엔 사무총장(2007~2016년)과 현 반기문 재단 이사장이 동행했다. 공통의 목표로 35개국이 모이는 ITER 협력은 193개 회원국으로 구성된 유엔보다 적다. "하지만 내가 여기서 느끼는 것은 비슷한 정신입니다"라고 전 사무총장이 말했다.

ITER 진공 용기 부문 '모듈(Modules)'을 조립하는 거대한 부분을 한국 건설이 진행한다. 한국은 이미 2006년에 '핵융합 에너지 개발법'을 통과시켰다. 제8대 유엔 사무총장으로 재임하는 동안 2015 지속가능발전목표(Sustainable Development Goals)와 파리 기후 변화 협정(Paris Agreement on Climate Change) 채택을 가장 크게 공헌한 반기문(Ban Ki Moon)은 ITER과 융합을 핵심 요소로 보고 있었다. 기후 변화에 대한 세계적인 대응에 그는 "나는 과학의 힘을 믿습니다"라고 말하며 "가장 야심 찬 프로젝트"인 ITER의 약속을 더 깊이 이해할 수 있도록 많은 정보, 문서를 제공해 달라고 요청했다.[56]

한국전력기술은 ITER 사업이 본격화된 2007년부터 주도적으로 참여하고 있으며, 2014년에는 ITER 사업 현지의 밀착지원 체제 강화를 위하여 프랑스 엑상프로방스에 ITER 국제기구 연락사무소를 설치하였다. 또한 2019년에는 연락사무소를 통하여 축적된 ITER 사업 수행 경험을 토대로 유럽지역 가동 원전 및 신규 건설 원전 사업개발과

---

56 한국전력기술 ITER 사업단, https://www.kepco-enc.com

ITER 건설관리 참여 확대를 위하여 연락사무소를 지사로 승격하였다. 한국전력기술은 2007년 이후 '건설관리용역(Construction Management-as-Agent Services)' 등 약 2,000억 원 규모의 엔지니어링 사업을 수주하는 등 ITER 국제기구의 가장 핵심적인 기술 파트너로 활동한다.

전선로 설계 관련 약 10,000km에 달하는 ITER 과학 장치의 동맥 및 신경망 기능을 담당하는 전력, 제어, 진단 및 통신용 케이블에 대한 트레이, 트레이 지지대, 및 케이블 경로 설계했다. 또한, 3D 모델, 자체 개발 KCMS 등을 활용한 ITER 장치의 협소한 공간에 타 기기 등과의 간섭을 피하여 케이블 트레이를 성공적으로 배치했다.

중앙 연동 제어시스템(CIS, Central Interlock System) 관련하여 CODAC, CSS와 함께 ITER 과학 장치의 두뇌 역할을 하는 중앙 연동 제어계통 설계, 제작 및 유지 보수 지원했으며, 국제표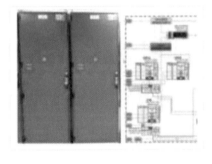준(IEC) 및 ITER 국제기구의 요건을 적용한 내진 성능시험, CE 인증, 전자파 적합성시험 등을 수행했다. 또한, 초도 제품으로 시행착오를 겪었지만, 계약 일정 준수하여 성공적으로 출하했다.

건설관리에서는 약 15.2조 원 규모의 국제 과학 공동연구 프로젝트인 ITER 토카막 조립, 설치 및 부대설비 건설 프로젝트의 시공계약 관리, 형상 관리, 사업관리, 건설관리, 작업 감독 등 진행했다. 또한, 원전, 석유가스, 우주항공 산업 시설에서 입증된 건설관리 경험을 바탕으로 ITER 국제기구의 높은 품질 수준과 안전성을 만족시키면서 주어진 일정과 비용으로 수행했다.

핵심 웨이브

By https://www.iter.org/ (프랑스, 국제핵융합실험)

○ 프랑스, 국제핵융합실험(ITER) 프로젝트 **무엇인가 ?**

- 주요내용
  - . 유럽을 중심 미래 에너지원으로 국제핵융합실험로(International Thermonuclear Experimental Reactor, ITER) 프로젝트
  - . 전 세계 35개국의 **협력**과, 회원사인 유럽 연합 , 인도 , 일본 , 한국 , 중국, 러시아 및 미국에서 태양과 별에 연료를 공급하는 무한한 에너지를 지구에서 재생산하기 위한 기술적인 자원을 **결합했다.**
  - . ITER 토카마크(Tokamak) 이란 ?
    ➤ 태양처럼 핵융합 반응이 일어나는 환경을 만들기 위해 초고온의 플라즈마를 자기장을 이용해 가두는 도넛형 장치로, 태양과 같은 환경을 인공적으로 조성하는 "핵융합로"
    ➤ 소규모 실험 핵융합 장치와 미래의 실증 핵융합 발전소 간의 격차를 해소할 수 있다.

한국, 핵융합 차세대 초전도 장치 KSTAR

1998년 한국 기초과학지원 연구원에서는 차세대 초전도 핵융합연구장치 개발사업, 토카막 개념설계 및 공학적 설계에 대한 논문을 발표했다. 여기에는 차세대 초전도 핵융합 연구개발 사업의 제1단계 기간 중 연구개발 사업의 목적과 KSTAR 장치의 성능 목표를 달성할 수 있는 장치의 개념 정의, 개념설계 및 공학적 설계의 첫 단계인 기본설계를 완성하고 장치 설계와 제작에 필요한 프로젝트 관리 체계의 구성을 연구의 범위로 하여 수행되었다.

또한, 각 설계 단계별로 주요 마일스톤을 정하고 세계 핵융합 연구 분야의 전문가들로 구성된 설계 검증·평가 회의를 개최하여 설계 결과를 검증하고 보완사항을 정리하여 체계적인 프로젝트 관리 절차를 시행하였다. 제1단계 기간 중 수행된 연구개발의 내용은 핵융합연구 장치 기술자료 조사·차세대 초전도 토카막 장치의 개념 정의·차세대 초전도 토카막 장치의 개념설계·차세대 초전도 토카막 장치의 기본설계·KSTAR 시설, 전력 및 특수설비 개념설계·설계통합 및 프로젝트 관리 체계의 구성을 하는 것이었다.

이후 2019년에 우리나라의 핵융합 연구기관 한국 핵융합 에너지연구원(KFE: Korea institute of Fusion Energy) 장치인 케이스타(KSTAR: Korea

| 한국 핵융합 에너지연구원(KFE):
KSTAR 주장치

Superconducyion Tokamak Advanced Research)가 세계 최초로 섭씨 1억 도의 초고온 플라스마(Plasma)를 1.5초 간 유지하는 데 성공했다는 소식이 있었다. 세계 각국이 핵융합 에너지연구에 힘쓰는 가운데 이번 성공으로 우리나라의 핵융합 에너지연구가 다른 나라보다 한발 앞서 나가게 되었다. 핵융합 에너지는 인류의 에너지 부족 문제를 한 번에 해결할 수 있는 꿈의 에너지로, 태양의 에너지이기도 하다.[57]

가. 우리나라의 핵융합 발전 기술

핵융합 장치인 차세대 초전도 연구 장치 KSTAR(Korea Superconducyion Tokamak Advanced Research)를 국내 기술로 개발했기 때문이다. KSTAR는 2007년 9월 건설이 완공되어 종합 시운전을 거쳐 2008년 7월 최초 플라스마 발생을 선언하고 본격적인 운영 단계에 들어섰다. 원래 우리나라는 핵융합 분야에서 국제기구에 참여할 만한 자본도 기술력도 없는 상태였다. 그러나 10여 년간의 연구를 통해 독자적으로 진보한 기술을 획득한 것이다.

KSTAR 핵융합로의 구조는 가정에서 쓰는 전자레인지와 같다. 전

---

57 한국, 인공태양 KSTAR(2022.9.26), https://www.oapublishinglondon.com, https://www.sciencealert.com

자레인지 안에 '중수소'라는 요리를 넣고, 300초 이상 마이크로파를 투여해 가열한다. 그러면 전자레인지 안이 3억 도 온도까지 올라가고, 그 온도에 이르면 '중수소'라는 요리가 스스로 질량이 줄어들면서 손실된 질량만큼의 방대한 빛과 열에너지를 방출하기 시작한다. 그 열에너지를 밖으로 뽑아내어 물을 끓여서 그 수증기로 발전기 터빈을 돌려 전기를 생산해 내는 것이다. 중수소를 데우는 데 소모되는 전기 에너지는 1와트인 반면에, 3억 도 온도가 된 중수소가 스스로 내뿜는 에너지는 수십 기가 와트의 전기 에너지가 된다.

나. 우리나라의 핵융합 발전 기술

핵융합로의 기본적인 원리는 '토카막'이라는 도넛 모양의 진공 용기에 고온의 플라스마가 안정적으로 유지되도록 제어하는 것이다. 기존에 가장 대표적인 플라스마 운전방식은 고성능 플라즈마 운전모드, H-모드(High Confinement Mode)이다. 초전도 핵융합 장치 중에는 KSTAR(Korea Superconducting Tokamak Advanced Research)가 2010년 세계 최초로 H-모드를 달성한 바 있다. H-모드는 1982년 독일의 핵융합연구장치(ASDEX) 토카막에서 실험 중, 외벽 근처에서 플라스마를 가두고 제어하는 성능이 갑자기 2배 이상으로 좋아지는 현상에서 착안했다. 이후 플라스마의 성능을 획기적으로 끌어올린

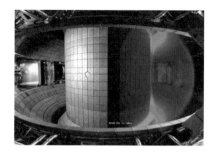

| 한국 초전도 핵융합 장치(KSTAR)

H-모드는 핵융합 연구의 새로운 장을 열며 현재까지도 기준 지표로 널리 쓰이고 있다.

그러나 H-모드는 플라스마 가장자리에 형성되는 장벽을 이용하기에, 가장자리의 압력이 임계치를 넘어서 풍선처럼 터지는 현상이 발생한다. 이를 플라스마 경계면 불안정 현상, ELM(Edge Localized Mode)이라 하는데, 핵융합로 내벽에 손상을 일으킬 수 있는 문제이니만큼 그 해결이 많은 핵융합 연구자들의 핵심 과제다. 그런데 한국 KSTAR에서 2011년 세계 최초로 이 불안정 현상을 제어한 데에 이어, 애초에 불안정 현상이 일어나지 않는 운전방식(모드)을 새롭게 개발했다.

한국의 인공태양 KSTAR는 특정 상태(Upper Single Null)의 플라스마에서 밀도를 낮추었을 때, 높은 플라스마 성능과 1억 도가 넘는 온도(이온온도)를 확인했다. 이러한 성능향상에 대해 KSTAR 데이터 분석과 시뮬레이션 검증을 통한 구체적인 분석을 함께 수행했고, '고속이온'을 통한 새로운 운전모드, FIRE(Fast Ion Regulated Enhancement)를 개발했다.

한국의 연구팀에서 새롭게 개발한 FIRE 모드는 상대적으로 낮은 플라스마 밀도에서 중심부에 가열을 집중하는 방법으로, 플라스마를 가열해 발생한 고속이온이 플라스마 내부의 난류를 안정시켜 플라스마 온

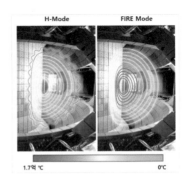

도와 지속시간 등의 성능이 급격히 향상된다. FIRE 모드는 기존 H-모드 이상의 성능을 보여주는 동시에 단점인 불안정(ELM) 현상이 발생하지 않는 데다, 복잡한 운전방식이 있어야 하지 않고 플라스마 내 불순물이 축적되지 않는 등 미래 핵융합 상용로 운전 기술에 새로운 가능성을 연 것으로 평가된다.[58]

다. 핵융합 발전의 과제

핵융합 발전이 상용화되려면 투입된 에너지보다 생산된 에너지가 20배 이상 많아야 하는데 현재는 거의 같은 수준이라 아직 기술적인 연구와 개발이 많이 남아 있는 분야라는 것이 전문가들의 의견이다. 3억 도 온도가 되어도 전자레인지가 녹거나 폭발하지 않게 하는 기술, 그리고 에너지가 갑자기 다량으로 방출되지 않게 하고 그 발생하는 에너지를 통제할 수 있는 기술 등 여러 가지 최첨단 기술이 필요하다.

중수소 1g은 석유 8톤과 같은 에너지를 만들어 낼 수 있다. 삼중수소도 지각과 바닷물에 풍부한 리튬에서 추출할 수 있으며 현재 전 세계에 3,000년 이상 사용할 수 있는 양이 매장되어 있다. 이런 이유로 핵융합 발전에 대한 기대를 감출 수 없고, 계속 투자하는 것이다. 에너지 수입 의존도가 97%가 넘는 우리나라에서는 매우 중요한 분야이다. 핵분열에서 문제가 되는 방사능도 문제가 없어 성공적인 개발을 더욱 기대한다.

---

58 한국기초과학지원연구원(Korea Basic Science Institute), https://scienceon.kisti.re.kr

핵심 웨이브

By https://www.kfe.re.kr (한국핵융합에너지연구원)

○ 핵융합 차세대 초전도 장치 (KSTAR), 한국

- 주요내용
  - . 2019년에 우리나라의 핵융합 연구기관 한국핵융합에너지연구원(KFE: Korea Institute of Fusion Energy)
  - . 기존에 가장 대표적인 플라즈마 운전 방식은 고성능 플라즈마 운전모드, H-모드(High Confinement mode)
  - . KSTAR 핵융합로의 구조:
    - ➢ H-모드는 플라즈마 가장자리에 형성되는 장벽을 이용하기에,

      가장자리의 압력이 임계치를 넘어서 풍선처럼 터지는 현상이 발생하는데,

    - ▷ 한국의 인공태양 KSTAR는 특정 상태(upper single null)의 플라스마에서 밀도를 낮추었을 때,

      높은 플라즈마 성능과 1억 도가 넘는 온도(이온온도)를 확인했다. 이러한 성능향상에 대해 '고속이온'을 통한

      새로운 운전모드, FIRE(Fast Ion Regulated Enhancement)를 개발했다.

2장

신기술의 방향성: AI 트렌드

(Artificial Intelligence, 인공지능)

Subject 1

현존 인류의 마지막
산업혁명이 될 수 있는
5차 산업혁명의 변화

CES 통한 글로벌 가전 및 기술의 변화 트렌드

프롤로그(Prolog)

|||||||||||||||||

오늘날, **CES** (Consumer Electronics Show, 소비자 가전 전시회)는 혁신을 위한 글로벌 무대라고 한다. 1967년 미국, 뉴욕시에서 시작되었으며, 1978년부터 라스베이거스에서 열리는 여름 CES와 시카고에서 열리는 겨울 CES가 격년제로 운영된다. 1995년부터는 매년 1월, 미국 라스베이거스로 개최지를 옮겨 진행되고 있으며, 2015년부터는 중국의 상하이에서 별도로 CES ASIA라는 타이틀로 개최되고 있다.[59]

---

59   미국, 소비자 가전 전시회(CES), https://www.ces.tech

그러나, 2000년 초반까지만 해도 가전제품 위주의 전시가 주를 이루었기 때문에 '독 일 베를린 국제가전박람회(IFA: Internationale Funkausstellung)'나 '컴덱스(Comdex: Computer Dealers Exposition)'에 비해 인지도가 높지 않다. 2010년에 들어서면서 CES 주최 측은 IT산업의 변화에 적극적으로 대응하였고, 그 결과 세계 최대의 가전 전시회로 거듭나게 되었다. 당시 TV를 위시한 가전제품들이 급격하게 발달한 ICT(정보통신) 기술과 결합하기 시작하였고 주최 측은 이 변화에 대응하여 전시회 자체의 테마를 '제품'에서 '기술'로 변모시키기 시작하였다.

이러한 노력의 결과 CES는 더 이상 가전제품만이 아니라 전기자동차나 자율주행차 등 미래 자동차와 드론, 인공지능, 로봇 등 ICT 분야의 최신 기술을 보유한 기업이나 기관들이 이뤄낸 기술적 성과들을 매년 초 공개하는 기술 전시회로 변모하였다. 현재 CES는 소비자 기술 하드웨어, 콘텐츠, 기술 제공 시스템 등의 제조업체, 개발자 및 공급 업체를 포함한 회사를 소개한다. 이제 CES는 세계에서 가장 영향력 있는 기술 행사로, 획기적인 기술과 글로벌 혁신가를 위한 시험장이 되었다. 이곳은 세계 최대 브랜드가 비즈니스를 하고 새로운 파트너를 만나는 곳이며 가장 날카로운 혁신가가 무대에 오르는 곳이다. CTA(Consumer Technology Association)에서 소유 및 제작한 CES는 기술 부문의 모든 측면을 다룬다.

CES(미국, 라스베이거스, Las Vegas, NV&DIGITAL, 2023년 1월)는 기후 변화에 맞서야 한다는 요구가 거세지면서 기술 회사들은 솔루션 일부가 될 수 있는 방법을 찾고 있다. 그들의 야심에 찬 목표와 개선된 에너지 효율성, 책임 있는 재활용 및 지속 가능한 재료 관리로 배출량을 줄이는 방법에 대해 접근한다.[60]

세계 최대 정보 기술(IT) · 가전 전시회 'CES 2023'은 새해 1월 5일에 나흘 일정으로 미국 라스베이거스에서 막을 올렸다. 가전, 모바일, 모빌리티, 로봇 등 IT · 가전 전 영역에 걸친 최신 제품과 미래 기술이 총집합한다. 삼성 · SK · 롯데 · 현대중공업그룹 등 주요 한국 기업들도 참가, 경쟁력 있는 기술을 선보였다.

CES 2023에서는 디지털 헬스, 모빌리티, 메타버스 · 웹3.0 등 첨단 ICT 융합산업 실현의 가속화와 개인의 삶을 개선하기 위한 스마트 라이프 기술, 공급망 · 식량난 · 기후 위기 등 글로벌 난제 해결 및 지속 가능성을 보여주는 혁신 솔루션이 주목받을 것으로 전망된다.

대표 분야로 '모빌리티'에서는 전동화 및 자율주행 기술의 지속적인 고도화와 더불어 해양까지 모빌리티 영역이 확장, 신시장 발굴 및 선

---

60 The Miilk, https://www.themiilk.com

점 가속화가 이뤄지는 기술 트렌드를 만
날 수 있다. 빅테크들은 자율주행 플랫폼
안정화 및 인공지능(AI) 기반 데이터 분석
서비스 강화 등, 국내 기업들은 배터리 ·
충전 기술과 함께 오션 트랜스포메이션

개념을 선도하는 모습을 선보인다. 목적기반 모빌리티(PBV) 융합 신기
술, 가상터치 제어 기술 등 기술 경쟁력도 강조한다.[61]

'메타버스 · 웹3.0' 분야에서는 가상현실(AR) · 증강현실(VR) 칩셋, 광
학모듈 등 향상된 기술력이 적용된 AR · VR · MR 및 착용형 웨어러
블 디바이스 출시 등 기술 영역이 확장되는 모습을 만날 수 있었다.
삼성전자와 LG전자가 주도하고 있는 '스마트홈' 분야에서는 기기 간
연결성, 가정 내 에너지의 효율적 관리, 무선 기술을 활용한 제품과
더불어 홈 보안 분야 제품 기술이 소개되었다.

또한, 환경 · 사회 · 지배구조(ESG), 탄소 중립 분야에서는 공급망 전
반의 ESG 경영 확산과 탄소 중립 실현을 위한 RE100 가입 증가 등
모습을 확인할 수 있다. 한 예로 SK그룹은 탄소 감축에 실질적으로
기여할 수 있는 관계사 제품과 기술을 CES 2023에서 망라해서 선보
였다.

---

61 https://www.etnews.com

핵심 웨이브

○ **CES** 통한 글로벌 가전 **및 기술의 변화 트렌드**   By CES (미국, 소비자 가전 전시회)

- 주요내용

a. CES (Consumer Electronics Show, 소비자 가전 전시회)

- 1967년 미국, 뉴욕 시에서 시작되었으며, 1978년부터 라스베가스에서 개최되었다.

- 2010년에 들어서면서 CES 주최측은 IT산업의 변화에 적극적으로 대응하였다.

b. 기술의 변화 트렌드

- CES는 더이상 가전제품만이 아니라 전기자동차 및 자율주행차 등 미래자동차와 드론, 인공지능, 로봇 등.

- 세계에서 가장 영향력 있는 기술 행사로, 획기적인 기술과 글로벌 혁신가를 위한 시험장이다.

 오토노미(Ottonomy)의 자율 배달 로봇

글로벌 CES는 모든 주요 산업의 크고 작은 기업을 한자리에 모아놓았다. 블록체인, AI, 5G, 클라우드, 양자, 로봇, 데이터, IOT · 센서 및 Web3와 같은 기술이 범주 전반에 걸쳐 널리 보급될 것으로 기대한다.

오토노미(Ottonomy), 자율 배달 로봇은 사람이 없는 길가 또는 가정배달 솔루션을 찾는 레스토랑에 이상적이다. 이 로봇은 소매 및 레스토랑 산업의 인력 부족으로 비즈니스를 탐색하는 데 도움이 된다. 이들의 완전 자율 로봇은 음식과 음료, 식료품, 패키지를 도로변, 라스트 마일, 심지어 실내 환경까지 배달할 수 있다. 오늘날 소매점과 레스토랑 체인은 기하급수적인 임금 인상과 함께 전례 없는 노동력 부족에 직면해 있다. 오토노미(Ottonomy)의 완전 자율 배송 로봇은 조직이 인력 충원 문제를 줄이고, 보다 비용 효율적인 배송 솔루션을 제공하는 데 도움이 될 수 있다.[62]

미국, 켄터키 국제공항(CVG 공항)에 식품 및 소매 배달용 '오토봇(Ottobots)'을 공급했다. 공항 고객들은 오더앳 CGV 닷컴(Orderatcvg.com)을 통해 '파라디스 라가데레'가 운영하는 엄선된 소매점에 식음료를

62　USA, 오토노미 로봇, https://www.ottonomy.io

주문할 수 있다. 이들은 자신들의 휴대폰으로 주문에 대한 업데이트를 받게 되고, QR코드를 사용해 로봇의 보안 물품 칸을 열고 주문한 물품을 받게 된다. 오토봇은 도로변, 최종 마일(라스트 마일), 건물 실내 배달에 적합한 완전 자율 배달 로봇이다. 로봇들은 지도 제작 및 위치를 확인하는 동작 기반의 상황별 이동 항법을 사용해 스스로 길을 찾게 된다.

가. 오토노미(Ottonomy) 오토봇(Ottobots)

오토노미(Ottonomy) 로봇은 'RaaS(Robotics as a Service)' 모델에서 사용할 수 있다. 비즈니스 고객은 기존의 타사 배송 서비스보다 더 빠

르고 안전하며 경제적인 배송 옵션에 액세스할 수 있다. 이 로봇의 독점적인 행동 기반 상황별 탐색 기술은 정확한 매핑을 가능하게 하여 로봇이 혼잡한 환경에서 안전하게 탐색할 수 있도록 한다. 낮이든 밤이든, 실내이든 실외이든, 이들 로봇은 언제 어디서나 당신이 원하는 곳에 도달할 수 있다.

오토노미(Ottonomy) 로봇은 무엇보다도 이 로봇은 탄소배출을 줄이고 삶의 질을 향상하도록 설정되었다. 로봇 시스템은 고객이 POS 및 ERP 시스템과 통합할 수 있는 네트워크 운영 콘솔을 사용하여 로봇을 시작, 관리 및 제어할 수 있도록 한다.

길가 배달(커브사이드: Curbside Delivery)

커브사이드 배달은 최근 몇 년 동안 큰 폭으로 증가했다. 이들 로봇은 상점 내부에서 주차장으로 물건을 가져올 수 있는 길가 배달을 재정의하고 있다. 실내 및 실외 환경에서 겉보기에 다르게 작동하는 오토노미(Ottonomy)의 기술 스택을 사용하여 소매업체와 레스토랑은 제품을 더 빠르고 지속할 수 있게 제공할 수 있다.

라스트 마일 배송(Last Mile Delivery)

라스트 마일 지역 배송의 목표는 가능한 한 가장 빠른 방법으로 물품을 수령인에게 운송한다. 그러나 종종 이 배송 단계가 가장 비효율적이며 배송될 패키지의 전체 수명 주기의 총비용의 거의 53%를 차지한다. 우리 로봇은 인도를 탐색하여 식당과 상점에서 문 앞까지 물건을 배달한다. 여러 개의 캐빈을 사용하면 로봇이 여행당 더 많은 품목을 배달할 수 있어 보도가 혼잡하지 않도록 하는 상당한 이점이 있다. 우리는 하루 중 언제든지 배달하고 도시 및 교외의 복잡한 혼잡 지역을 탐색한다.

공항 · 리조트 배달(Airports · Resorts Delivery)

우리의 독특한 위치와 기술 능력으로 우리는 공항과 같이 역동적이고 시간에 민감한 지역에서 배송을 제공한다. 오토노미(Ottonomy)는 상황에 맞는 이동성 탐색 및 아직 열려 있는 격차를 해결하기 때문에 공항 내부에서 배송을 수행할 수 있다.

전자상거래 패키지 배송

전자상거래 회사 스냅딜(Snapdeal)이 그룹 주택 사회 내에서 패키지를 배송할 수 있도록 슈퍼 라스트 마일 배송을 최적화한다.

핵심 웨이브

○ 오토노미(Ottonomy, 스타트업 기업) 자율 배달 로봇, 미국   By Ottonomy (미국, 오토노미)
- 주요내용
  - a. 미국, 켄터키 국제공항(CVG공항)에 식품 및 소매 배달용 '오토봇(Ottobots)'
    - 2022년 오토노미(Ottonomy) 로봇은 "RaaS"(Robotics as a Service) 모델에서 사용.
    - 로봇의 독점적인 행동 기반 상황별 탐색 기술은 정확한 매핑을 가능하게 하여 로봇이 혼잡한 환경에서 안전하게 탐색할 수 있다.
  - b. 로봇은 탄소 배출을 줄이고 삶의 질을 향상시키도록 설정할 수 있다.
    - 길가 배달 (커브사이드: Curbside Delivery), 라스트 마일 배송 (Last Mile Delivery), 공항/리조트 배달 (Airports / Resorts Delivery), 전자상거래 패키지 배송.

신 기술의 방향성

모빌아이(Mobileye, Intel 자회사) 자율주행 시스템

모빌아이(Mobileye) CEO 겸 설립자, 암논 샤슈아 교수(Prof. Amnon Shashua)는 "인공지능은 우리가 사는 방식을 바꾸고 있다. 모빌아이(Mobileye)는 응용 AI에 대한 수십 년간의 경험과 연구를 적용하여 생명을 구하고 도로 접근성을 높이고 있다. 이제 우리는 AI가 새로운 방식으로 인류에게 혜택을 주기 위해 다른 분야로 확장되는 것을 예견한다"라고 설명했다.[63]

모빌아이(Mobileye)는 차세대 핸즈프리 ADAS 기술인 Mobileye Super Vision을 통해 카메라 전용 자율주행 기술을 ADAS(Advanced Driver Assistance Systems, 첨단 운

전자 보조 시스템) 영역에 도입하고 있다. 특히, 서라운드 카메라 커버리지, Mobileye Roadbook™, 내비게이션 기술, Mobileye의 운전 정책 및 종단 간 구현을 통해 Mobileye Super Vision은 Mobileye의 지속적인 R&D로부터 직접적인 혜택을 받을 수 있는 최초의 ADAS 솔루션으로 자부한다. 또한 무선 업데이트를 통해 버튼 하나만 누르면 최

---

63 이스라엘 모빌아이(Mobileye), https://www.mobileye.com

종 소비자의 차량에 도달할 수 있다. Safe-by-design, 확장 가능한 자동차 기술이라는 Mobileye의 성능이 Mobileye Super Vision에 결합하여 오늘날 사용 가능한 최고 수준의 조건부 자율성 중 하나를 제공한다.

가. 카메라 기반의 주행 보조 시스템(Advanced Driver-assistance Vision System)

모빌아이(Mobileye)는 시장에서 독보적 지위를 보유하고 있는 이스라엘기업이다. 해당 분야에서 글로벌 M/S(Market Share) 80%를 점유 중이며, 2017년 인텔에 U$ 153억(약 17조 원)에 피인수되었다. Mobileye는 모회사 Intel의 반도체 역량을 활용, 일반 대중 차에 적용 가능한 자율주행 시스템을 2025년까지 상용화할 계획이다. 또한 고가의 Lidar 비용을 낮추기 위해 새로운 방식의 레이저 기술 개발을 추진하고 있다.

반면, 시장 전문가들은 불과 4년 안에 레벨4 이상의 자율주행 상용화 가능성에 대해서 의문을 제시하고 있다. 테슬라(Tesla)가 완전자율주행(Full Self Driving) 서비스 상용화 계획을 밝히는 등 시장 선점을 위한 경쟁이 과열되고 있다. 일반 도로에서는 절대다수의 비자율주행 차량과 동행을 고려해야 하

| 자율주행 기술 단계별 특징

는 만큼 레벨4 이상의 자율주행 실현 시점은 비교적 장기로 전망하는

것이 일반적이나, 파괴적 기술의 급격한 확산 가능성을 염두에 두고 선도기업들의 동향과 개발 성과도 주의 깊게 살펴봐야 한다.

사용 가능한 주요 5가지

핸즈프리 고속도로 주행(차선 변경, 고속도로에서 내비게이션, 온·오프 램프 및 도시 주행 포함), 자동 주차는 주문형 셀프 주차 기능하게 하고, AEB, ACC, LKA 등을 포함한 레거시 ADAS 기능이 있다. 또한, 자동 예방 조향 및 제동은 RSS를 기

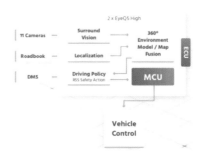

| 모빌아이(Mobileye) 주요 기능

반으로 하는 미세 조종으로 도로에서 안전하지 않은 긴급 상황을 선제적으로 피함으로써 부드러운 운전 경험을 제공한다. 마지막으로, 전체 Mobileye 설계, 하드웨어 아키텍처 및 구현, ECU 설계, 기능 스택, 의사결정 계층 및 최종 사용자 기능을 포함한 종단 간 시스템이 있다.[64]

나. 모빌아이(Mobileye) 주요 기술들

고급 운전자 지원 시스템(Advanced Driver Assistance Systems, ADAS)

ADAS(Advanced Driver Assistance Systems) 시스템은 패시브·액티브 범위에 있다. 패시브 시스템은 잠재적으로 위험한 상황을 운전자에게

---

64 BNEF, 2021.1.12, Intel's Mobileye Plans Self-Driving Cars for the Masses by 2025, https://www.bloomberg.com

경고하여 운전자가 이를 수정하는 조치를 할 수 있도록 한다. 예를 들어, 차선 이탈 경고(LDW)는 운전자에게 의도하지 않은 표시되지 않은 차선 이탈을 경고하며, 전방 충돌 경고(FCW)는 전방 차량과 관련된 현재 역학에서 충돌이 임박했음을 나타내며, 운전자는 충돌을 피하려고 제동을 해야 한다.

능동형 안전 시스템

자동 비상 제동(AEB)은 운전자의 개입 없이 임박한 충돌 및 제동을 식별한다. 활성 기능의 다른 예로는 적응형 주행 제어(ACC, 어댑티브 크루즈 컨트롤), 차선 유지 보조(LKA), 차선 센터링(LC) 및 교통 체증 보조(TJA)가 있다. ACC는 경로에 느린 차량이 있는 경우 사전 설정된 값(표준 주행 제어)에서 자기 차량 속도를 자동 조정한다. 또한, LKA 및 LC는 차선 경계 내에 머물도록 차량을 자동으로 조정한다. 마지막으로 TJA는 교통 체증 상황에서 ACC와 LC의 조합이다.

감지 능력(The Sensing Challenge)

포괄적인 환경 모델에 대한 인식은 4가지 주요 과제로 나눈다. Free space는 운전 가능 지역과 그 구분자 결정하며, 운전 경로는 운전 가능 지역 내 경로의 형상을 안내한다. 또한, 움직이는 물체는 운전 가능 지역 또는 경로 내의 모든 도로 사용자를 표현하며, Scene

Semantics는 신호등 및 색상, 교통 표지판, 방향 지시등, 보행자 시선 방향, 도로 표시 등 시각적 단서(명시적 및 암시적)의 방대한 어휘를 갖는다. 나머지에는 도로 경험 관리(Road Experience Management™, REM™), 주행 정책(Driving Policy), 감지 품질의 평가(The Evolution of EyeQ), 주행 정책(Responsibility-Sensitive Safety, RSS) 등 있다.[65]

핵심 웨이브

○ 모발아이(Mobileye, Intel 자회사) , 25년까지 자율주행 대중화 추진, 이스라엘

- 주요내용
  a. Mobileye는 카메라 기반의 주행보조 시스템(Advanced Driver-assistance vision system) 시장에서 독보적 지위를 보유하고 있는 이스라엘 기업
    - 해당분야 글로벌 M/S(Market Share) 80%를 점유 중이며, '17년 인텔에 U$153억(약 17조원)에 인수됨.
    - 테슬라가 금년부터 완전자율주행(Full Self Driving) 서비스 상용화 계획을 밝히는 등 시장선점을 위한 경쟁이 점차 가열되고 있음.
  b. Mobileye 주요 기술들.
    - 고급 운전자 지원 시스템 (Advanced Driver Assistance Systems : ADAS)
    - 감지 능력(The Sensing Challenge), 지도 : 도로 경험 관리(Road Experience Management™ (REM™))
    - 주행 정책(Driving Policy), 감지품질의 평가(The Evolution of EyeQ)
    - 주행 정책(Responsibility-Sensitive Safety (RSS))

신 기술의 영향성

---

65 차량 주행 정책(RSS), https://youtu.be/EceAB6TUYzo

홀로렌즈(Hololens 2, Microsoft)

홀로렌즈(Hololens, Microsoft)는 혼합현실 기반 웨어러블 기기이다. 프로젝트 바라부(Project Baraboo)라는 이름으로 개발되었다. 윈도우 홀로 그래픽 기술을 이용한 홀로렌즈는 완전한 가상 화면을 보여주는 가상 현실(VR)이나 실제 화면에 덧씌우는 증강현실(AR)과 달리 현실 화면에 실제 개체의 스캔 된 3D 이미지를 출력하고 이를 자유롭게 조작할 수 있는 혼합현실(Mixed Reality, MR)을 내세우고 있다. 또한 PC나 스마트폰 같은 다른 기기에 연결하는 디스플레이 헤드셋이 아니라 윈도우 PC 기능을 완전히 내장한 그것이 특징이다.[66]

또한, 사용자는 '헤드업' 및 '핸즈프리' 작업을 하는 동안 엔터프라이즈용 혼합현실(MR) 애플리케이션을 활용할 수 있게 해주는 독립형 홀로그램 헤드셋을 갖는다. 기본적으로 향상된 교육 효율성, 현장작업자, 작업 효율성 향상, 프로젝트 리더의 생산성 향상, 생산성 향상 및 전문 전문가의 출장 방지, 운영 비용 절감, 수익 보호 및 증가 등에 대한 데이터를 특정 비즈니스 환경을 기반으로 높은 수준의 추정치를 받을 수 있다. 다운타임을 줄이고 인력을 혁신하며 보다 민첩한 공장을 구축할 수 있다. Hololens 2를 사용하면 현장 직원이 복잡한 작업

---

66 Microsoft Hololens, https://www.microsoft.com

을 빠르게 배우고 어디에서나 순간에 협업할 수 있다.

마지막으로, 홀로렌즈(Hololens, Microsoft)는 혼합현실 애플리케이션을 사용하여 경계 없이 협업하고 정확하게 작업하여 직원 생산성을 높일 수 있다. 오류 없이 안
전하게 작업을 완료하는 데 지속해서 집중할 수 있도록 기본 제공 음성 명령, 시선 추적 및 월드 앵커링(World Anchoring)으로 헤드업, 핸즈프리, 더 길고 더 편안하게 사용할 수 있다. 원격 동료와 실시간으로 연결하고 물리적 환경에 오버레이된 광범위한 홀로그램 캔버스에서 함께 작업하여 작업 지점에서 문제를 신속하게 해결할 수 있다. Microsoft의 보안, 안정성 및 확장성을 지원하는 강력한 애플리케이션 에코 시스템을 통해 즉시 ROI(투자 수익률)를 실현할 수 있다.

가. 홀로렌즈(Hololens 2, Microsoft), 다이내믹 365 원격 지원

증강현실 헤드셋을 통해 실습 교육 및 공동 작업을 지원한다. 일의 미래(The Future of Work)에는 홀로렌즈(Hololens 2)가 하드웨어, 혼합현실 및 인공지능(AI)의 획기적인 조합을 제공하므로, 생산성을 미지의 영역으로 끌어올릴 수 있다. 주요 효과 중에 몰입감(Immersive)은 연결되지 않은 하드웨어와 대형 고해상도 디스플레이는 주변 환경을 전체적으로 보여준다. 편안(Comfortable)은 헤드셋은 최적의 착용감, 눈의 피로 최소화 및 연속 사용 시간을 제공하도록 설계되었다. 또한, 직관적 (Intuitive)은 사용자 친화적인 음성 및 손 명령을 사용하면 환경에서 홀로그램과 원활하게 상호 작용할 수 있다.

공간적 한계를 극복(Defy Spatial Limitations)

홀로렌즈(Hololens 2)는 즉각적인 작업환경을 업그레이드할 뿐만 아니라 여러 위치에서 공동 작업을 쉽게 한다. Dynamics 365® Remote Assist를 사용하면 시각적 데이터를 핸즈프리로 공유할 수 있어 문제를 신속하고 종합적으로 해결할 수 있다.

AI 역량을 확장할 수 있다(Expand your AI capabilities)

홀로렌즈(Hololens 2)가 지원하는 기술은 헤드셋을 넘어서는 변화도 제공한다. Azure® Kinect® 개발 장비는 고성능 센서, 비디오카메라와 마이크 어레이(Array)를 하나의 소형 다목적 장치에 포함한다. 작은 패키지에는 인벤토리(Inventory) 프로세스 자동화에서 작업 공간 위험 제거에 이르기까지 개발자가 AI 솔루션을 만드는 데 사용할 수 있는 큰 기능이 포함되어 있다. 또한 Azure Cognitive Services 및 Azure Machine Learning과 통합을 통해 시스템을 쉽게 최적화하고 확장할 수 있다.[67]

---

67 증강현실 헤드셋. https://youtu.be/eqFqtAJMtYE

나. 홀로렌즈(Hololens 2, Microsoft) 적용 분야

Hololens 기술은 MS의 스마트 글라스(Smart Glass)자, 홀로그래픽 컴퓨팅 방식(Holographic Computing)을 채용한 홀로그래픽 컴퓨터이다. 이는 증강현실(Augmented Reality, AR)이나 가상현실(Virtual Reality, VR)과

| 혼합현실(Mixed Reality, MR)

다른 방식이며, 홀로그램(Hologram)은 실제 물건이 있는 것 같이 입체적으로 보이는 3D 영상으로 홀로그램이 출력되는 홀로그래픽 컴퓨팅 방식을 통하여 사용자에게 기존과 다른 새로운 사용자 경험(UX)을 제공한다.

혼합현실 산업 사용 사례는 다양한 산업의 조직은 Microsoft® Hololens® 2를 통해 혼합현실의 힘을 활용할 수 있다.[68]

Architecture, engineering and construction	규모에 맞게 디자인을 미리 보고, 3D 모델을 신속하게 재구성하고, 눈과 핸즈프리로 작업 안전을 개선한다.
Education	학생들이 흥미진진하고 새로운 방식으로 주제를 조사하고 탐구할 수 있도록 하여 학습을 향상시킨다.
Government and utilities	홀로그램으로 복잡한 데이터를 시각화하여 유연성, 안전 및 비용 효율성을 최적화하면서 3D 프로젝트 환경에서 공동 작업한다.
Retail	가상 카탈로그에서 다양한 제품 기능을 샘플링할 수 있는 기능을 통해 구매 장벽을 낮추고 고객이 실제 재고 이상으로 쇼핑할 수 있도록 한다.
Healthcare	시작하기 전에 수술을 구상하거나 혼합현실의 도움으로 완벽한 수술 절차를 보장한다.
Manufacturing	복잡한 조립 및 유지 관리 프로세스에서 운영을 최적화하고 교육 시간을 단축하며 효율성을 높인다.

---

68 혼합현실 사례, https://www.insight.com

다. 홀로렌즈(Hololens 2, Microsoft) 사례[69]

독일 티센크루프, 엘리베이터 유지·보수에 혼합현실(Mixed Reality, MR), Hololens 도입하여 현장실험 결과, 서비스 유지·관리의 속도가 최대 4배나 더 빨라졌다고 한다. 티센크루프(Thyssenkrupp)는 자사의 전 세계 엘리베이터 서비스 운영에 홀로렌즈(Hololens 2, Microsoft) 기술을 사용한다. 도입한 혼합현실(Mixed Reality) 장치는 2만 4,000명이 넘는 티센크루프 서비스 기술자가 더욱 안전하고, 효율적으로 업무를 수행하며, 원활하게 사람과 도시의 이동성을 유지하도록 지원한다고 밝혔다.

활용 방식으로 티센크루프 서비스 기술자는 홀로렌즈(Hololens)를 통해 본격적인 업무에 돌입하기 전에 엘리베이터 문제를 가시화하고 파악하며, 현장에서 기술 및 전문정보에 대한 원격 핸즈프리 접

| 홀로렌즈(Hololens)로 문제 파악

근성을 확보할 수 있으며, 이로 인해 시간과 스트레스를 크게 줄일 수 있었으며, 초기 현장실험 결과 서비스 유지·관리의 처리 속도가 최대 4배나 더 빨라졌다고 한다.

---

69 티센크루프 원격 사전, https://youtu.be/8OWhGiyR4Ns

핵심 웨이브

By Microsoft. (미국, 마이크로소프트사)

○ 홀로랜즈(HoloLens 2, Microsoft), **다이나믹 365 원격 지원, 미국**

- 주요내용
  a. 홀로렌즈(HoloLens, Microsoft)는 혼합현실(Mixed Reality, MR) 기반 웨어러블 기기
     - 현실 화면에 실제 개체의 스캔 된 3D 이미지를 출력하고 이를 자유롭게 조작할 수 있는 혼합현실
       (Mixed Reality, MR)을 내세우고 있다.
     - 사용자는 "헤드 업" 및 "핸즈프리" 작업을 하는 동안 엔터프라이즈용 혼합현실(MR) 애플리케이션을 활용할 수
       있게 해주는 독립형 홀로그램 헤드셋이다.
  b. 독일 티센크루프, 엘리베이터 유지·보수에 혼합 현실(MR, mixed reality), HoloLens 도입
     - 서비스 기술자는 홀로랜즈(HoloLens)를 통해 본격적인 업무에 돌입 전에 엘리베이터 문제를 가시화하고 파악
     - 현장에서 기술 및 전문 정보에 대한 원격 핸즈프리 접근성을 확보
     - 초기 현장 실험 결과 서비스 유지·관리의 처리 속도가 최대 4배나 더 빨라졌다고 한다.

새로운 디지털 자산 메타버스(Metaverse)

메타버스(Metaverse) 또는 확장 가상 세계의 뜻은 가상, 초월을 의미하는 '메타(Meta)'와 세계, 우주를 의미하는 '유니버스(Universe)'를 합성한 신조어다. '가상 우주'라고 번역하기도 했다. 메타버스의 개념은 사람들이 가상현실에서 어울리는 디지털 세계를 연결하는 새로운 3D 인터넷이 될 수 있다고 믿는 기술 회사들에게 인기가 있다. 그 기원은 닐 스티븐슨(Neal Stephenson)의 1992년 공상과학 소설 『Snow Crash』에서 비롯되었으며, 여기서 인터넷의 가상현실 기반 후속작으로 사용되었다. 이들을 이용한 기술 회사는 'Animal Crossing', 'Fortnite' 및 'Roblox'와 같은 인기 게임에 메타버스 요소를 구현하려고 시도했다. 여기에는 전 세계 수백만 명의 플레이어가 상호 작용할 수 있는 콘서트 및 토너먼트와 같은 라이브 이벤트 계획이 포함되었다.[70]

그러나, 적어도 메타버스는 지금까지는 없으며, 존재하지 않는다. 현재로서는 합법적으로 메타버스로 식별할 수 있는 것은 없다. 그것은 초기에 전 세계 인터넷상에서는 투자할 수 없는 것처럼 메타버스도 고유한 제품, 기술 또는 서비스로 식별할 수 없다. 그러나, 전 세계적으로 상호 연결된 컴퓨터 네트워크가 통신, 상거래 및 정보에 미칠 수 있

70　2022 세계경제포럼(World Economic Forum, WEF), https://www.weforum.org

는 영향을 설명한 사람은 Apple의 CEO인 스티브 잡스(Steve Jobs)가 있을 수 있다. 그 옛날, 그가 말했던, 인터넷의 식별과 같이 그럼 오늘날 무엇으로 메타버스를 식별할 수 있을까?

가. 다보스경제포럼에서

경제적으로 실행 가능하고 포괄적이며 안전한 메타버스를 구축하는 방법을 선포했다. 페기 존슨(Magic Leap) 최고경영자(CEO)는 "일과 협업을 위한 완전히 새로운 선례"라고 선포했다. 또한 "메타버스의 진정한 이점은 증강현실을 통해 디지털 콘텐츠를 물리적 세계에 통합하고 오버레이할 수 있는 능력"이라고 말했다. 최근에 제작자, 건축가, 엔지니어, 교육자나 학생뿐만 아니라 첨단기술이 이런 비전을 따라잡기 위해 적극적으로 활동하므로, 앞으로는 이해하기 어려운 많은 응용 프로그램으로 도움을 받게 될 것이다.

메타버스는 기업에 가장 빠른 이점을 제공하여 작업 및 협업에 대한 완전히 새로운 선례를 수립하고 기업이 지금까지 본 것보다 더 빠른 속도와 규모로 운영할 수 있도록 한다. 또한, 메타버스는 제조 설비의 생산성과 효율성을 높이고 군사 훈련을 강화하며 증강 수술실 내에서 실시간 시각적 데이터를 제공할 기회를 제공한다.

나. 메타버스의 특징과 과제

사실, 우리는 아직 메타버스의 개념적 단계에 있다. 그러나 투자자인 'Matthew Ball'은 호기심 많은 사람이 그것이 어떻게 형성될 수 있는지 상상하는 데 도움이 될 수 있는 7가지 핵심 속성을 식별했다. 여기에는 지속성(액세스에 대한 명백한 '켜기' 또는 '끄기' 없음), 동시성(실시간으로 존재) 및 상호 운용성뿐만 아니라 개인과 기업 모두의 콘텐츠와 경험으로 채워지는 것이 포함된다.

메타버스에서는 프라이버시와 데이터 보호가 지금보다 훨씬 더 중요하겠지만 권리를 옹호하고 규제를 시행하기 위한 기술적·사회적 수단을 제공하기가 쉽지 않을 수 있다. 이를 위해서, 규제 기관은 따돌림, 소외, 파괴적인 고정 관념과 차별에 주의를 기울여야 할 것이다. 마지막으로 메타버스는 국경과 같은 전통적인 경계를 초월하기 때문에 앞으로는 새로운 디지털 자산으로서 역할을 감당하기 위해서 중요한 금융 거래를 통제하고 규제될 부분이 발생할 수 있다.

다. 차세대 주요 컴퓨팅 플랫폼으로서의 메타버스

기술자들은 인터넷 이후, 결국에는 다음 주요 컴퓨팅 플랫폼을 대표하게 될 것은 메타버스로 진화할 것이라고 대답할 것이다. 그 개념이 실현된다면 휴대폰 못지않게 사회와 산업 전반에 변화를 가져올 것으로 기대된다. 오늘날 인터넷은 종종 수백만 명의 우리가 정보와 서비스에 액세스하고, 서로 의사소통하고 어울리고, 상품을 판매하고, 즐겁게 지내기 위한 주요 진입점이다. 메타버스는 이 가치 제안을 복제할 것으로 예상된다. 주된 차이점은 오프라인과 온라인을 구분하기가

훨씬 더 어렵다는 것이다.[71]

이것은 여러 가지 방식으로 나타날 수 있지만 많은 전문가는 증강현실, 가상현실 및 혼합현실의 조합인 '확장현실(XR)'이 중요한 역할을 할 것이라고 믿는다. 메타버스 개념의 핵심은 실시간으로 액세스할 수 있고 상호작용할 수 있는 가상의 3D 환경이 소셜 및 비즈니스 참여를 위한 변형 매체가 될 것이라는 아이디어다. 그들이 실용적으로 된다면 이러한 환경은 확장된 현실의 광범위한 채택에 의존할 것이다. 지금까지 XR 기술은 대부분 비디오 게임 및 틈새 엔터프라이즈 애플리케이션의 하위 집합으로 제한되었다. 그러나 게임이 점점 더 사회적 경험을 위한 플랫폼이 됨에 따라 게임의 특성(발견할 수 있고 지속적인 가상 세계, 개방적이고 창의적인 표현을 위한 매체, 대중문화를 위한 통로)이 다른 맥락에 적용될 수 있고 또 적용될 가능성이 커질 것으로 전망된다.

라. 메타버스에서 디지털 자산을 실제 경제활동에 연결

메타버스는 또한 현실 세계 경제와 강력한 연결고리가 될 것으로 예상되며, 결국에는 그 확장이 될 것이다. 즉, 메타버스는 기업과 개인이 오늘날과 같은 방식으로 경제활동에 참여할 수 있는 능력을 갖추어야 한다. 간단히 말해서, 이것은 제품, 상품 및 서비스를 구축, 거래 및 투자할 수 있음을 의미한다.

---

71 메타버스 포럼, https://www.weforum.org

어느 정도 가치 창출의 기반으로 NFT(Non-Fungible Token)에 의존할 수 있다. NFT는 블록체인에 저장된 고유하고 교환 불가능한 디지털 자산에 대한 소유권 주장이다. NFT가 그러한 상품을 거래하는 데 일반적으로 채택되는 도구가 된다면 사람들이 디지털 경제의 요소를 오프라인 생활과 결합하기 위해 가는 장소로서 XR 생태계의 사용을 가속하는 데 도움이 될 수 있다.

이 프로세스를 생각하는 한 가지 방법은 앱 스토어(App Store)가 기업이 운영을 디지털화하여 소비자가 어느 위치에서나 제품과 서비스를 경험하고 비용을 지급할 수 있도록 장려한 방법이다. 이것은 소매와 디지털이 분리될 필요가 없다는 생각을 합법화하여 처음에는 이해가 되지 않았을 수 있는 모든 사용 사례를 위한 길을 열었다.

CJ그룹 최고디지털 책임자는 "완전히 새로운 디지털 자산이 등장하기 시작할 것"이라 전했다. "우리는 글로벌 창조경제에서 중요한 역할을 하는 기업이 되기 위해 노력하고 있다. 비즈니스로서의 우리의 사명은 전 세계의 많은 제작자에게 혼합현실 도구와 환경을 제공하여 개인과 커뮤니티 모두에서 비전과 열망을 실현하는 동시에 다른 사람들과 교류하는 것이다"

이러한 일이 발생하면 디지털 자산은 물리적 또는 비메타버스 세계에서 아날로그를 넘어 진화할 것이다. 그동안 부동산, 금융 및 수집품과 같은 기존 자산 클래스의 메타버스 버전을 생성, 자금조달, 배포 및 활용하는 데 큰 경제적 기회가 있을 것으로 예상된다. 앞으로는 이들은 실제 용어가 아닌 메타버스 용어로 정의될 가능성이 있고, 기존 자산과 명확하게 유사하지 않을 수 있는 완전히 새로운 디지털 자산도 등장할 것으로 전망한다.

마. 비즈니스 및 IT 리더를 위한 메타버스의 10가지

경쟁 확장현실 경험이 하나의 연결된 메타버스로 형성되는지는 시간이 지나야 알 수 있다. 그러나 이제 분명한 사실이 있다. 여러 업계의 조직은 이미 확장현실 헤드셋, 블록체인 및 대체 불가능한 토큰(NFT), IoT 및 클라우드 기술과 같은 구성요소를 연결 수단 및 새로운 수익원으로 메타버스라는 방법을 찾고 있다. 이러한 개발 기술이 상호 연결되고 성숙해짐에 따라 이러한 탐색은 새로운 방식으로 계속될 것이다. 따라서 IT 리더는 단기 및 미래에 메타버스 예제와 사용 사례를 이해하기를 원할 수 있다.

리서치 회사 가트너(Gartner)는 2026년까지 25%의 사람들이 메타버스에서 하루에 최소 1시간을 보낼 것으로 예측했다. 그리고 메타버스 기술 플랫폼을 사용하면 2021년 12월에 따르면 2024년까지 8,000억 달러 규모의 수익성 있는 시장이 될 것으로 예측된다. 블룸버그 보고서에서는 잠재적인 자금을 놓치는 것에 대한 두려움이 강력한 동기부여 요인이 될 것이다. 전문 서비스 회사 Globant의 북미 지역 CTO인 Nicolas Avila는 얼리어답터들은 신흥 디지털 세계에서 어떻게 운영해야 하는지 알고 싶어 하며, 일부는 뒤처지거나 완전히 놓치는 것을 말했다. 10가지 메타버스 사용의 사례는 이 새로운 디지털 영역의 잠재력을 설명하는 데 도움이 된다. 디지털 영역의 잠재력을 설명하는 데 도움이 된다.[72]

1. 몰입형 엔터테인먼트

언뜻 보기에 메타버스의 엔터테인먼트는 기업에 적용할 수 없는 것처럼 보일 수 있다. 그러나 비즈니스 및 IT 리더는 이 영역을 계속 주시하기를 원할 수 있다. 메타버스의 엔터테인먼트는 특히 메타버스 성장을 주도할 젊은 소비자들로부터 많은 관심을 받고 있다. Fortnite 게임 세계에서 팝 슈퍼스타 Ariana Grande의 2021년 콘서트 시리즈와 이와 유사한 이벤트는 메타버스가 어떻게 새로운 몰입형 엔터테인먼트 경험을 제공할 것인지 암시한다. Justin Bieber, Marshmello 및 Travis Scott도 메타버스 엔터테인먼트를 탐구했다.

---

72 메타버스 기술. by Mary K. Pratt(2022.4.5). https://www.techtarget.com

2. 사업 운영

여러 산업 분야의 조직에서 이미 증강현실(AR)을 사용하여 운영을 개선하고 있다. 완전히 실현된 메타버스는 데이터가 어디에나 있고 항상 존재하는 보다 협업적인 환경을 지원할 것이라고 Srinivasan은 말했다. 예를 들어, 구상 중인 메타버스는 기술을 사용하여 가장 복잡한 현장 및 서비스 작업을 안내할 수 있어야 하고 다른 사람들과 더 완벽하게 조정할 수 있어야 하는 운영 작업자에게 훨씬 더 몰입형 경험을 제공해야 한다.

3. 교육 및 훈련 개선

전염병과 대면 모임에 대한 제한으로 인해 교육 기관은 e-러닝 플랫폼 및 기타 디지털 통신 수단을 채택해야 했다. 기업은 가상 교육 기회를 활용할 수도 있었다. Gartner 수석 분석가인 Tuong H. Nguyen은 다양한 산업 분야의 조직이 메타버스를 활용하여 직원에게 향상된 교육을 제공할 수 있다고 말했다. 전 세계의 강사와 학생은 지속해서 업데이트되는 데이터를 사용하여 메타버스에서 만나 실제 시나리오를 통해 학습 경험을 안내할 수 있다.

4. 향상된 고객경험

메타버스 플랫폼은 확장현실 플랫폼을 통해 기업이 새로운 경험을 제공하고 새로운 방식으로 정보를 제공할 수 있으므로 기업이 고객과 상호 작용하는 방법, 시기, 장소를 변화시킬 수 있는 잠재력이 있다. 예를 들어 스키 리조트는 스키어가 산에서 내려갈 때 가상 가이드를 만들어 실시간으로 개인화된 정보를 제공하여 스키어의 경험을 향상할 수 있다고 Nguyen는 말했다. 또는 여행 회사는 물리적 세계에 겹쳐진 가상 영역에서 지속적으로 몰입형 경험을 제공하여 관광객이 새로운 목적지를 이동할 때 정보를 제공할 수 있다.

5. 업무 회의

많은 근로자가 COVID-19 전염병 동안 Zoom 회의를 위해 대면 회의를 교환했다. 메타(이전에는 Facebook으로 알려짐) 및 Microsoft와 같이 메타버스 개발에 중점을 둔 기술 회사는 이러한 편안함을 '가상 회의'의 다음 버전으로 가는 디딤돌로 사용하고 있다. 빌 게이츠는 자신의 블로그에서 향후 2~3년 안에 대부분의 가상 회의가 2D 카메라 이미지 그리드에서 디지털 아바타가 있는 3D 공간인 메타버스로 이동할 것으로 예상한다. "아이디어는 결국 아바타를 사용하여 실제 방에 있는 것과 같은 느낌을 복제하는 가상공간에서 사람들을 만나는 것이다" 이를 위해서는 가상현실(VR) 고글과 모션 캡처 장갑이 필요하여 표현, 신체 언어 및 다른 사람의 음성 품질을 렌더링할 수 있다고 Gates는 말했다.

6. 광고, 브랜딩 및 마케팅 기회

많은 브랜드가 기존 VR 환경에서 입지를 구축하고 있다. 예를 들어, 현대자동차는 게임 플랫폼 Roblox에서 메타버스 경험인 Hyundai Mobility Adventure를 선보였다. 게이머들의 아바타는 현대자동차의 미래 모빌리티 프로젝트와 현재 제품을 체험할 수 있다. 또한,

Warner Bros. Pictures는 Roblox에서 가상 파티를 주최하여 영화 〈In The Heights〉를 홍보했다.

여전히 다른 사람들은 자신의 메타버스 프로젝트를 브랜드화하고 있다. 상상 세계의 오랜 리더인 월트 디즈니(Walt Disney Co.)가 그러한 회사 중 하나다. LinkedIn 게시물에서 Disney Parks, Experiences and Products Inc.의 디지털 및 기술 책임자인 틸락 만다디(Tilak Mandadi)는 "물리적 및 디지털 세계가 웨어러블, 스마트폰 및 메타버스 경험에 손님을 몰입시키는 디지털 액세스 포인트"라고 말했다. Mandadi는 컴퓨터 비전, 자연어 이해, AR, AI 및 IoT를 기반 기술로 나열했다(2020.11).

7. 디지털 위치

얼리어답터는 부동산의 디지털 표현도 탐색하고 있다. 뉴욕 TIMES 의 기사에 따르면 "투자자들은 메타버스에 있는 콘서트장, 쇼핑몰 및 기타 자산을 인수하고 있다" 이 가상 부동산은 매우 투기적이지만 특정 그룹의 관심을 끌고 있다. Avila는 "Roblox, Minecraft, 메타버스 는 환경을 만들고 위치를 만들고 있다. 그리고 그들은 그 공간에서 소비자와 연결하고 있다"라고 말했다.

8. 새로운 수익원

기업들은 이미 디지털 세계에만 존재하는 상품과 서비스를 판매하고 있다. Gucci는 제품 및 엔터테인먼트 회사인 Superplastic과 협력하여 수집 가능한 NFT의 제한된 시리즈를 만들었다. Ralph Lauren 은 아바타용 의류를 판매하고 있고 Nike는 실제 대응물과 연결되는 NFT를 만들고 있다. 유명 패션 브랜드가 수년간 유사한 품목을 판매한 게임 플랫폼의 발자취를 따라 디지털 전용 의류와 액세서리를 판매하고 있다는 사실은 더 넓은 비즈니스 환경을 위한 기회를 제시할 수 있다.

9. 더 연결된 업무 경험

한 유망한 비즈니스 중심 메타버스 사용 사례 센터는 특히 AR 사용을 통해 근로자가 더 나은 업무를 수행하도록 돕겠다는 현실의 약속을 확장했다. 가트너(Gartner) Nguyen은 완전히 실현된 메타버스는 근로자를 보다 효율적이고 생산적으로 만드는 방식으로 정보를 스트리밍할 수 있어야 한다고 말했다.

10. 아직 상상할 수 없는 일

비즈니스 및 IT 리더는 여러 메타버스 위험과 보안 문제를 해결해야 한다. 그들은 또한 기술 문제를 해결해야 한다. 이러한 이유로 대부분의 메타버스 사용 사례는 아직 알려지지 않은 범주에 속한다. Nguyen은 "아직 우리가 알지 못하는 많은 가치가 있다. 메타버스 플랫폼의 성숙은 세계가 상호작용하는 방식을 점진적으로 변화시킬 것이지만, 누적 변화는 극적일 것"이라고 그는 말했다.

바. 주요 기능에 따른 메타버스 플랫폼 5가지

먼저, 로블록스(Roblox)는 오픈 월드 게임 플랫폼으로, 전 세계 180여 개국에 서비스되고 있으며 올해 기준 2억 명의 월간 활성 사용자 수와 800만 명의 개발자, 4,000만 개의 게임을 보유하고 있다. 또한, 나만의 아바타를 커스터마이징하여 생성이 가능하며, 스튜디오 기능을 무료로 제공하며, 친구들과 프라이빗 게임을 즐길 수 있다.[73]

둘째, 제페토(Zepeto)는 3D 아바타 경험 플랫폼으로 2018년 전 세계 165여 개국에 출시됐으며, 2022년 2월 누적 가입자 2억 명을 돌파하였다. 그중 해외 이용자가 90%로 구성되어 있다. 또한, 셀카 1장으로 아바타 생성이 가능하며, 창조적 스튜디오 기능을 제공한다.

셋째, 포트나이트(Fortnite)는 에픽게임즈가 제공하는 배틀로얄 장르의 게임이지만, 다른 이용자들과 함께 콘서트나 영화를 관람할 수 있는 파티로열 모드를 제공한다. 포트나이트는 온라인 게임에서 메타버스 영역으로 확장한 대표적인 사례가 되었다. 이는 게임 내 캐릭터 생성이 가능하며, 게임에서 제공하는 아이템 구매 및 의복에 장치 부착이 가능하고, 포크리 상태에서 친구들과 게임이 가능하다.

넷째, 게더타운(Gathertown)은 화상회의 플랫폼에 메타버스 요소가

---

73 Comparative analysis of metaverse platform according to function: focusing on industrial applicability(2022년)

결합한 플랫폼으로 출시 후 1년 만에 전 세계 400만 명의 이용자 수를 확보하였다. 가상공간의 이용자들과 네트워킹을 할 수 있으며, 나만의 아바타 개별화 및 원하는 가상공간 템플릿이 제공된다.

마지막으로, 페이스북 호라이즌(Horizon)은 페이스북에서 VR기기 오큘러스를 이용하여 소셜 활동을 펼치는 VR 커뮤니티 베타테스트 서비스를 제공하고 있다. 특히, 코로나19 상황에서도 가정에서 지속해서 업무수행이 가능하기 위한 퀘스트 기반의 가상적인 오피스 서비스를 제공할 전망이다. 또한, 직접 꾸민 자신만의 아바타로 가상 세계 호라이즌에 참가하며, 월드 빌더라는 기능이 가능하고, 가상현실 속 광고판을 세우거나 가상의 매장이 가능하다.

 페이스북(Facebook, 메타버스)

마크 저커버그(Mark Zuckerberg)는 페이스북을 소셜 미디어 네트워크에서 향후 5년 이내에 '메타버스 회사'로 변모시키겠다는 비전을 제시했다. 그는 "메타버스는 사람들이 VR 헤드셋을 사용하여 가상 환경에서 게임, 작업 및 통신할 수 있는 온라인 세계"라고 했다. 페이스북 CEO는 그것을 "단지 콘텐츠를 보는 것이 아니라 당신이 그 안에 있는 구현된 인터넷"이라고 설명을 이어갔다. 우리는 가상현실의 힘을 통해 교육을 혁신하고, 생산성을 개선하고, 사회 운동을 발전시키고, 전 세계의 사람과 문화에 대한 이해를 확장할 수 있는 잠재력을 가지고 있다.[74]

아직, 메타버스는 현실이 아니지만, 인터넷의 다음 진화가 될 수 있다. 증강현실, 가상현실, 혼합현실이 결합한 '확장현실(XR)'이 소셜 및 비즈니스 참여를 위한 핵심 매체가 될 것이라는 아이디어다. 이 기술에 관심이 있다면 '메타버스'라는 유행어를 들어봤을 것이다. 페이스북은 메타버스를 구축하려는 야망에 맞춰 비즈니스를 조정하기 위해 회사 포트폴리오의 이름을 '메타(Meta)'로 바꾸었다. Meta는 사람들이 연결하고 커뮤니티를 찾고 비즈니스를 성장시키는 데 도움이 되는 기술을 구축한다. 수많은 인기 게임, 독특한 VR 경험, 활발하게 성장하고 있는 커뮤니티까지, 모두 Meta Quest 2에서 만나볼 수 있다.

가. META QUEST 2

화면 밖이 아닌 실제 게임 속으로

가상 세계에서 놀라운 자유를 만끽할 것이다. 외계인과 헤비급 챔피언, 댄스 파트너가 여러분의 동작 하나하나에 반응한다. 혼자도 좋고, 친구들과 함께 즐겨도 좋다. Meta

---

74 영국 BBC, https://www.bbc.com

Quest 2에서는 언제 어디서나 원하는 사람과 함께 무엇이든 할 수 있다. 서로 다른 시간대에 있는 친구들과 함께 게임의 밤을 즐기고, 라이브 이벤트에서 팬들과 만나고, 크리에이터 커뮤니티에 가입하고, 참신한 아이디어를 현실로 구현한다.[75]

안전을 위한 VR은 광산 구조 팀은 훈련을 위한 새로운 도구를 발견한다

당신이 광산에 있다고 상상해 보라. 빠르게 커지는 화재로 인해 광산과 그 안의 광부들은 산소를 고갈시킬 수 있다. 동료 광부를 구하려면 가능한 한 빨리 불을 꺼야 한다. 심장이 뛰고 땀이 난다. 그러나 당신은 지하에 있는 것이 아니라 VR 헤드셋을 착용하고 있다. 최고 지뢰 구조 책임자인 Shawn Rideout은 "이것은 실제에 최대한 가까우며, 당신이 결정을 내린 결과를 볼 수 있는 안전한 환경에서 당신을 정말로 그 위치에 놓이게 될 것입니다"라고 전했다.

캐나다 온타리오 광산 구조(Ontario Mine Rescue, Canada)는 자원봉사자 구조원들은 NORCAT과 협력하여 만든 VR 훈련 시나리오 덕분에 이와 같은 비상 지하 시뮬레이션을 탐

---

75 메타 Quest, https://www.oculus.com

색하고 있다. 이러한 훈련 시나리오를 통해 구조 자원봉사자는 안전하지만, 현실적인 환경에서 비상 대응 기술을 연마할 수 있다. 국제 광산 구조 기구(International Mines Rescue Body)의 재무 총무인 알렉스 그리스카(Alex Gryska)는 "우리는 모든 치명적이고 치명적인 사고가 제거될 수 있다고 믿는다. 하지만 전개되는 사건에 대처할 준비가 되어 있어야 한다"라고 말했다.

나. META PORTAL TV

집 안의 모든 TV에서 영상 통화하기[76]

느긋하게 앉아서 대화에 몰입하거나, 마음껏 일어나서 움직여라. 친구들과 마치 한자리에 있는 듯이 함께 TV 프로그램을 시청하고 영상 통화를 하며 시간을 보내라. TV를 대형 통화 기기로 만드는 마법은 내가 움직이면 따라서 움직이는 똑똑한 카메라 역할을 할 것이다. Smart Camera는 자동으로 화면을 움직이고 확대 · 축소하여 어떤 순간에도 모든 사람을 프레임 안에 담아준다. 새로운 누군가가 들어오면 모든 사람이 보이도록 자동으로 화면을 넓혀준다. '스마트'라는 이름이 손색없다.

AR 효과 및 필터가 있어서, 통화에 재미를 더해보라

Disney, Marvel 등의 AR 마스크와 배경으로 통화에 재미를 더해준

76   메타 Portal, https://www.facebook.com

다. 음악과 애니메이션, 특수 효과로 동화 속 주인공이 되어볼 수 있을 것이다. 음성으로 일상의 작업을 핸즈프리로 처리한다. TV로 Alexa를 사

용하면, 음성만으로 스마트홈을 제어하고, 좋아하는 음악을 듣고, 뉴스를 보고, 날씨를 확인할 수 있다. 이야기를 전하는 새로운 방법으로 스토리 타임은 많은 사랑을 받아온 이야기에 음악, 애니메이션, AR 효과를 더해 마법 같은 순간을 만들어 준다. '지금까지 책을 읽기만 하셨나요?' 이제 동화 속 주인공이 되어보라!

핵심 웨이브

By World Economic Forum, (세계경제포럼)

○ 페이스북(Facebook, 메타버스), **새로운 디지털 자산 , 미국**

- 주요내용
  a. 경제적으로 실행 가능하고 포괄적이며 안전한 메타버스를 구축 (세계경제포럼(WEF)
    - 존슨(Magic Leap) 최고경영자(CEO)는 "일과 협업을 위한 완전히 새로운 선례"라고 선포했다.
    - CJ그룹 최고디지털책임자는 "완전히 새로운 디지털 자산이 등장하기 시작할 것"이라 전했다.

  b. 페이스북(Facebook, 메타버스)도입
    - 증강 현실, 가상 현실, 혼합 현실이 결합된 "확장 현실"이 소셜 및 비즈니스 참여를 위한 핵심 매체
    - META QUEST 2 :
      . 화면 밖이 아닌 실제 게임 속으로
      . 안전을 위한 VR는 광산 구조 팀은 훈련을 위한 새로운 도구를 발견한다
    - META PORTAL TV
      . 집 안의 모든 TV에서 영상 통화하기/ 내가 움직이면 따라서 움직이는 똑똑한 카메라

신기술의 방향성

스마트 팩토리(Smart Factory, S.F)에서 디지털 트랜스포메이션(DX) 기술 구현

프롤로그(Prolog)

||||||||||||||||||

코로나19(COVID-19) 이후 비대면 사업과 인구 고령화로 인해 숙련된 노동자들이 점차 줄어들게 되었고, 트렌드가 빠르게 변하면서 제품의 수명 주기가 급격히 줄어들게 되었다. 여기에 소비자들의 필요가 다변화(Diversity), 다양화(Diversification)되면서 개인 맞춤형 생산이 요구되고 경제 구조가 제조업에서 정보 기술(IT)을 포함한 서비스업 중심으로 옮겨가면서 전통적인 제조업은 큰 타격을 입게 되어 제조업의 혁신이 요구되었다. 이로 인해 '스마트 팩토리(S.F)'가 등장했다.

현재의 공정 자동화 기술(Process
Automation Technology)은 각각의 공
정별로만 자동화가 이뤄져 있어 전
체 공정을 유기적으로 관리하기 어
려웠다. 하지만 지능형 공장은 ICT 기술 덕분에 모든 설비나 장치가
무선통신으로 연결되어 있어, 전후 공정간 데이터를 자유롭게 연계할
수 있고 이를 통해 더 유기적이고 통합적인 최적의 생산 환경을 이룩
할 수 있게 되었다. 관리 외적으로 비용 효율성도 높아 스마트 팩토리
가 구현하면 이제는 값비싼 노동력에 의지하지 않아도 되고, 대량 생
산이 초래하는 재고의 불확실성 문제에서도 자유로워졌다. 또한 자동
화를 통해 생산 라인의 유연함이 더해져 개인 맞춤형 상품을 합리적
인 가격에 즉각적으로 생산할 수 있게 되었다. 스마트 팩토리는 기존
의 중앙집권형 생산체제를 바꾸고 제조업이 생산의 분권화와 자율화
를 가능하게 만든 것이다.

스마트 팩토리는 설계 및 개발, 제조 및 유통 등 생산과정에 디지털
자동화 솔루션이 결합된 정보통신기술(ICT)을 적용하여 생산성, 품질,
고객만족도를 향상시키는 지능형 생산공장으로 공장 내 설비와 기계
에 사물인터넷(IoT)을 설치하여 공정 데이터를 실시간으로 수집하고,
이를 분석해 스스로 제어할 수 있게 만든 미래의 공장이다.

사용되는 스마트 제조 방식은 인공지능(AI), 빅 데이터 분석, 클라우드
컴퓨팅을 비롯한 다양한 기술을 통해 구현된다. 지능형 공장은 디지털

세계와 물리적 세계를 연결하여 공급망 관리에서 제조 도구, 심지어 작업 현장의 개별 작업자 작업에 이르기까지 전체 생산 프로세스를 관찰할 수 있다. 완전히 통합된 협업 제조 시스템은 운영을 조정하고 쉽게 최적화할 수 있게 하는 것을 포함하여 운영자에게 다양한 이점을 제공한다.[77]

SFAW 2022(Smart Factory Automation World 2022, 스마트 팩토리·오토 메이션 월드)는 3가지 행사가 함께 진행되었는데, 국제 공장 자동화전(Aimex), 스마트 팩토리 엑스포(Smart Factory Expo), 한국 머신비전 산업전(Korea Vision Show)으로 구성이 되었다. 올해 주제는 디지털 혁신에 대한 거대한 움직임 'Driving Digital Transformation Together'이었으며, 코로나 팬데믹을 극복하는 일상화된 위드 코로나의 성공적인 시험장이 되기도 했다.

핵심 웨이브

By TWI Smart Factory , (영국, 스마트 팩토리)

○ 스마트 팩토리(Smart Factory : S.F)에서 AI 기술 구현

신기술의 방향성

- **주요내용**
  a. 중앙집권형 생산체제를 바꾸고 제조업이 생산의 분권화와 자율화
    - ICT 기술 덕분에 모든 설비나 장치가 무선통신으로 연결되어 있으며,
    - 생산 라인의 유연함이 더해져 개인 맞춤형 상품을 합리적인 가격에 즉각적으로 생산할 수 있다.
  b. 디지털 자동화 솔루션이 결합된 정보통신기술(ICT)를 적용하여
    - 스마트 제조 방식은 인공 지능(AI), 빅 데이터 분석, 클라우드 컴퓨팅을 비롯한 다양한 기술 구현
    - 지능형 생산공장으로 공장 내 설비와 기계에 사물인터넷(IoT)을 설치하여 공정 데이터를 실시간으로 **수집**
    - 완전히 통합된 협업 제조 시스템은 운영을 **조정**

77 영국 TWI Smart Factory, https://www.twi-global.com/

로크웰 오토메이션(Rockwell Automation, R.A)
스마트 디지털 트랜스포메이션(DX) 기술

로크웰 오토메이션(Rockwell Automation, R.A)은 1903년 린드 브래들리 (Lynde Bradley)와 스탠턴 앨런(Dr. Stanton Allen)이 초기 투자 1,000달러로 설립한 압축 레오스타트 회사(Compression Rheostat Company)가 기원이 되었다. 1904년에 19세의 해리 브래들리(Harry Bradley)가 그의 형제와 함께 사업을 시작했던 것이었다. 이후 회사의 첫 번째 특허 제품은 산업용 크레인용 탄소 디스크 압축형 모터 컨트롤러였으며, 이 크레인 컨트롤러는 1904년 세인트루이스 세계 박람회에서 시연되었다. 이후 1909년에 회사는 앨런 브래들리(Allen-Bradley Company)로 이름이 변경되었다.

현재 미국 위스콘신주 밀워키에 본사가 있는 로크웰 오토메이션은 약 2만 4,500명의 직원을 고용하고 있으며, 전 세계 100개 이상의 국가에 고객을 두고 있다. 미국의 포천(Fortune)에서 50대 기업은 2021 회계연도 글로벌 매출을 70억 달러로 보고했다.

미국의 로크웰 오토메이션(Rockwell Automation, R.A)은 스마트기술을 구현하는 회사로, 2022년 가트너 매직 쿼드런트 MES 보고서(2022 Gartner Magic Quadrant)에서 로크웰 오토메이션과 Plex를 선구자이자 리더로 인정했다. 오늘날 R.A는 Allen-Bradley, FactoryTalk 소프트웨어 및 Lifecycle IQ Services를 포함하는 브랜드를 보유한 미국 산업 자동화의 대명사가 되었다.

가. 로크웰 오토메이션(R.A) 디지털 트랜스포메이션(Digital Transformation, DX)[78]

최근 로크웰 오토메이션(RA)은 디지털 트랜스포메이션(Digital Transformation, DX)에 대한 기술변화에 적극적인 제품개발과 혁신을 진행한다. 'DX(디지털 트랜스포메이션)'는 2004년에 스웨덴의 우메아대학(Umea University)의 에릭 스톨타만(Erik Stolteman) 교수가 제창한 개념으로 그 내용은 '진화하는 기술이 사람들의 삶을 풍부하게 한다'라는 것을 의미한다. 즉, '진화된 디지털 기술을 침투시켜 사람들의 삶을 더 좋은 것으로 변혁하는 것'을 뜻한다. 'Digital Transformation'을 직역하면 '디지털 변환'이라고 하는 말이 되나, '변환(Digital Trans)'이라고 하는 것보다 '변혁(Digital X, * 영미권 문화에서 'X'는 Cross로 '건너다' 또는 '교차하다'의 뜻에 대한 시각적형태, 예: X-mas(크리스마스)'이라고 하는 말이 열쇠가 된다. 다만, DX가 미치는 것은 단순한 '변혁'이 아니고, 디지털 기술에 의한 파괴적인 변혁을 의미하는 '디지털 디스럽션(Digital Disruption)', 즉 기존의 가치관과 틀을 근본적으로 뒤집는 파괴적인 혁신을 가져다준다.

DX 사례		
1. 커넥티드 엔터프라이즈	6. 산업용 네트워크	11. 라이프사이클 서비스 (FactoryTalk Metrics S/W)
2. 컨설팅 및 통합 서비스	7. 산업 보안	
3. 디지털 혁신	8. 기계 및 장비제조업체	
4. 산업 자동화 및 제어	9. 프로세스 솔루션 : 사례_ 태양광 자동화 시스템 (PlantPAx® 분산 제어시스템)	
5. 산업 유지보수 및 지원 서비스	10. 안전 솔루션	

---

78 로크웰 오토메이션(Rockwell Automation, R.A), https://www.rockwellautomation.com

기술 적용 대상은 항공우주, 자동차와 타이어, 화학, 엔터테인먼트, 섬유&직물, 식음료(F&B), 인프라, 발전, 반도체, 해양, 채광, 금속&시멘트, 오일&가스, 발전, 펄프&제지, 상하수도 및 폐수처리 등 많은 분야로 확대되고 있다. 디지털 트랜스포메이션(DX)의 역량은 애플리케이션별로 특정한 산업 자동화 기술 구성이나 유연한 서비스 옵션을 적용하여 공장 또는 작업 성능을 최적화한다. 이를 통해서, 통찰력과 전문성을 활용하여 운영 개선을 한다.

나. DX(디지털 트랜스포메이션) 기반 R.A(Rockwell Automation)는 하드웨어와 소프트웨어를 개발한다.

H/W			
1. 회로 및 부하 보호	6. 에너지 모니터링	11. 산업 제어 제품	16. 전원 공급 장치
2. 상태 감시 모니터링 (Bulletin 9309 Emonitor)	7. HMI	12. 조명 제어	17. 컨트롤러(PAC&PLC)
3. 연결 장비	8. 독립형 카트 기술	13. 모션 컨트롤	18. PB 및 신호감시 장비
4. 분산제어시스템	9. 산업용 컴퓨터 및 모니터	14. 모터 컨트롤	19. 릴레이 및 타이머
5. 드라이브 및 모터	10. 입력/출력(I/O) 모듈	15. N/W 보안 및 인프라	20. 안전 제품 외 2

S/W		
1. 시스템 설계 소프트웨어	3. 공장 유지보수 소프트웨어	
2. 운영 소프트웨어	4. 분석 및 산업용 사물인터넷	

1. 상태 감시 모니터링(New Predictive Maintenance Software): Bulletin 9309

주요 기능은 잠재적 장비 고장을 감지하여 생산 현장의 생산 활동이 원활하게 진행되도록 지원한다. 실시간 보호 모듈, 센서, 휴대용 기기 및 감시 소프트웨어를 제공한다. 인텔리전트 I/O 모듈 XM® Series는 산업 장비의 현재 상태를 평가하고, 미래 상태를 예측하는 데 꼭 필요한 파라미터를 실시간으로 처리한다. 로크웰 오토메이션의 XM 모듈은 독립형 시스템에 사용하거나 기존 자동화 및 컨트롤 시스템과 함께 사용할 수 있다.

ITEMS는 Bulletin 9309 Emonitor Condition Monitoring Software®(Emoniter 상태 감시 모니터링 소프트웨어)이다. Bulletin 9309는 R.A의 모니터 및 휴대용 데이터 수집기와 연동되면서 상태 기반의 예측 유지 보수 프로그램을 수립하고 실행한다. 이것은 온라인 분석 및 모니터링(Online analysis and monitoring)을 할 수 있어 모든 위치의 모든 사용자가 모든 컴퓨터에서 1444시리즈 모니터의 라이브 데이터를 볼 수 있다. 또한 1444시리즈, 1440시리즈 모니터, 기계에서 자동 데이터 수집을 예약 후 사용할 수 있다.

오프라인 데이터 수집(Offline Data Collection) 기능은 Dynamix 2500 및 Enpac 2500 데이터 수집기를 지원하고, 수집가에게 결함 빈도 다운로드 제공한다. 모든 필요에 맞는 통합 도구(Integration Tools to suit any need)는 Logix 컨트롤러에서 예약 또는 요청 시 태그 가져오기, 포함된 OPC 서버를 사용하여 OPC를 통해 데이터 내보내기 및 가져오기 모든 플롯을 Excel로 내보내기 등 기능을 제공한다. 자동화된 해결책(Automated Diagnostics)은 오류를 주기 식별로 제공을 하며, 기본 제공 및 사용자 편집 가능한 규칙 세트 제공한다. 결과적으로, 로크웰 오토메이션(R.A)에서 Bulletin 9309 Emonitor은 모든 규모의 프로그램을 관리할 수 있는 새로운 예측 유지 보수 소프

트웨어로서 온라인 감시 시스템, 이동데이터 수집시스템, Logix 컨트롤러를 통합하여 사용한다.

2. 라이프사이클 서비스(Lifecycle Service):

DX(디지털 트랜스포메이션)을 위한 서비스

라이프사이클 서비스는 산업, 기술, 운영 및 애플리케이션의 전문성을 결합하여 안전성, 보안성 및 신뢰성 있는 제조를 가능하게 한다. ITEMS는 '제조 인텔리젠스(Life Science Manufacturing Intelligence Solutions)'가 있다. 이것은 라이프사이클 전반에 걸쳐 제조 공장 또는 시설을 지원할 수 있는 다양한 산업 자동화 서비스를 제공한다. 비즈니스 문제 및 목표를 해결하는 솔루션을 구현하여 제품, 서비스 및 전사를 최적화할 수 있도록 평가, 구현, 장기 유지 보수, 고객의 전사적 라이프사이클의 모든 단계를 도와준다. 제조 인텔리젠스(Manufacturing Intelligence)의 Factory Talk Metrics S/W는 장비를 모니터링하고 현재 기계 성능에 대한 정확하고, 시기적절한 정보를 제공한다.

적용사례: 미국, 화이자(Pfizer Global Supply, PGS)

배경으로 화이자(Pfizer Global Supply, PGS)는 1849년 설립하여 뉴욕주에 위치하여 제약 분야에 9만 6,500명(2016년)이 있다. 전 세계 42개 제조 사업장 네트워크를 통해 매년 230억 개 이상의 의약품을 생산한다.[79]

문제점은 화이자의 제조 시설은 공정과 장비 기준이 모두 다를 뿐만

---

79   미국, 화이자, https://www.rockwellautomation.com

아니라 시스템과 데이터 세트의 생태계가 다양했다. 그래서 인사이트를 발견하는 데 어려움이 있었고, 제조 운영기술(OT) 레벨에서 사용되는 솔루션의 범위를 변경하는 것도 복잡하고 큰 노력이 필요했다.

해결책으로, 화이자는 R.A의 디지털 트랜스포메이션(DX) 서비스를 신청했다. 첫 단계는 제조 현장 전반의 첫 단계는 제조 현장 전반의 보안 인프라를 업그레이드하고 R.A의 Life Science Manufacturing Solutions를 사용해서 개선을 진행했다. 이로 인해서, 화이자는 공장 네트워크 보호를 강화했을 뿐만 아니라 현장 외부에서 현장 내의 데이터를 잠금 해제하는 데 도움을 줄 수 있는 표준화된 방법을 만들었다. 결과적으로, 디지털 트랜스포메이션(Digital Transformation, DX)을 통해, 하나의 시설에서 2019년 연간 계획보다 300만 개 이상의 제품을 더 생산의 성과를 달성했다.

3. 태양광 발전소 자동화 시스템 솔루션: PlantPAx® 분산 제어시스템

R.A(로크웰)의 PlantPAx® 분산 제어시스템 솔루션은 태양열을 포착하여 경제적이고, 안정적이고 효율적인 에너지로 전환해 준다.[80] 주요 기능들은  고효율 태양광 발전소를 위한 믿을 수 있는 솔루션이다.

---

80 R.A 분산 제어시스템, PlantPAx 5.0, https://www.youtube.com/watch?v=HrtpFjjyXsk

최대 가동시간, 유지 보수 비용 절감, 엔지니어링 시간 단축을 제공한다. 태양열을 캡처하여 신뢰성 있으며 효율적인 에너지로 전환하는 R.A 기술로 비용을 절감한다. 또한, 더 빠르게 전력을 생산할 수 있도록 Rockwell Automation의 시스템 및 엔지니어링 팀이 태양광 개발자를 지원한다. 현장 운영 및 유지 보수의 효율성을 높이면 태양광 발전은 더 효율적인 대안이 된다.

특성은 첫째, 기존의 제어시스템을 업데이트하거나 교체할 때, 최신 제어시스템으로 마이그레이션하도록 도와준다. 둘째, 프로세스, 모터 및 안전 제어가 통합된 PlantPAx® 분산 제어시스템은 더 효율적인 운영을 보장한다. 전력소 컨트롤 룸, PlantPAx 프로세스 자동화 시스템이 하나로 완벽히 통합된 제어 및 정보 플랫폼에서 축열 및 전력 차단 작업을 모두 제어한다. 셋째, 결과적으로 통합 솔루션과 결합하여 높은 가용성 및 신뢰성과 낮은 소유 비용을 보장한다.

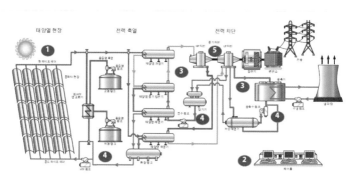

적용사례: 인도, 고다와리(Godawari) 집광형 태양광 발전소: PlantPAx DCS
| 태양열 발전에 PlantPAx 적용, 인도

로렌 조티(Lauren-Jyoti) 회사는 고
다와리 그린 에너지(Godawari Green
Energy)를 위해 인도 라자스탄에 50
메가와트(MW)급의 집광형 그린필
드 태양광 발전소를 세웠다. 인도
에서 가동되는 최초의 대형 태양열 발전소가 될 것이며, 2020년까
지 인도의 태양광 발전을 20,000MW로 늘리기 위한 인도 정부의 야
심 찬 계획에 따른 프로젝트이다. Rockwell Automation은 이를 위해
PlantPAx 분산 제어시스템 발전소 솔루션과 태양열 현지 컨트롤러 패
널을 제공 예정이다.[81]

참고로 인도 에너지 트렌드 '청정에너지를 위한 약속, 태양광 산업
(2020.7.24, Kotra)'는 인도 청정에너지에 대한 약속으로 신재생에너지 부
문 지원 확대로 높은 수입 의존도를 보이는 중국의 대체 수입국을 추
가로 물색하고 있다. 이것이 시사하는 점은 코로나19의 대확산과 국
경 분쟁의 재발로 인한 중국으로부터의 공급 중단은 현재 인도 시장
내 태양광 기자재 부품 및 모듈의 부족을 초래하고 있다.

2022년까지 100GW 태양광 발전 용량을 달성하려는 인도의 야심
찬 에너지 목표에 제동이 걸린 상황이다. 이러한 흐름의 시나리오는
한국 기업에 좋은 기회가 될 수 있다. 인도 최대 재생에너지 회사인

---

81 한국무역협회, Kotra: https://www.kotra.or.kr, https://www.power-technology.com/

리뉴 파워(ReNew Power)는 최근 인도에서 솔라셀 및 모듈 제조를 개시할 계획이라고 발표했으며, 2GW의 용량을 갖춘 발전소를 설립하기 위해 약 2억 6,500만 달러 규모의 투자를 진행할 계획임을 밝혔다. 이후 2019년 12월 라자스탄에 300MW 용량의 태양광 발전소를 운영하기 위해 한국의 GS E&C과 합작 투자 계약을 체결했다.

핵심 웨이브

By Rockwell Automation, (로크웰, RA, 미국)

○ 로크웰 오토메이션(Rockwell Automation, R.A) 스마트 DX 구현 기술 , 미국

- 주요내용

a. 상태 감시 모니터링 : Bulletin 9309 Emonitor
  - 사례 : 설비 정비(유지보수) 사업 적용

b. 제조 인텔리젼스(Manufacturing Intelligence) : Factory Talk Metrics S/W
  - 사례 : 화이자(Pfizer Global Supply(PGS) 약품 회사, 미국

c. 커넥티드 엔터프라이즈 : 태양광 자동화 시스템 (PlantPAx® 분산 제어시스템)
  - 사례 : Godawari (고다와리 지역)집광형 태양광 발전소, 인도

신 기술의 방향성

에이비비(ASEA Brown Boveri, ABB) 스마트 팩토리 신사업 모델

에이비비(ASEA Brown Boveri, ABB)는 에너지 변혁과 4차 산업혁명을 주도하는 회사로, ABB는 130년의 기술 역사가 있는 글로벌 기술 기업이다. 스위스 BBC 社(1891년)와 스웨덴 ASEA 社(1883년)의 합병으로 1988년 설립되었으며, 현재 스위스 취리히에 본사가 있다. 특히 여러 다국적 기업들보다 특정 국가 문화가 없는 회사로 알려져 있다. 서른 다른 문화에 대한 존중은 현지 ABB 회사에 잘 녹아 들어 있어, 현지 법인별로 다양한 문화가 고스란히 남아 있다. 전 세계 상위 ABB 임원 중 4분의 3이 스위스 및 스웨덴 이외의 다양한 국적으로 이루어졌다는 사실은 얼마나 ABB가 국제화되어 있는지 여실히 보여준다.

결과적으로, 유럽과 미주, 아시아 및 아프리카 100여 개 국가에서 14만 7,000여 명이 근무하고 있다. ABB는 유틸리티, 산업, 운송 및 인프라 고객에게 다양한 솔루션을 제공하며 산업계 디지털 미래를 조성 중이다. 발전 설비부터 전기 소비 지점까지 필요한 모든 곳에 전기를 공급하며, 천연자원부터 완제품에 이르기까지 산업 전반 자동화하고 있다. ABB는 에너지 변혁 및 4차 산업혁명 시대를 맞아 디지털 중심 기업으로 변화하고 있다.

가. ABB 비욘 로젠그렌(Björn Rosengren, CEO) 메세지

비욘 로젠그렌(Björn Rosengren, CEO)
는 "ABB에서 우리는 성별, 민족, 성적
취향, 문화, 사회, 종교 등을 이유로 차
별하지 않는다. 우리는 모두 인간이며
다양성을 핵심 강점으로 본다" 따라서
ABB는 포용적인 환경을 만들고자 하며, 모든 사람이 안전하고 존경
받는 대우를 받으며 성공할 수 있는 곳이라 전했다. 또한, ABB CEO
비욘 로젠그렌(Björn Rosengren)과 최고 인사 책임자 캐롤라이나 그라나
트(Carolina Granat)는 ABB Decoded 팟캐스트에서 여성 역량 강화에 대
한 견해를 공유한다. "모든 사람이 동일한 기회를 갖고 있다고 느껴야
한다"[82]

ABB는 최첨단시대의 가장 큰 글로벌 과제 중 일부를 해결하기 위
해 최선을 다하고 있다고 발표했다. 이것은 다양성, 포용성, 평등한
기회의 문화는 그들의 비즈니스 성공에 매우 중요하며 더 강하게 만
든다. ABB는 개인의 차이를 환영할 뿐만 아니라 축하하는 문화를 위
해 노력한다고 설명했다.

---

82   ABB 비욘 로젠그렌 회장, 2022.6, https://new.abb.com

나. ABB 지속 가능 전략(Sustainability Strategy) 2030-ABB Group

주요 지속 가능성 목표

"ABB는 장기적 가치를 창출하기 위해 우리가 하는 모든 일에 '지속 기능성'을 내장한다"라고 한다. 이들은 고객이 배출량을 줄이고 자원을 보존하는 사업부터 시작하였고, 현재 여기서 가장 큰 영향을 미치고 있으며, 자체 운영, 공급 업체 및 서비스는 지역, 세계로 확장된다. 이들은 어디서 운영하든 모범적인 기업 시민으로 거듭나기 위해 항상 노력하고 있다.

ABB에서는 항상 비즈니스에 대한 지속 가능한 접근 방식을 취해왔다. 지속 가능성은 이들 회사의 주요 목적과 모든 이해 관계자들을 위해 그들이 창출하는 가치이며, 그들은 지속 가능한 개발이 오늘날과 미래 세대를 위해 더 건강하고 번영하는 세상을 향한 진보를 의미한다고 믿고 있다. 이것은 사회, 환경, 경제의 필요를 균형 있게 한다는 것을 의미한다. 이를 달성하기 위해 그들은 비즈니스에 대한 이러한 접근 방식을 가치사슬 전체에 적용하여 모든 이해 당사자에게 탁월한 가치를 창출할 것을 기대하고 있다. 그들은 선도적인 기술과 책임 있는 사업 관행을 통해, 유엔(UN)의 지속 가능한 개발 목표에 기여하고 있다. 이들 초점은 앞으로 글로벌 기술 선도기업으로서 탄소배출 감소, 자원 보존, 사회적 진보 촉진 등 가장 큰 영향을 미칠 수 있는 기본 덕목(Virtue) 분야가 될 것이다.

ABB는 보다 지속 가능한 세계에 적극적으로 공헌해 왔으며, 스스로의 운용에 있어 선도하고 있다. 또한, 저탄소 사회를 가능하게 하고, 자원을 보존하고, 사회 진보를 촉진하기 위해 고객 · 공급자와 제휴하고 있다. 나아가, 기후 변화에 대한 조치의 필요성이 더욱 절실해진다. 동시에 지구 자원의 과용과 환경 저하가 전 세계 엄청난 수의 사람들의 건강과 미래의 전망을 위태롭게 하고 있다.

ABB의 2030년 지속 가능성 전략을 통해 고객 및 공급 업체와 협력하여 가치사슬과 제품 및 솔루션의 라이프사이클 전반에서 지속 가능한 관행을 구현할 수 있도록 적극적으로 지원하고 있다. 지속 가능성 초점은 ABB가 무결성과 투명성을 바탕으로 포괄적인 거버넌스 프레임워크(Comprehensive Governance Framework)의 중심에 있는 책임 있는 비즈니스에 대하여 약속했다.

지속 가능성 초점 영역: 중요도 분석

ABB의 지속 가능성 초점 영역은 고객, 정부 및 시민사회 대표, 분석가, 공급 업체, 지역사회 등 주요 이해 관계자 그룹의 기대치와 요구사항에 대한 철저한 중요성 분석을 통해 결정된다.[83] 중요

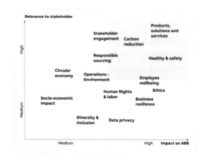

---

83 ABB 지속 가능성 전략, https://www.abb.com

성 매트릭스는 정기적으로 검토되며, 주요 이해 관계자를 대표하는 외부 이해 관계자 패널과 협력하여 전략과 보고가 예상과 일치하는지 정기적으로 확인한다. 또한 WBCSD(World Business Council for Sustainable Development)와 같은 업계 단체와 동종업체에서 제공하는 표준에 대해 ABB의 영역과 목표를 벤치마킹한다. 특히, 탄소감소(Carbon Reduction), 제품(Products), 솔루션과 서비스(Solutions and Services), 건강과 안전 등(Healthy&Safety, Etc)과 같은 지속 가능한 비즈니스에 집중한다.

다. ABB 주요 사업 분야 및 제품 출시

주요 사업모델

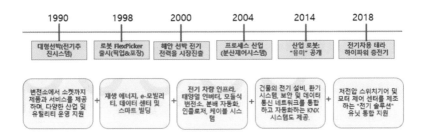

전기화 사업(Electrification)은 2018년 6월 마감된 GE 산업 솔루션 인수는 ABB의 전기화 분야 2위 글로벌 입지를 더욱 강화했다. 모션(Motion)은 다양한 전기 모터, 발전기, 드라이브 및 서비스와 통합된 디지털 파워 트레인 솔루션을 제공한다. 모션은 전 세계적으로 시장에서 1위를 차지하고 있다. 로봇과 이산 자동화(Robotics&Discrete Automation)는 2017년 ABB가 인수한 B&R을 중심으로 기계와 공장 자동화 시스템을 종합적인 로봇 개념과 애플리케이션 제품군과 결합한 사업이다. ABB는 전 세계적으로 30만 대 이상의 로봇을 설치했다. 로봇&이산 자동화 사업은 유연한 제조 및 스마트 기계에 대한 서비스를 제공함으로써 '미래공장' 사업을 진행한다. 이 사업은 글로벌 2위로, 성장세가 높은 중국 시장에서 로봇 공학 분야 1위를 차지하고 있으며, ABB는 상하이의 새로운 로봇공장에 투자하여 혁신과 생산능력을 확대하고 있다. Yu Mi의 이름은 영어 'You and Me'으로, 2016년에 국내 최초로 공개되어서 100여 명의 국내 인력이 근무한다.

라. ABB 사업모델(Business Model): ABB Ability™ 로봇 Items

목표는 미래에 저탄소와 자원 효율성을 극대화를 위한 안전하고 스마트한 운영에 대한 통찰력을 제공한다. ABB는 심층적인 도메인 전문지식과 연결성 및 소프트웨어 혁신을 결합하여 실시간 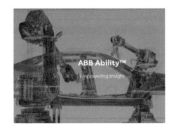 데이터 중심의사결정을 통해 리소스 효율성을 극대화하고 저탄소 미래에 이바지할 수 있도록 지원한다. 또한, ABB의 대규모 디지털 솔루션 포트폴리오는 조직이 비즈니스를 자동화, 최적화 및 미래 대비하여 새로운 성능 수준을 달성하고 지속 가능한 발전을 도모할 수 있도록 지원한다.[84]

---

84 ABB Robot, https://ability.abb.com/publications/koki-robots/situation/

일본 KOKI는 세계 유수의 자동차 제조업체를 위해 정밀 기어 시프터와 박스를 제작했다. 또한, 많은 선진 제조업체와 마찬가지로 KOKI는 정밀 제품을 만들기 위해 로봇을 사용한다.[85]

필요성 발생: 전문가들은 대규모 자동차 공장의 계획되지 않은 중단으로 인해 시간당 100만 달러 이상의 비용이 발생하는 것을 체험했다. 또한, 예기치 않게 고장 난 로봇은 고객이 부품을 적시에 배송해야 하는 KOKI와 같은 제조업체에 큰 영향을 미칠 수 있었다는 것을 알게 되었다. 과거에 용접 로봇의 고장으로 인해 KOKI는 시간과 비용이 많이 들었으며, 손실된 생산량을 보충하기 위해 다른 로봇을 전환해야 했다.

KOKI 해결책: ABB를 통한 고장을 방지하기 위한 유지 보수 예측을 통해 연간 정비 및 신속한 현장 수리가 되도록 용접 로봇에 서비스를 지원받았다. 제조업체가 유지 관리 요구사항을 예측할 수 있도록 ABB는 KOKI의 글라우하우(Glauchau) 생산공장에 있는 용접 로봇을 상태 모니터링을 위해 'ABB Ability™ Connected Services'에 연결했다. 이는 'KOKI' 회사가 로봇을 중단없는 작업을 지원하기 위해서 'ABB 로봇 인력 관리 서비스'를 받는 것이었다.

ABB Ability™ Connected Services를 통해 'KOKI'의 잠재적인 문

---

85 ABB 'KOKI', https://www.youtube.com/watch?v=VZqyc1oOo0c&feature=emb_logo

제를 나타내는 로봇의 상태를 감지할 수 있으며, 그런 다음 시스템은 유지 관리 관리자에게 경고를 보내 오류가 발생하기 전에 문제를 해결하기 위해 유지 관리를 사전 예약을 할 수 있게 한다.

결과적으로, 실시간 데이터를 기반으로 한 상태 기반 유지 관리를 통해 'KOKI'는 우선순위를 지정하고 수리를 예약하여 가동 중지 시간을 최소화할 수 있었다. 이 데이터는 장애 시점의 시스템 스냅숏을 제공하여 서비스 전문가를 준비하는 데도 사용할 수 있다. 또한 연결된 로봇은 실적이 저조한 자산을 식별하고 최적화하는 데 도움이 되는 벤치마크데이터를 제공할 수 있었다.

스벤 스파트만(Sven Sparmann), KOKI의 유지 보수, 수리 및 점검 현장 관리자는 "오류 감지를 통해 생산이 중단되었을 때 생산 프로세스를 중단하지 않고 조정을 수행할

| ABB Ability™ Connected Services helps keep KOKI

수 있다"라고 소개한다. 성공적인 시범 프로젝트 후 KOKI는 글라우하우(Glauchau) 공장의 60개 로봇을 모두 ABB Ability™ Connected Services에 연결했다. "로봇 유지 보수, 모니터링, 서비스 및 지원 모두가 여기서 중요하고 결정적인 역할을 한다"라고 말했다.

Business Items 2: '로보틱스 통합 솔루션'

ABB는 전략적 인수를 통해서 산업용 고속 로봇 사업을 강화(네덜란드, 코디안 인수, 2020.10.12)했다.

기존 고정밀 픽&플레이스 델타 로봇 분야의 선두 공급 업체인 네덜란드, 코디안 로보틱스(Codian Robotics B.V.)를 인수했다. 코디안 로보틱스 제품은 주로 식음료 및 제약을 비롯한 위생에 민감한 산업에 가장 이상적인 로봇이다. 이번 인수로 ABB가 성장하는 델타 로봇 분야에서 선두업체 입지를 다질 것을 기대한다.[86]

ABB 로봇 자동화 사업 총괄사장, 사미 아티야(Sami Atiya)는 다음과 같이 설명한다.

"이번 인수는 ABB가 획기적인 기술에 얼마나 집중하고 있는지 보여준다. 빠르게 변화하는 비즈니스 환경에서 고객이 자동화 가능성을 온전히 이해할 수 있도록 돕고, 또한 생산의 유연성을 높이고자 한다."

"코디안 로보틱스의 기술과 전문성은 식음료, 제약, 서비스 로봇 및 물류 솔루션에 완벽하게 적용할 수 있고, ABB의 기계 중심 로봇 솔루션(ABB's Machine-centric Robotics Offering)에 큰 시너지 효과를 가져올 것이다."

---

86 ABB Robot, www.abb.com/robotics

ABB 기계 중심 로봇 솔루션(Machine-centric Robotics Offering)

기존 로봇+기계 제어시스템을 통합하는 로보틱스 통합 솔루션은 다품종소량생산 비즈니스에 적합한 모델이 되었다. ABB 로봇 자동화(Robotics&Discrete Automation)는 로봇 자동화 및 디지털 서비스의 선구자로 자동차부터 전자제품, 물류에 이르기까지 다양한 산업 분야에 혁신적인 솔루션을 제공한다.

세계 최고의 로봇 공학 및 기계 자동화 공급 업체인 ABB는 40만 개가 넘는 로봇 솔루션을 제공해 왔다. 또한, 그들은 다양한 비즈니스 규모의 고객들이 생산성, 유연성 및 편의성을 높이고 제품 품질을 개선할 수 있도록 지원한다. 또한 연결성과 협동성이 실현되는 미래형 공장으로의 제조환경 전환을 지원한다. ABB 로봇 자동화는 53개국, 100여 개의 사무실에서 1만 명 이상의 직원들이 근무하고 있다.

Business Items 3: 'YuMi® - IRB 14000 협업 로봇(인간과 로봇의 협업)'

YuMi는 혁신적인 휴먼-친환경 듀얼 암 로봇, 업계에 방대한 글로벌 추가 자동화 잠재력을 실현하도록 설계된 혁신적인 기능을 가졌다. 또한 YuMi®는 사람과 로봇이 같은 작업을 나란히 하는 소형 부품 조립 등 새로운 자동화 시대를 위해 설계가 됐었다. 이를 위해서 YuMi는 통합 컨트롤러 ABB 포트폴리오의 새로운 기능을 갖추었다. 외관은 경량 구조-로봇을 휴대용으로 만들었다. 소프트웨어적인 프로그래밍을 통해서 사용에 용이성 제공하였으며, 밀폐형 디자인-유지 보수에 유익하다. 마지막으로 통합 비전 및 통합 손-제품에 내장되어 통합하기 쉬우며, 안전 인증 관련해서 독립 기관에서 인증을 갖고 있다.

ABB 협업 로봇 YuMi® 적용사례는 스위스, 취리히, 은행 ATM 관련 협업 로봇 YuMi®가 수백 시간의 테스트를 수행하여 ATM(Automated Teller Machine)용 소프트웨어의

| YuMi® Robot makes 24-hour testing

신속한 개발을 지원하여 신뢰성과 품질을 개선한다. 통상적으로 ATM은 보안의 최신 발전에 뒤지지 않고 안전한 금융거래를 보장하기 위해 일반적으로 6개월마다 소프트웨어 업데이트를 받는다. 그러나 새로운 코드가 공개되기 전에 신뢰도, 사용성 및 보안에 대한 엄격한 글로벌 및 현지 규격을 준수하는지 확인하기 위해 철저하고 반복적인 시험을 거쳐야 한다.[87] YuMi 장점은 기존에는 시험 주기가 병목 현상으로 이어질 수 있었지만, YuMi®가 ATM을 테스트하는 동안 이를 해결하고 또한, 새로운 소프트웨어 기능을 개발하는 데 집중할 수 있다.

---

87 ABB YuMi Robot 사례, https://www..abb.com

핵심 웨이브

By ASEA Brown Boveri, ABB, (ABB, 스웨덴-스위스)

○ 에이비비(ASEA Brown Boveri, ABB) **스마트 팩토리 신사업 모델, 스웨덴-스위스**

- **주요내용**
  - **a.** 목표 : 130년 ABB 비즈니스에 대한 지속 가능한 전략 접근 방식 (Sustainability strategy) 2030 — ABB Group
    - 주요 지속가능성 : 기후변화에 대한 조치의 **필요성**으로 저 탄소 사회를 가능하게 하는 목표
    - ABB의 초점 영역 : 탄소 배출 감소, 자원 보존, 사회적 진보 촉진
      (Carbon reduction, Products, solutions and services, Healthy & safety, etc.)

  - **b.** 주요 사업분야 및 제품 출시
    - 사업분야 : **대형선박(전기추진시스템), 로봇 FlexPicker 출시(픽업&포장), 프로세스 산업(DCS),**
      산업 로봇: "유미" 공개, 전기차용 테라 하이 파워 충전기
    - 제품 출시 : 전기화 사업(재생 에너지, e-모빌리티, 데이터 센터 및 스마트 빌딩, 전기 차량 인프라,
      태양열 인버터, 모듈식 변전소 등)

  - **c.** 사업모델(Business Model) : ABB Ability ™ 로봇 Items 및 사례
    - **ITEMS 1 : ABB Ability ™ Connected Services**
      . 사례 : **"ABB 로봇 인력 관리 및 원격 유지보수 예측지원 서비스"** ➔ **"KOKI" 회사가 로봇을 중단없이 가동**
    - **ITEMS 2 : "ABB 로보틱스 통합 솔루션"** ➔ **기계 + 로봇 솔루션(Machine-centric robotics offering)**
      . 사례 : **"YuMi® - IRB 14000 협업 로봇** , **"인간과 로봇의 협업"** ➔ 은행 ATM 시스템 Test용 (스위스, 취히리)

실시간 데이터 수집, 저장, 분석 시스템, 독일

이바 시스템(Iba System), 1984년 독일에 본시를 두고 있으며, 전 세계 대륙별 서비스 제공을 한다. 이바(Iba AG), CEO 울리취 레트우(Dr. Ulrich Lettau)는 "Iba 시스템을 사용하면 모든 기술 프로세스에 대해 최대한 명확하게 이해할 수 있다" 산업 생산, 발전 및 에너지 분배 플랜트의 세계에 투명성을 제공하는 것이 이들의 사명이다.[88]

Iba 시스템을 통해 사용자는 자동화 프로세스 및 메카트로닉 시스템의 증가하는 기술적 복잡성을 이해하고 통달할 수 있다. 비행 레코더와 마

찬가지로 다양한 신호 소스, 필드버스 및 자동화 시스템의 모든 필수 시스템과 프로세스 데이터가 지속해서 동기식으로 기록할 수 있다. 이러한 데이터를 분석하기 위해 자동 정보 생성은 물론 양방향 작업을 편안하게 지원하는 강력한 분석 도구를 개발했다. 공정 데이터 수집 및 분석을 위한 Iba 시스템은 측정 데이터를 수집, 기록, 분석 및 처리

---

88   이바 시스템(Iba), https://www.iba-ag.com/en/

하기 위해 완벽하게 조정된 하드웨어 및 소프트웨어 구성요소로 구성된다. 모듈식 디자인과 간단한 구성으로 인해 Iba 시스템은 다양한 작업에 편안하게 적용할 수 있으며 언제든지 크기를 확장할 수 있다.

가. 이바 시스템(Iba System) 글로벌 비즈니스

철강산업 분야에 다년간의 경험과 기술력으로 독일 IbaAG의 한국 지사가 설립(부산. 2003년)되었다. 주요 업무는 대량의 데이터를 실시간으로 수집, 저장, 분석하는 시스템 공급한다. 현재 철강업체에 IBA H/W&S/W, DELTA 센서, 각종 전기 전자부품 등을 공급한다. 주력하는 품목은 대량의 고해상도 데이터를 빠른 스캔 타임으로 수집하고 장기간 보관할 수 있는 IBA 하드웨어&소프트웨어와 철강업체의 냉연·열연 압연공장, 가공라인뿐만 아니라 코크스 공장, 알루미늄 압연 및 크레인 이동기계를 위한 고성능 센서와 측정 시스템을 제공한다.

나. 주요 시스템 생산품: Process data analysis PC-based automation

IBA - 데이터 분석 시스템

다양한 애플리케이션과 요구에 맞게 설계하며, IBA는 측정된 데이터에 대한 수집, 기록, 분석, 재해석 등 필요한 하드웨어 및 소프트웨어로 구성된 데이터 수집 장치 및 분석 툴로 사용된다. 모듈화된 설계와 간단한 시스템 구성 덕분에 IBA 시스템은 어떤 규모의 데이터 수

집은 물론 다양한 애플리케이션과 요구에 맞게 시스템을 설계, 구성하여 사용할 수 있다. 이러한 개념을 통해 64채널의 간단한 휴대용 수집 장치로부터 수천 개의 데이터를 한꺼번에 수집할 수 있는 서버까지 구축할 수 있다. 또한 한 번 설치 이후, 요구에 따라 손쉽게 기존 시스템을 업그레이드할 수 있다.[89]

Software 종류

① ibaPDA-V7-Onestep-Upgrade: License one step upgrade to ibaPDA-V7 Tag는 클라이언트-서버-아키텍처로 구  성되었다. 구성되었다. 또한, IO 구성자를 통한 데이터 수집을 하고 획득한 신호로 분석한다. 추가 연결된 iba 하드웨어는 자동 감지(플러그 앤드 플레이)된다.

② ibaPDA-Interface-SINUMERIK-Xplorer는 기술적 데이터 획득용도이다. 추가되는 데이터 인터페이스 SINUMERIK-Xplorer(인터페이스 최대 16개의 시디릭 NCU까지) 확장 라이센스에 대한 ibaPDA 시스템이며, SINUMERIK CNC con의 통합 시나믹 구성요소와 NCK에서 직접 획득한 값을 측정한다.

---

89   Iba Korea, http://www.ibakorea.co.kr

Hardware 종류

① ibaFOB-2io-Dexp은 프로세스 커플링 역할을 하며, 광섬유 보드 2x 광섬유 입력+출력, DMA 기능, PCI 익스프레스 카드로 구성되었다.

② Industrial computers-ibaRackline, ibaDeskline는 강력한 산업용 PC이다. 이는 데이터 획득 및 분석의 분야에서 까다로운 작업을 위해 iba는 가장 높은 수준을 충족하는 산업용 컴퓨터 표준을 제공하는 강력한 기능을 제공한다.

이들 컴퓨터는 최첨단 기술과 품질이 결합된 높은 제품으로 돋보인다. 또한, 거친 산업 환경에서 긴 서비스 수명을 위해 설계되었다.

DELTA: 온도 측정 센서

철강업의 가혹한 환경에 대한 60년 이상의 경험을 바탕으로 고객사에서 만족할 만한 고품질의 철강 전용 센서를 공급하고 개발하고 있다. 고품질의 철강 전용 센서를 공급하며, DELTA 센서는 연주, 열연, 냉연 도금 등 공정에 맞는 다양한 고성능의 센서 및 측정 시스템을 개발하여 제공하고 있다.

뜨거운 금속 탐지기(HMD)

최첨단 적외선 광전지 기술과 결합한 스캐닝 광학 시스템은 크기와 온도와 관계없이 정확하고, 빠르고 신뢰할 수 있는 제품 감지를 위한 최적의 솔루션이다. Scanning Hot Metal Detector Rota-Sonde DC는 물, 증기, 먼지 또는 스케일과

Hot Metal
Detectors (HMD)

같은 불리한 조건에서 작동한다. 특히 공정 변화로 인해 제품 온도가 크게 변하거나 방사율 계수가 변하는 응용 분야에 적합하다.

적외선 루프 스캐너

적외선 루프 스캐너 Rota-Sonde TS는 제어할 필드를 광학적으로 스캔하며, 광학 조정이 필요하지 않다. DELTA 적외선 센서 TS는 루프를 제어하고 핫 스트립 또는 플레이트를 중앙에 배치하고 광범위한 응용 분야에 대한 위치 정보를 제공한다.

Infrared Loop
Scanners

광학 장벽(CMD)

Optical Barrier는 혹독한 제철소 환경에서 사용하기 위해 알루미늄 주조 하우징, 선택적 공기 정화 및 수냉으로 설계된다. 레이저 배리어는 물 분무실, 긁힘 기계 또는 재가열로 와 같이 증기, 먼지 또는 연기가 많은 분야에 사용된다. 고온 반사기는 최대 400℃의 주변 온도에서 작동할 수 있다.

Optical Barriers
(CMD)

근접 스위치

장거리 근접 스위치 IG120 또는 IW100은 견고
한 유리 섬유 케이스에 들어 있으며 먼지와 습기로
부터 완전히 밀봉된다. 감지 범위는 최대 120mm,
감지 범위는 최대 1,200mm이다. 고온 유도형 근접
스위치 IH는 최대 180℃의 주변 온도에서 작동할
수 있다. MHM 자기 근접 스위치는 작동할 수 있는 견고한 센서이다.[90]

Proximity
Switches

FPI: 가스분석 분석기

배기 배관 등 가스 측정이 필요한 각기 다른 분야에서 활용된다. 파
장 가변형 다이오드 레이저(TDLAS) 기술을 세계적으로 선도하는 FPI
사의 레이저 가스분석기는 높은 정확도, 빠른 응답, 강력한 신뢰성을
바탕으로 높은 온도, 압력, 먼지, 부식 및 오염 물질이 존재하는 가혹
한 조건에도 적용할 수 있다.[91]

6,000대 이상의 설치 실적을 바탕으로 연소 안전 제어, 공정 최적
화, 에너지 재생, 과학 연구뿐만 아니라 환경 모니터링에 사용되고 있
다. 철강, 발전소, 폐기물 소각, 시멘트 등의 가열로, 배기 배관 등 가
스 측정이 필요한 각기 다른 분야에서 활용되고 있다. FPI 주요 제품

90   DELTA sensor, https://www.deltasensor.eu

91   FPI, http://www.fpi-inc.com

은 Process, Environment, Safety, Laboratory 등이 있다.

| Process | Environment | Safety | Laboratory |

핵심 웨이브

By www.iba-ag.com/en, (독일)

○ 이바 시스템(Iba System), 1984, 독일

- 주요내용
  - a. 목표 : 산업 생산, 발전 및 에너지 분배 플랜트 설비의 세계에 투명성을 제공
    - 공정 데이터 수집 및 분석을 위한 iba 시스템은 측정 데이터를 수집, 기록, 분석 및 처리
    - 철강 산업 분야에 다년간의 경험과 기술력으로 독일 ibaAG의 한국지사설립(부산,2003)
  - b. 주요 시스템 생산품 3종류: 실시간 데이터 수집 및 분석(Process data analysis PC-based automation)
    - IBA 데이터 분석시스템 : 64채널의 간단한 포터블 수집장치로부터 수 천개의 데이터를 한꺼번에
      수집할 수 있는 서버까지 구축 서비스 제공
    - DELTA 온도 측정센서 : 60년 이상의 경험을 바탕으로 고품질의 철강 전용 센서를 공급하고 개발
      (뜨거운 금속 탐지기 (HMD), 적외선 루프 스캐너, 광학 장벽 (CMD), 근접 스위치)
    - FPI 가스분석 아날라이저 : 파장 가변형 다이오드 레이저(TDLAS) 기술로 높은 정확도, 빠른 응답, 강력한
      신뢰성을 바탕으로 높은 온도, 압력, 먼지, 부식, 오염 물질이 존재하는 조건에 적용

신기술의 방향성

신기술 반전의
서막을 알리는 AI 트렌드
징후를 포착하라

AI 모멘텀(Artificial Intelligent Momentum) 통한 글로벌 신기술 전환

프롤로그(Prolog)

|||||||||||||||||

AI(인공지능)에 관해 이야기할 때, 이는 다양한 상황을 학습 및 자동화를 통해 인간을 모방하는 훈련 시스템으로 AI로 정의할 수 있다. AI의 얼리어답터(Early Adopter)는 핵심 영역, 식별 및 확장에 접근하며, 그들은 AI가 더 많은 부분에서 더 많은 방식으로 작동하도록 노력한다. 이로 인해서, AI 미래는 아무도 정확한 모양과 궤도를 예측할 수 없다.

가. AI 모멘텀 플랫폼

엔지니어, 과학자, 분석가, 자동화 엔지니어를 위한 모멘텀 데이터 엔지니어링 및 AI/ML 플랫폼은 머신 러닝 문제를 효율적으로 해결하고 비즈니스 프로세스를 자동화한다. 또한, 이것은 다양한 데이터 소스의 데이터를 수집 및 변환하고, 기계 학습 모델을 교육한다. 이러한 모델을 프로덕션으로 배포 및 관리하고, 엔터프라이즈 규모에서 AI 기반 자동화를 구현하는 데 활용된다. AI 모멘텀 플랫폼은 AI 개발의 모든 단계를 자동화하는 통합 플랫폼이다. AI 기반 솔루션 개발을 가속화하기 위해 모멘텀(Momentum)은 개별적으로 또는 통합 플랫폼으로 결합하여 사용할 수 있다. 이것은 즉시 사용 가능한 다양한 기계 학습 알고리즘을 지원한다. 몇 가지 간단한 구성으로 새로운 알고리즘을 추가할 수 있는 플러그형 아키텍처를 제공하는데, 다음은 여러 가지 알고리즘을 지원하는 상위 수준 모델 목록들이 있다.[92]

먼저, 지도 회귀 알고리즘(Supervised Regression)의 종류는 다음과 같다. 일반화 선형 회귀, 선형 회귀, 랜덤 포레스트 회귀, 의사결정 트리 회귀, 딥 러닝/ANN 회귀, 문자열을 인덱스 모델로, 순환 신경망 회귀(LSTM), GBT(Gradient-Boosted Tree) 회귀, 생존 회귀, 등장 회귀, 인수분해 기계 회귀 등이 있다.

둘째, 감독 분류 알고리즘(Supervised Classification)은 로지스틱 회귀, 의사결정 트리 분류기, 랜덤 포레스트 분류기 딥러닝·인공신경망, 다층 퍼셉트론 분류기, 신경망이 있는 마르코프 체인, CNN(컨볼루션 신경망) GBT(Gradient-Boosted Tree) 분류기, 선형 지지 벡터 머신(LSVM), 나

92 AI 모멘텀 플랫폼, https://www.accenture.com

이브 베이즈 분류기, 인수분해 기계 분류기 등이 있다.

셋째, 비지도 머신 러닝(Unsupervised Machine Learning)은 K-평균 클러스터링, 잠재 디리클레 할당(LDA: Latent Dirichlet allocation) 클러스터링, 이등분 K-평균 군집화, 가우스 혼합 모델(GMM) 클러스터링, 전력 반복 클러스터링(PIC) 있다.

넷째, 자연어 처리(Natural Language Processing, NLP)는 Word2Vec, 문서 유사성, 토큰화, 문장 분할, POS, NER 및 개념 분류, 텍스트 요약, 감정 분석 등 알고리즘들이 있다.

다섯째, 추천 엔진/교대 최소 제곱을 사용한 협업 필터링(Recommender Engine/Collaborative Filtering using Alternating Least Squares)은 크게 2가지로 나누어진다. 먼저, 컴퓨터 시각 인식(Computer Vision)과 피처 엔지니어링(Feature Engineering)이 있다. 컴퓨터 시각 인식(Computer Vision)은 OCR 및 ICR용 LSTM, CNN(컨볼루션 신경망), 단일 샷 멀티박스 감지(SSD)를 사용한 객체 감지가 있고, YOLO를 사용한 객체 감지가 있다. 또한, RCNN, Fast RCNN 및 Faster RCNN을 사용한 객체 감지 등이 있다. 둘째로, 피처 엔지니어링(Feature Engineering)은 피어슨의 카이제곱, 상관계수-Pearson 및 Spearman, 스모트, 인덱스 문자열, 원핫 인코더, PCA 등이 있다. 이들 알고리즘은 필요한 경우 점진적으로 재교육하고 모델 버전을 유지 관리하여 최고 성능의 모델로 전환된다.

나. 글로벌 신기술 전환

머신 러닝과 자연어 처리와 같은 파격적이었던 혁신 기술이 이제 디지털 트랜스포메이션(DX)의 중심을 차지하고 있다. 이러한 신흥 기술은 기존 기술을 지원하는 것뿐만 아니라 IT가 미래의 도전과제와 기회를 어떻게 처리할지를 계획하는 것이기도 하다. 이들 글로벌 신기술에 대한 활발한 전환들은 아래와 같은 AI 환경에 맞은 DX 용어들에 대한 정의가 나온다.[93]

컴포저블 코드(Composable Code)는 프로그래머들이 점차 선호하고 있는 아이디어다. 작업 없이 소프트웨어를 통합하는 간단한 방안이었으며, 한때는 소프트웨어 에이전트에 대한 논의가 활발했다. 또 다른 때에는 API의 생태학이 이야깃거리였다. 이제는 많은 사람들이 컴포저블 기술, 즉 결합 가능한 기술에 관해 이야기하고 있다. 한 소프트웨어 덩어리에서 나온 결과물이 다른 사람의 코드와 함께 문제없이 올바르게 작동하도록 한다는 개념이다.

컴퓨팅 에브리웨어(Computation Everywhere)는 시작은 사물인터넷이었다. 최근에는 똑똑한 개발자들이 천, 벽돌, 나무 또는 각종 도구에 스마트 칩을 내장해 가고 있다. 사물인터넷을 넘어 '물질의 인터넷'이라는 표현이 나올 정도다. 초기 물질 안에 컴퓨팅 지능을 추가함으로써 다른 차원의 가능성이 열릴 수 있다.

대용량 로컬 데이터베이스(Large Local Database)는 애초 하나의 컴퓨터에 정보를 저장하는 프로그램으로 시작됐지만, 최근에는 차원을 달리하는

---

93   Tech Library(AI 모멘텀 조사보고서), https://www.itworld.co.kr/

수준으로 확장됐다. 클라우드 전체에 걸쳐 확장된 데 이어, 지금은 엣지에서 작동하거나 적어도 그 근처에서 작동하는 데 이르고 있다. 결과적으로 응답 속도가 빨라지고 데이터 이동이 줄어드는 효과가 나타났다.

디파이(Decentralized Finance)는 어떤 이들은 '블록체인'이라고 부른다. 다른 이들은 '분산 원장'이라는 좀 더 평범한 표현을 선호한다. 어느 쪽이든, 도전과제는 누구나 신뢰할 수 있는 진실한 공유 버전을 만드는 것이다. 이러한 '진실'은 모든 사람이 공유된 분산 목록에 이벤트나 거래를 추가하면서 진화했다. 암호 화폐가 그 아이디어를 유명하게 만들었지만, 이와 같은 분산형 접근법이 단지 통화에만 국한될 이유는 없다.

다. OpenAI 기술

최근 들어 오픈AI(OpenAI)에 대한 관심이 집중되고 있다.

OpenAI는 인류에게 이익을 주는 것을 목표로 하는 미국의 인공지능 연구소이다. 이윤을

목적으로 하는 기업 OpenAI LP와 그 모체 조직인 비영리 단체 OpenAI Inc로 구성되어 있다.

2022년 11월 30일에 미국의 OpenAI는 "ChatGPT(Generative Pre-Training)"를 대중에게 무료로 배포하였다. 이후 2022년 12월 4일까지

ChatGPT는 100만 명이 넘는 사용자를 보유했다. 과거 다른 AI 챗봇과 다르게 ChatGPT는 일회성으로 끝나는 것이 아닌, 대화의 맥락을 파악해 마치 사람과 얘기하는 것과 같은 경험을 준다. 에세이를 쓰거나 컴퓨터 코드를 짜고 심지어 창의적인 아이디어까지 알려줄 수 있다. ChatGPT는 인터넷에 올라온 방대한 양의 정보를 학습해 사람이 쓴 것과 같은 글을 만들어 낼 수 있다. 다만 2021년까지의 정보를 학습했기 때문에 시사나 현재 시각과 같은 '현재의 정보'는 알려줄 수 없다.

GPT-4로 인하여 데이터 처리의 판도 변화가 올 것이다. 기술 라이센스를 보유한 Microsoft는 ChatGPT를 Edge브라우저에 탑재할 계획이며, 이로 인하여 원하는 정보를 찾을 때까지 검색하는 Google과 질문

하나로 원하는 정보를 획득하는 ChatGPT-4는 차별화된 검색성능을 가질 것을 예상한다.

OpenAI 연구원 조쉬 아치암(Josh Achiam)은 "강력한 AI 시스템을 안전하게 정렬하는 것은 우리 임무에서 가장 중요한 미해결 문제 중 하나입니다. 인간의 피드백에서 배우는 것과 같은 기술은 우리가 더 가까워지는 데 도움이 되며, 우리는 격차를 메우는 데 도움이 되는 새로운 기술을 적극적으로 연구하고 있습니다"라고 소개하고 있다.[94]

---

94 http://www.openai.com

핵심 웨이브

By https://www.accenture.com , (AI 모멘텀)

○ AI 모멘텀(Artificial Intelligent Momentum) **통한 글로벌 신기술 전환**

- 주요내용
  - a. AI(인공지능)목표 : 다양한 상황을 학습 및 자동화를 통해 인간을 모방하는 훈련 시스템 제공
    - AI의 얼리 어답터(Early Adopter)는 핵심 영역, 식별 및 확장을 접근하며, AI가 더 많은 부분에서 작동하도록 도전
    - AI 모멘텀 플랫폼은 머신 러닝 문제를 효율적으로 해결하고 비즈니스 프로세스를 자동화 제공

  - b. 주요 글로벌 신기술 전환
    - 컴포저블 코드(Composable code)은 프로그래머들이 점차 선호하고 있는 아이디어
    - 컴퓨팅 에브리웨어(Computation everywhere)은 사물 인터넷을 넘어 '물질의 인터넷'이라는 표현이 나올 정도
    - 대용량 로컬 데이터베이스(Large local database)는 클라우드 전체에 걸쳐 확장된데 이어, 지금은 엣지에서 작동
    - 디파이(Decentralized finance)은 어떤 이들은 '블록체인'이라고 부르고, 또는 '**분산 원장**'이라는 좀 더 평범한 표현

지멘스(Simens) 디지털 엔터프라이즈를 위한 Innovation

독일, 지멘스 주식회사(독일어: Siemens Aktiengesellschaft)는 독일의 유럽 최대의 엔지니어링 회사다. 자동화 및 제어, 에너지, 전력 발전, 철도, 의료 등 10개의 주 사업 부문을 가진 복합기업이며, 세계적으로 지멘스와 그 계열사 사원 48만 명이 190개의 국가에서 일하고 있다. 독일의 지멘스(Simens)는 1847년 과학자이면서, 발명가인 에른스트 베르너 폰 지멘스(Ernst Werner von Siemens, 1816~1892년)와 기계공학자 할스케가 함께 창업한 '지멘스-할스케 사'로 시작한 회사이었다.[95]

발명가, 전기기술자, 공업가 등으로 유명한 집안에서 태어난 지멘스는 가난한 탓에 정규 학교 교육도 제대로 받지 못했지만, 포병학교 사관후보생이 되어 탄도학·수학·물리학 등의 기초교육을 받을 수 있었다. 포병학교에서 공부하는 동안 자연과학에 흥미를 느끼게 된 베르너 폰 지멘스는 1833~1848년 조병창에 근무하던 중에 병기 개량에 두각을 나타내고, 지침전신기(指針電信機)의 개량과 구타페르카(Gutta-percha)를 감은 지하 케이블 발명에 자신감

---

95 독일, Siemens, https://www.siemens.com

을 얻어 전신사업의 장래성을 예상하게 되었다. 이후 1846년 장거리 무선전신에 쓰일 수 있는 다이얼 전신기를 발명한 베르너 폰 지멘스(Ernst Werner von Siemens)는 이듬해, 기계공학자이었던 J.G. 할스케와 함께 전신기 제작과 부설을 하는 지멘스-할스케 회사를 베를린에 창설했다. 설립 초기에는 전신기를 제작해 부설하는 업체로 출발, 당시 유럽에서 전신망 수요가 급증하면서 지멘스-할스케는 설립과 동시에 대규모 전신망 사업을 수주했다. 1848년 베를린에서 프랑크푸르트에 이르는 500km 구간에 전선을 놓았다. 이것은 당시 유럽에서 가장 긴 전선이었다. 1850년대에는 러시아 전역을 연결하는 전신망 사업을 진행했다.

또한, 영국에서 동생인 빌헬름과 협력해 해저 케이블 부설에 성공하기도 했다. 그의 이러한 업적은 유럽 전기제작업계에서 지멘스-할스케의 지위를 확고히 자리매김하게 했고. 이후 1857년에는 발전기의 실용화를 꾀해 전기자(회전자)를 개량했고, 1867년에는 자동발전의 원리를 발견했다. 이 자동발전 원리는 발전기의 기본이 되는 것이다.

오늘날, 독일 베를린과 뮌헨에 본사를 두고 있는 세계적인 전기 전자기업 지멘스(Siemens)는 다국적 기업으로 현재 전 세계 200여 개국에 약 35만 명의 직원이 산업, 에너지, 헬스케어 분야에서 혁신적인 기술력을 바탕으로 최첨단 제품과 솔루션 및 서비스를 제공하고 있다. 지구온난화, 기후 변화 등과 같은 전 세계가 당면한 이슈와 관련해 연구개발비의 50% 이상을 환경 및 기후 보호에 사용하고, 이산화탄소 배출을 감소시키는 다양한 기술을 보유하는 등 지속 가능한 성장을 위해 에너지 기술과 환경 보호 분야에서 중점적으로 사업을 진행하고 있다. 그 결과 해상 풍력 터빈 분야에서 전 세계 1위이며, 복합 화력발전 터빈 분야에서 시장을 선도하고 있다.

독일 지멘스 고유한 산업 자동화(Energy, Healthcare, Building, Mobility, Etc)는 통합 드라이브 및 스마트 컨트롤러에서 혁신적인 PLM(제품 수명 주기 관리 소프트웨어) 소프트웨어까지 발전하고 있다. 현재, 전 세계가 4차 산업혁명의 문턱에 서 있는 것으로 자동화에 이어 생산의 디지털화가 진행되어 생산성, 효율성, 속도, 품질의 향상으로 산업의 미래로 가는 기업의 경쟁력이 높아진다. 이에 따라서, 자동화 기술과 생산의 디지털화를 위한 지멘스(Siemens)의 포괄적인 제품들은 자동화 시스템, 시스템 식별 및 위치 확인, 산업 통신, 산업 제어, 산업 소프트웨어, 공정제어시스템, 운영자 제어 및 모니터링 시스템, PC 기반 자동화, 전원공급장치, 프로세스 분석, 공정 계측, 특정 요구사항에 대한 제품, Topic Area 등으로 AI를 통한 디지털라이제이션(Digitalization) 되어가고 있다.

가. 자동화 시스템(Automation Systems)

SIMATIC 로봇 통합기는 모든 작업에 이상적인 자동화 시스템을 제공한다. 현대적인 기계와 설비에 대한 수요는 모든 산업에서 꾸준히 증가하고 있다. Siemens의 자동화 시스템을 사용하면 효율성, 유연성 및 비용 효율성을 극대화하는 동시에 모든 요구사항을 충족한다.[96]

산업 자동화 시스템 SIMATIC은 16 Items이며 다양한 제조업체의 로봇에 대한 간단한 이종 간의 통합을 제공한다. 주요 하이라이트 (Major Highlights)는 TIA 포털의 균일한 로봇 프로그래밍과 로봇 제조업체와 관계없이 Simatic HMI를 사용한 간단한 프로그래밍을 제공하며, 엔지니어링 시간을 최대 30% 단축해 준다.

SIMATIC 로봇 라이브러리

훨씬 더 빠른 로봇 통합을 위한 범용 라이브러리(SIMATIC)는 로봇 업체와의 로봇 통합을 쉽게 해준다. SIMATIC 로봇 라이브러리는 앱을 통한, 제조업체와 관계없이 TIA 포털을 통

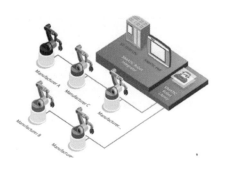

해 균일한 로봇 연결을 지원하며, TIA Portal(TIA 포털)에서 해당 언어를 사용할 수 있으므로 모든 로봇을 최단 시간 내에 통합할 수 있으며, 모든 로봇 제조업체는 이제 SIMATIC 로봇 솔루션에 통합할 기회를 얻게 되었다. 또한, SIMATIC 로봇 통합기는 로봇의 엔지니어링

---

96 독일 SIMATIC 로봇, http://siemens.com/robot-integrator

및 커미셔닝의 복잡성을 줄이며 또한, 기계 효율성과 수익성을 향상시킨다. 구성은 Simatic Robot Integrator app(S7-1500 CPU+SIMAATIC HMI)와 Simatic Robot Library로 구성된다.

나. 시스템 식별 및 위치 확인(System identification and location):

SIMATIC RTLS

지멘스 SIMATIC RTLS의 실시간 로케이팅 시스템(SIMATIC RTLS-Real-time locating system)은 산업 애플리케이션용으로 특별히 설계된 확장 가능한 로케이팅 시스템이다. 생산의 모든 관련 자산에 대한 동적 실시간 위치 데이터를 통해 검색 시간을 단축하고 재료 흐름을 최적화한다. SIMATIC RTLS를 사용할 때 개별 디지털화 전략을 자유롭게 구현하고 생산 및 물류 분야에서 비즈니스 혁신을 가속할 수 있다.[97]

실용화된 SIMATIC RTLS는 반도체공장에서 'Fürth'의 투명한 전자제품 생산을 제공한다. 독일 지멘스의 SIMATIC RTLS는 주요 하이라이트(Major  Highlights)는 매끄럽고 정밀하며 완벽한 로케이팅 솔루션으로 위치 및 시기 파악한다. 실제로 SIMATIC RTLS는 원활한 로케이팅 기능을 사

용하여 모든 관련 자산(작업물, 공구, 심지어 차량 또는 로봇)을 몇 센티미터 이내로 배치한다. 동적으로, 실시간으로, 정밀하게 동작하는데, 실제 그들이 구내 어디에 있든, 이런 해당 정보를 다음 고급 시스템에서 사용할 수 있게 해준다. 이러한 투명성을 통해 자산의 이동을 최적화하는 데 필요한 모든 작업은 위치 데이터를 분석한다. 구성요소는 유연하고 적응성이 뛰어난 인프라 게이트웨이, 트랜스폰터, 로케이션 매니저 등 있다.

반도체 현장 Fürth 적용사례

약 2,000박스의 소재가 지속해서 유통되고 있는 이곳은 부피는 적지만 최종 제품이 많이 섞여 있는 생산 환경이다. SIMATIC RTLS 사용은 최소한의 검색 노력으로 처리량 증가를 의미하며, 위치 파악은 Siemens 공장의 'Fürth'를 통해 자재 상자의 실시간 위치 정보를 파악한다.

다. MOM(Manufacturing Operations Management software, 제조 운영 관리 소프트웨어)

지멘스(Siemens)의 산업용 소프트웨어 종류는 MOM(제조 운영 관리 소프트웨어), 디지털 트윈 클라우드 서비스, 자동화 소프트웨어, SIMIT 시뮬레이션 소프트웨어, COMOS 플랜트 엔지니어링 소프트웨어, 기기 전환용 소프트웨어 SIRIUS, XHQ Operations 인텔리전스 소프트웨어, CNC 상점 바닥 관리 소프트웨어, 프로세스 제어, PLM(제품 수명 주기 관리 소프트웨어), 드라이브용 선택 및 엔지니어링 툴, 프로세스 산업을 위한 애플리케이션 및 디지털 서비스 등이 있다.

산업 소프트웨어는 업계 최고의 Siemens Collaboration Platform 인 Teamcenter에서 지원하는 PLM 솔루션, MOM(제조 운영 관리) 솔루 션 및 TIA 장비를 통해 제조업체의 전체 산업 가치사슬을 디지털화하 고 통합할 수 있도록 지원한다. 이로 인해서, 제조업체기 디지털 기업 으로 거듭날 수 있도록 지원한다.

전체론적 MOM(제조 운영 관리 소프트웨어) 솔루션: 'Opcenter'

'Opcenter'는 제조 작업의 완벽한 디지털화를 위한 전략을 구현할 수 있다. 이것의 주요 하이라이트(Major Highlights)는 스마트한 제조 지 원한다. 또한, Opcenter는 생산에 대한 엔드 투 엔드(End to End) 가시 성을 제공하여 의사 결정자가 제품 설계 및 관련 제조 프로세스 내에 서 개선해야 할 영역을 쉽게 식별하고 더욱 원활하고 효율적인 생산 을 위해 필요한 운영 조정을 수행할 수 있도록 지원한다.[98]

'Opcenter'의 기술과 아키텍처

이는 서로 다른 산업 프로세스의 특정 요구사항을 수용 및 적용 가 능하며, 제조에 대한 깊은 전문지식으로부터 개발된 산업별 기능성의 풍부한 에코 시스템을 갖춘 포괄적인 MOM 애플리케이션을 제공한 다. 또한, 확장성이 뛰어난 플랫폼으로 다양한 기능을 제공하며 고객 들이 생산 효율성과 품질 및 가시성을 결합하여 생산 시간을 단축할

---

98 독일 Siemens Opcenter, https://www.plm.automation.siemens.com

수 있게 지원한다.

고급 계획 및 스케줄링, 제조
실행, 품질경영, 제조 인텔리
전스 및 성능과 제조, 사양 및
실험실 관리를 위한 MOM(제
조 운영 관리 소프트웨어) 기능 제공

한다. 또한, 업계 최고의 클라우드가 지원되는 제조 소프트웨어(Best-
in-breed cloud ready manufacturing software) 및 심층적인 업계 조정요청
시 즉시 사용 가능한 기능(Deep industry-tuned out-of-the-box capabilities)
을 제공한다. 또한, MOM 전반에 걸쳐 편안한 공통 사용자 환경
(Comfortable common user experience across MOM portfolio) 및 대응력, 적응
력, 터치 친화적 모바일 사용자 인터페이스(Responsive, Adaptive, Touch-
friendly mobile user interface), 무선 확장성(Codeless extensibility), 제조 상호
운용성(Manufacturing interoperability)을 제공한다.

라. 디지털 트윈 클라우드 서비스(PlantSight Digital Twin Cloud Services)

개방형 클라우드 기반 Digital Twin 솔루션 'PlantSight'

'PlantSight'는 프로세스 업계를 위한 하나의 완전한 디지털 트윈을
제공한다. 주요 하이라이트(Major Highlights)는 귀중한 통찰력을 확보할
수 있게 한다. 플랜트 사이트를 사용하면 더 나은 의사결정을 내릴 수

있는 통찰력을 통해 자산 성능을 높이고 운영 비용을 절감한다. 유지 보수, 신뢰성, 생산 등 모든 분야에 걸쳐 하나의 완벽한 디지털 트윈을 제공한다.[99]

PlantSight 역할

'개방형 클라우드 기반 솔루션' 역할이다. 이것은 Siemens와 Bentley Systems가 프로세스 산업을 위해 공동 개발되었으며, 모든 데이터와 정보를 함께 가져오고, 컨텍스트화 (Contextualization)하며, 검증하고, 시각

| 개방형 클라우드 기반
Digital Twin 솔루션

화한다. 원시 데이터를 하나의 완전한 디지털 트윈으로 변환한다. 이로 인해서, 지속적 업데이트로 그 순간을 결정짓는 하나의 완전한 디지털 트윈을 통해 소중한 통찰력에 대한 판단력을 갖게 된다.

기존의 모든 플랜트 데이터를 수집, 연결, 상황화, 검증 및 사용할 수 있도록 하는 개방형 클라우드 기반 솔루션이다. 또한, 1D, 2D 및 3D 데이터를 통합할 뿐만 아니라 구조화되지 않고 연결되지 않은 데이터의 일종인 미확인 데이터에 대한 가시성, 완전하고 안정적이며 업데이트된 디지털 트윈을 생성한다.

---

99 독일 Siemens, PlantSight, https://www.siemens.com

마. 자동화 소프트웨어: 'SIMATIC Energy Suite'

'SIMATIC Energy Suite'는 SIMATIC 에너지 관리 소프트웨어로 생산 에너지를 투명성 높여준다.

이것의 역할은 에너지 데이터 수집이 자동으로 생성한다. 또한, 주요 하이라이트(Major Highlights)는 지능형 에너지 모니터링-데이터 수집에서 사전 부하 관리까지 지원한다. 설비의 에너지 소비량을 관리하는데, 특별히 기계와 발전소의 에너지 효율을 자세히 입증해 준다. 전기 에너지에 대한 합의된 용량 제한을 모니터링하고 적극적인 부하로 인한 벌금 발생을 방지한다.

SIMATIC Energy Suite 및 S7 에너지 효율성 모니터를 이용해 자동으로 간단하게 통합할 수 있다. 생산 관련 에너지 모니터링도 해주며, SIMATIC Energy Suite는  TIA Portal의 옵션으로서 에너지 관리와 자동화를 효율적으로 연계하여 생산 시스템의 에너지 투명성을 창출한다. 또한, 이 제품군은 다양한 유형의 에너지 데이터를 표준 방식으로 그룹화, 버퍼링 및 시각화할 수 있도록 한다. 에너지 관리 프로그램의 구성 및 자동 생성이 상당히 단순화됨에 따라 구성 비용이 크게 절감된다.

SIMATIC Energy Manager에 대한 통합 인터페이스 덕분에 기록된 에너지 데이터를 ISO 50001에 따라 인증된 교차 사이트 에너지 관리 시스템(A cross-site energy management system)에 원활히게 Updating 한다.[100]

I SIMATIC Energy Suite inside TIA Portal

사전 부하 관리해 준다. 피크 부하를 피하고 부하를 부드럽게 분산시켜 주면, 사전 부하관리를 통해 에너지 비용 최적화한다. SIMATIC Energy Suite를 통한 사전 부하관리를 할 때 상당한 시간 절약, 예측 가능한 비용, 다재다능성, 짧은 응답 시간 등 장점을 제공한다.

바. SIMIT 시뮬레이션 소프트웨어: 'SIMIT Simulation'

'SIMIT'은 가상 시뮬레이션 플랫폼으로 설비 디지털화 전략을 위한 하나의 기반이다. 이것의 역할은 실시간 시뮬레이션을 실행한다. 주요 하이라이트(Major Highlights)는 SIMIT을 통한 가상 시운전 및 운영자 교육을 위한 통합 시뮬레이션 지원한다. 특별히, 자동화 프로젝트의 테스트(시운전) 지원: 시뮬레이션 플랫폼 SIMIT은 자동화 애플리케이션에 대한 종합적인 테스트를 가능하게 하며 커미셔닝 시간을 단축하고 출시 시간을 대폭 단축할 수 있기에, 전체적으로 제조 및 공장의

---

100 독일 Siemens, SIMATIC Energy Suite, https://www.siemens.com/

전체 공정 라이프사이클을 보다 효율적 대응할 수 있다. 또한, 운영자 교육환경 제공하는데, 실제 시작 전부터 운영자에게 현실적인 교육환경을 제공하며, 이를 통해 프로세스 최적화 및 노하우 보존 기회를 제공한다.

구체적인 SIMIT 혜택

시뮬레이션 및 테스트를 통해서 Eng 및 자동화의 품질을 향상해 주며, 기존 엔지니어링 데이터의 원활한 통합이 가능하게 한다. 또한, 더 적은 위험으로 더 빠르게 시작할 수 있고, 전체 수명 주기 동안 공장 가용성 및 보안 향상시킨다. 나아가, 실제 시동 전에 공장 운영자 교육을 사전교육 가능하며, 다양한 최적화 또는 확장 조치에 대한 위험 없는 테스트가 가능하다. 마지막으로, 모듈식 및 반복 가능한 교육 단위에서 경험과 노하우를 사전에 학습할 수 있다.

단일 SIMIT 시뮬레이션 플랫폼

(A unique SIMIT simulation platform for automation projects)

이는 사용자 친밀성(User-friendly)을 제공하는데, SIMIT 사용자 인터페이스와 SIMIT UNIT 관리가 통합되었기에 가능하다.[101]

---

101 독일 Siemens, Virtual commissioning and operator training with SIMIT, https://new.
siemens.com/

유연성(Flexible)을 위해서 라이브러리 교환 및 자동 모델링을 위한 COMOS-SIMIT 인터페이스 사용한다.

또한, 오픈 시스템(Open System) 기능을 위해서 SIMIT 파트너가 개발한 외부 인터페이스용에 접속을 지원한다.[102]

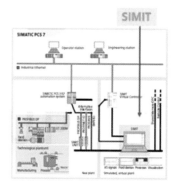

| Safe and efficient training of plant operators in virtual environment

사. 플랜트 엔지니어링 소프트웨어(Plant Engineering S/W): 'COMOS'

'COMOS(Component Object Server)': 통합 플랜트 관리

COMOS의 주요 역할은 엔지니어링에서 운영에까지 전체 라이프사이클 관리에 사용된다. 이것의 주요 하이라이트(Major Highlights)는 막대한 비용과 시간 부담, 국제 경쟁, 생산성 및 품질 향상을 준다. 플랜트 엔지니어와 운영자는 일관된 데이터 관리로 최대한 효율적이고 비용을 효율적으로 프로젝트를 구현할 수 있다. 또한, 플랜트 엔지니어링, 플랜트 운영 또는 현대화 여부는 통합 소프트웨어 솔루션 COMOS를 통해 프로세스 업계를 위해 일관되고 포괄적인 플랜트 관리를 확보할 수 있다.[103]

---

102   SIMIT Simulation, https://www.youtube.com/watch?v=FiNeR7BUlbo

103   독일 Siemens, COMOS Ver 10.4, https://www.siemens.com

COMOS 역할은 End to End 플랜트 관리를 해준다

프로세스 설계에서 통합 자동화 및 플랜트 운영까지 플랜트의 라이프사이클을 따라 수많은 단계와 작업이 가능하며, 모든 작업은 엔지니어와 운영자에게 구체적인 과제를 제시해 주며, 결과적으로, 통합 COMOS 소프트웨어 솔루션은 모든 과제에 적합한 수정 기능을 제공한다.

프로젝트 단계 절차:

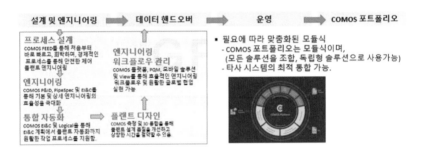

아. 인더스트리얼 에지(Industrial-edge) : '에지 컴퓨팅'

'에지 컴퓨팅(Edge Computing)'은 현장에서 클라우드로 이동을 가능하게 한다. 주요 역할은 기계 환경정보에 대한 유연하고, 쉽고, 보안 측면에서 IT 환경으로 전환한다. 또한, 주요 하이라이트(Major Highlights)는 자동화로 IT와 데이터 처리기능의 효율적인 통합을 해주며 소프트웨어 배포에서 생산에까지 IT 프로세스를 자동화한다. 나아가, 기계 레벨에서 데이터 처리, 분석 및 교환을 위한 에지 어플리케이션 지원

하며 사용자 친화적인 관리, 운영, 및 적절한 앱을 사용한 전 세계적인 수백 개의 Edge 장치로 확장할 수 있다. 이로 인해서, 클라우드 시스템과 함께 접속되어서, Industrial Edge는 기계 건물에서 새로운 비즈니스 모델의 기반을 제공한다.[104]

산업 에지의 이점은 현장 수준의 기존 데이터 처리에는 비용이 많이 들고 시간이 많이 소요되며, 확장성이 뛰어나지 않으며, 반드시 보안이 보장되지 않는 경우가 많다. Siemens의 인더스트리얼 에지는 중앙 소프트웨어 관리와 같은 일반적인 IT 표준을 기계에 도입한다.

대량의 로컬 보안 데이터 처리
기계 및 플랜트 데이터를 안전하게 획득하고 유연하게 분석하기 위해 자동화 기술에서 IT의 이점을 활동할 수 있음

혁신적 주기단축 및 유연성 향상
지속적인 소프트웨어 및 운영 제제 업데이트는 향상된 데이터 보안과 함께 지속적인 혁신을 보장합니다.

출시 시간 단축
중앙 업데이트, 보안, 통합 연결 및 자동화에 대한 통합과 같은 플랫폼 기능은 소프트웨어 개발에서도 시간과 비용을 절약합니다.

오픈 생태계
개방형 표준은 투자 보호와 낮은 초기 장벽을 제공합니다. 지멘스 외에도 기업과 프로그래머는 산업용 앱스토어를 통해 전문성을 제공할 수 있다.

지멘스 인더스트리얼 에지 장치(Industrial Edge devices): Simatic IPC227E

제조환경에서 데이터 수집 및 분석에 이상적인 지멘스 에지 지원 자동화 장치(Edge-capable automation devices)는 Controllers(Simatic S7-1500 with TM MFP), HMIs(Simatic HMI Unified Comfort Panels), Network routers(Ruggedcom RX1500 with APE1808 module) 등이 있다.

---

104 독일 Siemens, Industrial Edge, http://siemens.com/industrial-edge

핵심 웨이브

○ 지멘스(Simens) 디지털 엔터프라즈를 위한 Innovation), 독일

By www.siemens.comn, (독일)

- 주요내용

a. 목표 : 4차 산업혁명의 문턱에서 자동화에 이어 생산의 디지털화 전환
  - 1847년 과학자이면서, 발명가인 에른스트 베르너 폰 지멘스(Ernst Werner von Siemens, 1816~1892)와 기계공학자 할스케가 함께 창업한 '지멘스-할스케 사'가 시작한 회사
  - 독일 베를린과 뮌헨에 본사를 두고 있는 세계적인 전기전자기업 지멘스(Siemens)는 다국적 기업

b. 주요 시스템 생산품 3종류: **스마트 컨트롤러에서** 혁신적인 소프트웨어까지
  - 자동화 시스템(Automation Systems) : SIMATIC 로봇 통합기는 **모든 작업에 이상적인 자동화 시스템 제공**
  - 시스템 식별 및 위치 확인(System identification and location) : "SIMATIC RTLS"
  - MOM(Manufacturing Operations Management software, 제조 운영 관리 소프트웨어)
  - 디지털 트윈 클라우드 서비스 (PlantSight Digital Twin Cloud Services)
  - 자동화 소프트웨어 : "SIMATIC Energy Suite"
  - SIMIT 시뮬레이션 소프트웨어 : "SIMIT Simulation"
  - **플랜트 엔지니어링 소프트웨어 (Plant Engineering S/W)** : "COMOS"
  - 인더스트리얼 에지(Industrial-edge) : "에지 컴퓨팅"

테슬라 에너지 사업(Tesla Energy Business), 미국

테슬라 에너지 사업(Tesla Energy Business)

2003년 7월 미틴 에버하드(Martin Eberhard)와 마크 다페닝(Marc Tarpenning)에 의해 Tesla Motors로 통합된 테슬라(Tesla)는 텍사스주 오스틴(Austin, Texas, USA)에 본사를 둔 미국의 다국적 자동차 및 청정에 너지 회사다. Tesla는 2004년 2월 650만 달러의 투자를 통해 일론 머스크(Elon Musk)는 회사의 최대 주주가 되었다. 그는 2008년부터 CEO 로 재직했다. 그에 따르면 Tesla의 목적은 전기 자동차와 태양열 발전 을 통해 얻을 수 있는 지속 가능한 운송 및 에너지로의 전환을 촉진한 다. Tesla는 전기 자동차, 가정에서 그리드 규모에 이르는 배터리 에 너지저장 장치, 태양광 패널을 설계 및 제조한다. 2020년 배터리 전 기 자동차 시장의 23%와 플러그인 시장(플러그인 하이브리드 포함)의 16% 를 점유하면서 세계적으로 가장 많이 판매된 배터리 전기 자동차와 플러그인 전기 자동차를 보유하고 있다.[105]

또한, 자회사인 Tesla Energy는 태양광 시스템을 설계 및 개발하여 글로벌 주요 설치 업체로 활동을 하고 있다. 미국에서 Tesla Energy 는 2021년에 3.99GWh(기가와트)가 설치된 배터리 에너지저장 시스템 의 최대 글로벌 공급 업체 중 하나가 되었다. 미국 테슬라 에너지(Tesla

---

105 테슬라 에너지 사업, Tesla's Energy Business Is Flourishing-2021 Looks Bright-CleanTechnica

Energy)는 캘리포니아주 프리몬트(Fremont, California)에 본사를 두고 있는 Tesla, Inc.의 청정에너지 자회사로, 태양광 발전 시스템, 배터리 에너지저장 제품, 기타 관련 제품 및 서비스를 주거용, 상업용으로 개발, 제조, 판매 및 설치한다.

테슬라(Tesla) CEO 일론 머스크(Elon Musk)가 전기 자동차용으로 개발한 배터리 기술을 'Powerwall'이라는 가정용 에너지저장 시스템에 적용할 것이라고 발표하면서 설립되었다(2015.4.30). 나아가, Tesla는 SolarCity를 26억 달러에 인수하고 Tesla Energy의 사업에 태양광 발전을 추가했다(2016.11). Tesla Energy의 현재 발전 제품에는 태양광 패널, Tesla Solar Roof(태양광 싱글 시스템) 및 Tesla Solar Inverter가 있다. 'Powerwall' 외에도 'Powerpack' 및 'Megapack'라는 대규모 에너지저장 시스템도 만든다. Tesla는 하드웨어 제품을 지원하기 위해 소프트웨어 에코 시스템을 개발했다. 2021년에는 68% 증가한 345MW를 생성할 수 있는 태양 에너지 시스템을 배포하고 2020년보다 32% 증가한 3.99GWh의 배터리 에너지저장 제품을 배포했다.

가. '일론 머스크'가 밝힌 테슬라(Tesla)의 궁극적 목표

전력 생산부터 소비까지 가치사슬 전반에서의 '재생에너지로의 전환'이다.

이를 실현하기 위해 전력 인프라 구성(태양광+ESS+전기차)에 더욱 박차를 가할 것으로 전망한다. 2020년 3분기 테슬라 에너지저장장치 구축 규모는 총 759MWh로 전년 동기 477MWh 대비 59% 성장하였으며, 태양광 장비 총 출하량은 57MW로 전년 동기 43MW 대비 33% 증가하였다. 테슬라 CEO 일론 머스크는 이번 실적 발표 때 "향후 몇 년 내 에너지 사업은 전기차 사업 부문만큼 커질 것"이라고 언급하면서 에너지 기업으로의 도약 의지를 내비쳤다.[106]

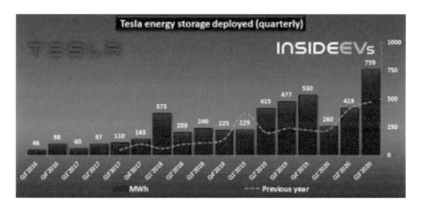

| 테슬라 분기별 에너지저장장치(ESS) 사업 규모

106 테슬라, https://en.wikipedia.org/wiki/Tesla,_Inc.

나. 테슬라의 2가지 주요 사업: 태양광 발전과 가정용 및 기업용 ESS

테슬라(Tesla)는 전력 생산부터 에너지 솔루션을 통해 '에너지 기업'으로의 확장을 본격화하고 있다. 테슬라 에너지 사업은 크게 태양광 발전과 에너지저장장치(ESS) 부문으로 나뉘며, 주요 제품은 태양광 발전 패널 솔라파워(Solar

| Tesla 솔라루프, 파워월, 파워팩, 메가팩

Power), 태양광 발전 패널을 접목한 지붕인 솔라루프(Solar Roof), 가정용 ESS 파워월(Powerwall), 산업용 ESS 파워팩(Powerpack), 발전소급 ESS 메가팩(Megapack), 에너지 거래 플랫폼 오토비더(Autobidder) 등 있다.

다. 테슬라 에너지 사업: 가정용 가상발전소(VPP) 사업,
전기 요금제 서비스 사업, 대용량 ESS 사업

가정용 가상발전소(VPP) 사업: 호주

가상발전소(Virtual Power Plant, VPP)는 분산된 발전 설비와 ESS 등의 에너지 자원을 클라우드 등을 활용해 하나의 발전소에서 전력을 수급하는 것처럼 통합 관리하는 시스템이다. 테슬라(Tesla)는 남호주 정부와 가정용 태양광

시스템 ESS를 설치하여서 VPP 구축 프로젝트를 추진 중이다. 2018년부터 추진 중인 동 프로젝트는 2022년까지 최소 5만 가구에 가구당 '가정용 태양광 패널(5Kw), 13.5kWh ESS(파워월 2), 스마트 미터(전력 생산 및 소비 모니터링) 시스템'을 설치하고 통합 관리한다.

2020년 9월부터 3단계 사업에 돌입하였으며, 현재 3,000여 개의 공공 주택에 태양광과 가정용 ESS를 설치하고 있다. 설치된 가정은 테슬라(Tesla)가 제공한 앱을 통해 에너지 생산량과 소비량을 실시간으로 모니터링 가능하다. 이번 VPP 프로젝트 완료 시, 남호주의 전기 인프라가 안정화되고, 전기 요금이 30% 정도 낮아질 것으로 전망한다.[107]

| 남호주 가정에 설치된 테슬라 솔라파워(태양광 패널), 파워월(ESS)

전기 요금제 서비스 사업(Tesla Energy Plan): 영국

2020년 10월 테슬라는 영국에서 '테슬라 에너지 플랜(Tesla Energy Plan)' 서비스를 출시했다.[108]

---

107 호주 Tesla VPP(Virtual Power Plant), https://www.tesla.com

108 영국 Tesla(TSLA) Energe Plan, https://www.electrek.co

'테슬라 에너지 플랜(Tesla Energy Plan)'은 ①테슬라의 솔라파워(태양광 패널)와 파워월(가정용 ESS)을 설치한 고객이나 ②테슬라 차량 소유자들이 가입할 경우, 영국 평균 전기 요금보다 훨씬 저렴한 요금을 부과한다. 예를 들어, 영국 평균 전기 요금: kWh당 14.40펜스(약 206원) 두 조건을 모두 충족시키는 고객의 전기 요금을 kWh당 8펜스(약 117원)로 테슬라 차량은 없지만 솔라파워와 파워월을 설치한 고객의 전기 요금은 kWh당 11펜스(약 161원)로 적용을 한다.

테슬라는 동 서비스 출시 이전인 2019년 5월 영국에 전기 공급자 면허를 신청하였으며, 유럽 대표 전력 거래소인 '이팩스 스팟(EPEX Spot)'에 회원사로 가입하여 본격적으로 유럽에서 에너지 사업을 추진한다. '테슬라 에너지 플랜(Tesla Energy Plan)' 외에도 테슬라는 전력 거래 서비스 또한 출시했다. 테슬라의 에너지 거래 플랫폼인 '오토비더(Autobidder)'를 통해 ESS에 저장된 잉여 전력을 피크타임 때 비싼 가격에 판매할 수 있도록 한다.

앞으로는 독일, 폴란드 등 유럽 전역으로 전기 요금제 서비스 사업을 확대할 계획이다. 2020년 7월 독일에서 설문조사를 진행하였는데, '테슬라 에너지 플랜(Tesla Energy Plan)'을 사용할 수 있다면, 테슬라의 태양광 시스템과 가정용 스토리지를 구매할 의향이 있는지 등의 내용이 포함한다. 또한, 폴란드에서는 관련 인력 채용에 나서고 있는 것으로 알려진다.

대용량 ESS 사업: 호주 및 미국

호주, 남부 혼스데일(Hornsdale) 풍력발전소와 연계한 150MW(193MWh) 파워팩을 구축했다.[109]

남호주에 대규모 정전 사태가 계속 발생하자 정부가 전력 안정화를 위해 추진한 프로젝트로 테슬라가 계약을 수주했으며, 프랑스 재생에너지 기업 네오엔(Neoen)과 함께 호주 남부 혼스데일 풍력발전소에 100MW(129MWh) ESS 파워팩을 구축했다. 당시 남호주 풍력발전소는 기상 영향을 많이 받아, 전기를 저장했다가 필요할 때 방출할 수 있는 ESS가 필수였다.

그 당시 일론 머스크는 "계약 후 100일 안에 배터리를 완공하지 않으면 모든 구축 비용을 무료로 공급하겠다"라고 언급하며, 3달 만에 완공했다. 이 프로젝트

| 남호주 혼스데일 ESS 프로젝트

를 통해 남호주 지역에는 안정적인 전력망이 형성될 수 있었고, 특히 '오토비더(Autobidder)'를 이용한 잉여 전력 거래가 가능하게 되면서 시설 운영 첫해에만 약 U$ 5,000만을 절약했다. 이와 같은 성과로 2020년 3월 남호주 정부가 증설을 요청하여, 50MW 파워팩을 추가로 설치했다.

---

* 파워팩: 테슬라의 산업용 ESS로, 랙(Rack)과 캐비닛(Cabinet)을 결합한 형태의

109   남호주 Tesla(Battery), https://www.abc.net.au

모듈케이스에 16개의 리튬이온 팩을 내장한 구조이다. 이것은 최대 2.15MWh의 저장 용량과 1.1MW의 출력 용량을 가진다.

호주, 빅토리아주 300MW(450MWh) 메가팩 구축을 했다

프랑스 신재생에너지 기업 네오엔(Neoen)과 450MWh 대용량 ESS인 메가팩을 호주 빅토리아주 질롱시에 테슬라 메가팩(3MWh) 150대가 설치될 계획을 했다. 이는 30분간 50만 가

| 호주, 빅토리아주 메가팩 구축

구에 전력공급용량이었다. 릴리 담브로시오(Lily D'Ambrosio) 빅토리아주 에너지 · 기후 변화 장관은 "빅토리아는 대용량 ESS를 확보함으로써, 석탄화력발전에서 재생에너지로의 발걸음을 내디뎠다"라고 언급했다.

———

* 메가팩: 테슬라의 발전소급 ESS로 파워팩의 전기 에너지저장 용량과 성능을 확장한 모델로 최대 3MWh의 저장 용량과 1.5MW의 출력 용량을 갖는다.[110]

미국, 캘리포니아 182.5MW(730MWh) 메가팩 구축에 했다

최근 미국 서부 전력회사인 PG&E가 캘리포니아 모스랜딩(Moss Landing)에서 ESS를 구축 중으로, 2020년 7월부터 구축을 시작하여 2021년 2분기에 가동되었다. 이는 2018년 PG&E가 규제 당국에 제

———

110 호주 빅토리아주 Tesla(Megapack), https://www.teslarati.com/

출한 총 570MW에 달하는 4개의 ESS 프로젝트 중 하나였다.[111]

총 저장 용량은 730MWh로 테슬라 메가팩이 무려 256개가 투입될 계획, 이는 테슬라 모델3(50kWh) 스탠다드 1만 4,600대 분량의 배터리가 탑재된 것과 같은 수준이었다. 미국 전기·가스 공급 업체인 PG&E의 퐁 완(Fong Wan) 에너지정책 및 조달 담당 부사장은 "ESS는 화석 연료에 대한 의존도를 줄이면서 재생 가능한 자원을 통합하여, 전기 그리드 효율성과 신뢰성을 향상하는 데 필수적"이라고 언급했다.

핵심 웨이브

○ 테슬라 에너지 사업(Tesla Energy Business), 미국

주요내용

a. 목표 : 전기 자동차와 태양열 발전을 통해 얻을 수 있는 지속 가능한 운송 및 에너지로의 전환
 - 2003년 7월 마틴 에버하드(Martin Eberhard) 와 마크 타페닝(Marc Tarpenning)에 의해 Tesla Motors로 통합
 - 2004년 2월 650만 달러의 투자를 통해 일론 머스크(Elon Musk)는 회사의 최대 주주
 - 자회사인 Tesla Energy를 통해, 이 회사는 태양광 시스템을 개발

b. '일론 머스크'가 밝힌 테슬라(Tesla)의 미래 : 전력 생산부터 소비까지 가치사슬 전반에서의 '재생 에너지로 전환'
 - 전력 인프라 구성(태양광+ESS+전기차)에 박차를 가해서
 - "**향후 몇 년 내** 에너지 사업은 전기차 사업 부문만큼 커질 것"이라고 언급
 - 테슬라 에너지 사업
   . 가정용 가상발전소(VPP) 사업 : 호주
   . 전기 요금제 서비스 사업 (Tesla energy plan) : 영국
   . 대용량 ESS 사업 : 호주 및 미국

신기술의 방향성

---

111   미국 캘리포니아주 Tesla(Megapack), https://www.electrek.co

엘지(LG CNS), Factova(팩토바)를 통한 공장 지능화

엘지(LG Corporation)는 1947년 구인회에 의해 '럭키 화학 공업 주식회사'로 설립되었다. 이후 1952년에 한국 기업 최초로 플라스틱 산업에 진출했으며, 회사가 플라스틱 사업을 확장함에 따라 1958년 주식회사 금성(현 LG전자)을 설립했다. 이후, 1983년 럭키와 골드스타가 합병해 럭키 금성사가 되었다. 오늘날 엘지(LG Corporation)는 대한민국의 다국적 대기업 기업으로 한국 서울 영등포구 여의도동 LG 트윈타워에 본사가 있다.[112]

엘지 씨엔에스(LG CNS)는 1987년 설립된 LG Corporation의 자회사로 컨설팅, 시스템 통합, 네트워크 통합, 비즈니스 프로세스 아웃소싱 및 정보 기술 아웃소싱 을 포함한 정보 기술 서비스를 제공한다. 원래 LG CNS는 LG그룹의 컴퓨터 네트워크 시스템을 설계, 개발, 운영하는 등 컴퓨터 엔지니어링에만 집중했다. 이후, 다른 민간단체와 정부로 목표 고객을 확대하면서 오늘날 글로벌 개발 센터를 운영하는 세계 시장에 집중하고 해외 자회사도 보유하고 있다. 현재 LG CNS는 "국내 최대 IT 서비스 사업자로서 다수의 대규모 공공 IT 인프라 사업을 추진하며 한국 정부의 e-Korea 주도에 큰 역할을 했다"라고 밝혔다.

---

112 미국 비즈니스와이어, https://www.businesswire.com/

가. LG CNS, Smart Factory: Factova(팩토바)로

공장 자동화를 넘어 공장 지능화(한국)

Factova(팩토바)는 공장(Factory)과 가치(Value)의 합성어로 실시간 자율 운영 공장 구현을 위한 차별화된 고객가치를 제공한다는 의미를 담고 있다. 초연결화, 초자동화, 초지능화 등 제조업 패러다임 변화에 빠르게 대응한다. AI, 빅데이터, IoT 등 최신 IT 기술 적용해 '공장 자동화'에서 '공장 지능화'로 업그레이드한다. 스마트 팩토리 구축을 위한 통합된 표준 개발 및 운영 환경인 제조 ICT 플랫폼이다.[113]

팩토바는 전체 밸류체인(상품기획 · 제품 설계, 협력사의 부품 공급, 생산 운영, 물류, 환경 · 안전 · 에너지)의 데이터 통합과 디지털 테크놀로지를 접목하여 제조 경쟁력(퀄리티, 코스트, 딜리버리)을 극대화하는 자율 운영 팩토리 플랫폼이다.

주요 기능은 정보 수집과 정보화 · 지능화를 통한 실시간 제공역할을 한다. 실제로 Factova는 제조 전체 밸류체인에서 발생하는 데이

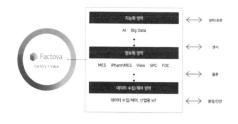

터를 설비나 센서로부터 직접 수집한다. 이를 기반으로 정보화 솔루

---

113   LG CNS Factova, https://www.lgcns.com

션, 지능화 솔루션을 쉽고 빠르게 구축 및 운영하며 현장을 실시간으로 모니터링 및 제어하기 위한 표준 환경을 제공한다.

나. Factova(팩토바) 차별화

최적화된 스마트 팩토리 환경을 제공하기 위해 '그룹 차원 결합'한다

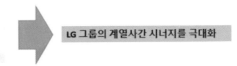

1. 다양한 현장에서 검증된 노하우에 대한 즉시 도입 및 활용을 할 수 있다.

2. 모듈화를 통해 변화 주기가 빨라진 생산 라인에 대응 가능한 유연성을 제공한다.

3. 사용자 중심의 시스템 구성으로 업무 효율성 극대화를 달성한다.

4. OPC UA 외 다양한 프로토콜과 ISA-95 국제 표준을 준수하여
데이터 통합성 강화했다.

The ISA-95 Framework

Factova(팩토바) 개별 솔루션

LG CNS Smart Factory 의 제조 ICT 플랫폼 'Factova(팩토바) Solution'

Factova MES(Manufacturing Execution System)는 통합관점의 공장 생산 및 운영을 위한 생산실행 시스템이며, Factova iPharmMES는 제약 산업의 엄격한 규정을 쉽고 편리하게 관리하기 위한 제약산업 특성화 MES이다. 또한, Factova View는 다양한 산업 현장의 실시간 모니터링 및 제어를 위한 시스템이며, Factova SPC(Statistical Process Control)는 생산 품질 향상을 위한 통계적 품질 관리 시스템이며, Factova Lync은 생산 · 물류 · 환경 설비와 상위 시스템 간의 쉽고 빠른 데이터 연계를 위한 Gateway 솔루션이다.

Factova Connector는 제조 현장의 통신 표준화 가속화를 위한 통신 프로토콜 드라이버이며, Design Navigator는 기구 · 회로의 설계의 모든 과정의 가이드를 제공하는 지식 기반의 설계 자동화 시스템이다. 마지막으로 Factova Control은 제조 현장의 쉽고 빠른 제어를 위한 PC 기반의 제어 솔루션이다.

LG CNS의 Factova Control이란?

제조 현장의 다양한 설비에 대해 전문 프로그래밍 지식이 없어도, 쉽고 빠르게 제어시스템을 구축할 수 있는 스마트 팩토리 솔루션이다. 인공지능(AI), 빅데이터, 사물인터넷(IoT) 등 최신 IT 기술을 탑재한 통합 스마트 팩토리 플랫폼 '팩토바(Factova)'는 제조 정보화, 지능화 솔루션을 쉽고 빠르게 적용할 수 있는 표준화된 개발 및 운영 환경을 제공하는 '제조 ICT 플랫폼'이다. 나아가, 팩토바는 산업 IoT 기술로 실시간으로 데이터를 수집해 이상 징후를 실시간으로 파악하고 즉각적인 대응이 가능케 해준다. 또한 팩토바는 LG CNS AI 빅데이터 플랫폼 'DAP'의 딥러닝을 통해 품질검사의 정확도를 99.7%까지 개선하는

등 생산 효율을 극대화할 수 있다.[114]

By https://www.lg.com, 한국

○ 엘지씨엔에스 (LG CNS), Factova(팩토바)를 통한 공장 지능화, 한국

주요내용

a. 목표 : Factova(팩토바)는 실시간 자율 운영 공장 구현으로 차별화된 고객가치를 제공
- 회사소개 : LG는 구인회에 의해 1947년 창립하여, 1987년 LG 자회사 엘지 씨엔에스(LG CNS)로 정보기술 서비스제공
- 비전제시 : 'Digital Growth Partner'를 비전으로 **DX 신기술**을 바탕으로 4차 산업혁명 시대의 디지털 혁신.

b. **LG CNS의** Factova Control **이란?**
- 인공지능(AI), 빅데이터, 사물인터넷(IoT) 등 최신 IT 기술을 탑재한 **통합 스마트팩토리 플랫폼**
"팩토바(FACTOVA)"는 제조 정보화, 지능화 솔루션을 쉽고 빠르게 적용할 수 있는 표준화된 개발 및
운영 환경을 제공하는 **"제조 ICT플랫폼"입니다**
- 팩토바는 LG CNS AI 빅데이터 플랫폼'DAP'의 딥러닝을 적용했다.

신기술의 대항성

---

114   LG CNS Factova Control, https://www.lgcns.com/

Chapter B

AI 플랫폼 기반의
가상 현실 기술

프롤로그(Prolog)

||||||||||||||||||

오늘날 전 세계적으로 AI 플랫폼 기반의 가상현실기술 연구가 진행되고 있다. 특별히, 미국의 스탠퍼드대학교 연구원은 인공지능을 사용하여 더 나은 가상현실 경험을 실험하고 있다. 하드웨어 및 소프트웨어 엔지니어링의 교차점에서 연구원들은 가상 및 증강현실기술을 위한 3D 디스플레이를 개선하기 위한 새로운 기술을 개발하고 있다.[115]

스탠퍼드대학교 앨리슨 가스파리니(Allison Gasparini)는 가상 및 증강

---

115   USA, Stanford University, 2021.11.12, https://www.stanford.edu

현실 헤드셋은 착용자를 다른 환경, 세계 및 경험에 직접 배치하도록 설계하였다. 이 기술은 이미 몰입형 품질로 소비자들 사이에서 인기가 있지만, 홀로그램 디스플레이가 실제 생활과 훨씬 더 흡사하게 보이는 미래가 있을 수 있다. 이러한 더 나은 디스플레이를 추구하기 위해 스탠퍼드 이미지 연구실(Stanford Computational Imaging Lab)은 광학 및 인공지능에 대한 전문지식을 결합했다. 이 연구의 핵심은 현재의 증강현실 및 가상현실 디스플레이가 실제 세계에서 보는 것과 같은 3D 또는 홀로그램 이미지 대신 2D 이미지만 시청자의 눈에 표시한다는 어려움에 직면하게 되었다. "그들은 지각적으로 현실적이지 않습니다"라고 스탠퍼드대학교 부교수이자, 이미지 연구실(Stanford Computational Imaging Lab)의 리더인 고든 웨츠스타인(Gordon Wetzstein)이 설명했다. 웨츠스타인(Wetzstein)과 그의 동료들은 시각적으로 더 매력적이고 눈에 더 쉽게 보이는 디스플레이를 만드는 동시에 시뮬레이션과 현실 사이의 이러한 틈새를 메울 솔루션을 찾기 위해 노력하고 있다.

웨츠스타인(Wetzstein)은 "인공지능(AI)은 엔지니어링의 거의 모든 측면과 그 이상에 혁명을 일으켰습니다. 그러나 홀로그램 디스플레이 또는 컴퓨터 생성 홀로그래피의 특정 영역에서 사람들은 AI 기술을 탐구하기 시작했을 뿐입니다"라고 전했다. 또한, 그는 가상 및 증강현실과 함께 새로운 인공지능 기술의 이러한 결합이 앞으로 여러 산업에서 점점 더 보편화될 것이라고 믿고 있다. 나아가, 웨츠스타인(Wetzstein)은 "저는 웨어러블 컴퓨팅 시스템과 일반적으로 AR 및 VR의 미래를 굳게 믿고 있으며 이들이 사람들의 삶에 혁신적인 영향을 미칠 것으로 생각한다"라고 말했다. 앞으로 몇 년 동안은 그렇지 않을 수도 있지만, 증강현실이 큰 미래의 방향이라고 믿고 있다. 또한, 증강 가상현실은 현재 주로 게임과 관련되어 있지만, 미래에는 다양한 분야에서 잠재적으로 사용될 수 있다.

지엠(General Motors, GM)의 신모빌리티 얼티엄(Ultium) 플랫폼

미국 미시간주 디트로이트에 본사를 둔 지엠(General Motors Company, GM)은 미국을 비롯한 다국적 자동차 제조 회사다. 윌리엄 듀랜트(William C. Durant)의 미시간주 플린트에 소재한 듀랜트-도트 마차 회사(Durant-Dort Carriage Company)는 1900년까지 미국에서 가장 큰 마차 제조업체가 되었다. 듀랜트(Durant)는 자동차를 싫어했지만, 1908년 지주 회사로 General Motors Company를 설립했다. 그는 이사회의 승인을 받아 Ford Motor Company 인수를 시도했지만, 추가로 200만 달러가 필요했다. 듀랜트(Durant)는 이러한 인수 과정에서 GM을 과도하게 활용했으며 1910년 GM의 사업 유지를 위해 대출을 지원한 은행가들의 요청으로 이사회에서 해임되었다. 은행가들의 행동 배경은 1890년의 셔먼 독점 금지법의 초기 시행에 뒤이은 1910~1911년의 세계 대공황에 부분적으로 영향을 받았다. 이후 GM은 1916년 디트로이트에서 General Motors Corporation으로 재편입되었고, IPO(Initial Public Offering, 상장을 위한 기업공개 절차)를 통해 상장회사가 되었다.

오늘날, GM은 미국에서 최대 자동차 제조사이었으나, 2008년 도요

타에 1위를 잃을 때까지 77년 동안 세계 최대 자동차 제조사였다. 세계 8개국에서 제조 공장을 운영하고 있으며, 4대 핵심 자동차 브랜드는 쉐보레(Chevrolet), 뷰익(Buick), GMC 및 캐딜락(Cadillac)이 있다. Bright Drop은 회사의 배달 중심 서비스이다. GM 디펜스는 미 국방부와 국무부를 위한 군용 차량을 생산한다. 여기서는 온스타 차량 안전, 보안 및 정보 서비스를 제공한다. GM은 2040년까지 탄소 중립을 달성하기 위한 계획의 일환으로 하이브리드 자동차 및 플러그인 하이브리드를 포함하여 내연기관을 사용하는 자동차의 생산 및 판매를 2035년까지 중단할 계획과 신모빌리티 플랫폼 기반 새로운 기업 비전을 발표했다.

가. New 로고 론칭

전기차 라인업 및 온라인 서비스 등 미래 방향성을 제시했다. 2014년 이후 GM CEO, 메리 바라는 지난 몇 년간 수익성이 낮은 사업장을 중심으로 대대적인 사업구조조정을 단행하여 확보한 재원을 전기차·자율주행기술 등 미래에 공격적으로 투자할 것을 발표했다.[116]

2016년 크루즈(자율주행) 인수, 리프트(라이드 헤일링) 투자, LG화학과 배터리 공동 투자를 진행했다. 제너럴 모터스(GM)의 메리 바라 회장

---

116 미국, GM, Ultium Planform, https://www.youtube.com/watch?v=wlB9QJzXBxM

이 열린 세계 최대 기술 전시회 'CES 2022'에서 GM의 차량 기술 로드맵을 공유하고 전동화의 가속화로 사회가 맞이하게 될 변화에 대한 청사진을 제시했다.

나. 새로운 전기차 플랫폼: 얼티엄 플랫폼(Ultium)

최근 패스트컴퍼니의 미래기술에 선정된 얼티엄 플랫폼은 GMC 허머 EV 에디션1 픽업트럭과 초도 물량을 인도를 완료한 브라이트드롭 EV600, 그리고 캐딜락 리릭(LYRIQ) 등에 탑재가 된다. 바라 회장은 "GM은 미래 성장 전략을 시행함에 따라 다음 세대를 위해 더 나은 미래를 만들 기회를 거듭 발견하고 있고 이에 따른 책임감을 느끼고 있으며, 이것이 바로 '얼티엄 효과'"라고 강조했다.[117]

기존 GM의 전기차 플랫폼 대비 가격과 성능을 1단계 향상시킨 얼티엄(Ultium) 플랫폼을 통해 미래 포트폴리오 구성 및 전기차 시대 주도를 할 것을 발표했다. GM은 LG화학과 함께 미국 오하이오州에 배터리 생산기지 합작 설립과 기존 배터리보다 60%가량 에너지 밀도가 향상된 NCMA 타입의 표준화된 배터리를 대량 생산할 예정이다.

이것은 1회 충전으로 450마일 이상 주행이 가능하며, 기존과 비교해 40%의 원가절감, 25%의 중량 감소할 수 있다. 세계 최초 와이어

---

117 GM, Ultium Batteries, https://www.gm.com

리스 무선 BMS(배터리 관리시스템) 적용을 통해 배선의 90% 절감할 수 있다. 리튬메달 배터리 개발을 통해 니켈과 코발

| GM 얼티엄 배터리셀과 3종의 얼티엄 플랫폼

트 사용을 더욱 줄이고 60%의 원가절감이 가능하다. 또한, 1회 충전 주행거리 500~600마일 언급하였으며, 시간당 4.5테라바이트의 데이터 처리가 가능한 VIP(Vehicle Intelligence Platform, 기존 차량의 5배 처리 속도)를 개발할 것이며, 2023년까지 전 차종 적용을 발표했다.

다. GM의 커넥티드 서비스: 울티파이(Ultifi)

GM은 Ultifi 고객경험(Customer Experience, CX) 플랫폼을 통해 온라인 차량 구매 및 예약, 충전 및 유지 보수 서비스 연동, 어플리케이션 및 개인화 서비스 제공한다. 10분 충전으로 90마일 주행 가능한 얼티엄 플랫폼의 홈차징(Home Charging) 및 급속 충전소 맵 제공서비스를 제공한다.

미래에는 개인 주행 정보 분석을 통해 단기 보험상품이나 개인화 보험상품 제시 예정이며, GM 캐딜락의 슈퍼 크루즈 주행 보조 시스템(Advanced Driving Assistant System, ADAS)은 테슬라 오토파일럿보다 좋은 평가를 획득했다.

| GM 울티파이(Ultifi) 제공서비스

라. GM 미래 전기차 라인업

얼티엄 플랫폼 3개 아키텍처
로 세단, SUV, 픽업트럭 등 다
양한 차종에 적용, 자사 브랜
드(쉐보레, 뷰익, GMC, 캐딜락)에 플
랫폼 공용화한다. 소셜 스페이

| 캐딜락 e-vtol, Halo 콘셉트

스 캐딜락 Halo 콘셉트와 도심형 수직이착륙기(e-vtol: electrical vertical
take-off and landing) 콘셉트 통해 자율주행기반 미래 모빌리티도 대비
중임을 어필했다.[118]

브라이트 드롭(물류 서비스)

GM은 전기차 기반 물류 서비스인 브라이트 드롭을 소개하며 신사
업 진출 선언했다. 기본 운송 단위 EP1은 시속 3마일로 택배원을 따
라다니는 소형 보조 전기차량이며, 각 91kg의 물건을 실어 나르거나
여러 대를 연결해 운용할 수 있다.[119]

GM은 페덱스와 협력을 통해 EV600, EP1을 활용한 파일럿 물류 스테
이션을 도입해 물류량이 25% 늘어나는 것을 확인했으며, 파일럿2 운영
예정이다. 브라이트 드롭 서비스를 출시해 마일당 물류비용을 혁신하고,
이산화탄소 배출을 크게 줄여 지속 가능성을 높일 것으로 기대한다.

---

118 GM 캐딜락 e-vtol, https://www.youtube.com/watch?v=EQ5iJnctzLE

119 GM 브라이드 드롭, https://www.youtube.com/watch?v=rrqUXTGeP4E

| 드롭 로고와 EP1, EV600

자율주행기술기업 크루즈

GM의 자율주행기술 개발을 담당하는 크루즈는 샌프란시스코에서 최초로 '무인' 자율주행차 운영에 성공하며 기술력 과

| GM 크루즈 오리진, 크루즈-월마트 협력

시했다. 크루즈는 2016년 GM이 다수 지분을 인수한 자율주행 기술 스타트업이며, 2020년 초반에 목적기반 자율주행차(Purpose-based Vehicle, PBV) 'GM크루즈 오리진'을 발표했다. 샌프란시스코에서 무인 자율주행 시험 중이던 차량을 재배치해 팬데믹 동안 음식 배달 목적으로 활용하며, 14만 건의 음식 배달에 성공했다.

핵심 웨이브

By https://www.gm.com , 미국

○ 지엠(General Motors, GM), 신모빌리티 얼티엄(Ultium) 플랫폼, 미국

주요내용

a. 목표 : New 로고 론칭과 함께 얼티엄(Ultium) 플랫폼
- 회사소개 : 1908년 창립, 미국 미시간주 디트로이트에 본사
- 비전제시 : 2021년 GM은 2040년 까지 탄소 중립을 달성하기 위한 비전 발표(21.1.12)

b. 새로운 전기차 플랫폼 : 얼티엄 플랫폼(Ultium)
- GM의 커넥티드 서비스 : 울티파이(Ultifi) : 온라인 차량 구매 및 예약, 충전 및 유지보수 서비스 연동, 어플리케이션
- GM 미래 전기차 라인업 : 소셜 스페이스 캐딜락 Halo와 도심형 수직이착륙기 통한 **자율주행기반** 미래 모빌리티
- 브라이트 드롭(물류서비스) : GM은 전기차 기반 물류서비스인 브라이트 드롭을 소개하며 신사업 진출 선언
- 자율주행기술기업 "크루즈" : '무인' 자율주행차 운영에 성공하며 기술력 과시했다.

포스코 DX(POSCO DX) 스마트 솔루션 'IXOTIVE'

POSCO 포항제철소에서 1979년 효삼콘트롤㈜로 시작해서, 이후 회사는 1989년 11월에 포스데이터㈜와 M&A로 포스코 계열의 IT& 엔지니어링 전문기업으로 포스코 DX로 설립되었다. 주요 사업은 엔지니어링, 프로세스 오토메이션, IT 서비스, 스마트 그리드 등이 있다. 포스코 DX는 IT와 EIC 엔지니어링 기술을 융합한 컨버전스 기술을 다양한 산업 현장에 적용해 더 스마트한 세상을 만들어 간다.

특히 제조 현장에 산업용 IoT를 적용해 모든 설비와 기계들이 스스로 정보를 주고받아 모든 공정을 한눈에 모니터링하고 자동으로 제어되는 스마트 팩토리를 구

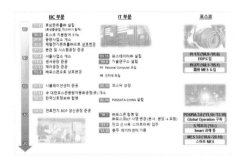

현한다. 또 풍부한 경험과 축적된 기술력을 바탕으로 컨설팅에서부터 시스템 구축, IT 아웃소싱에 이르기까지 고객 환경에 최적화된 글로벌 수준의 DX 서비스를 제공한다. 한정된 에너지를 효율적으로 활용하기 위해 산업 현장과 빌딩에 에너지 관리시스템을 적용했다. 또 스마트빌딩, 시티 구축에 이어 공항, 도로 등 SOC 분야의 첨단 솔루션

을 제공한다.[120]

포스코 DX가 '포스트 코로나(Post-Corona)' 시대에 대응해 AI, Big Data, IoT 기반의 스마트 솔루션들을 개발해 공급하고, 솔루션을 대표하는 통합브랜드 'IXOTIVE(아이소티브)'를 출시하는 등 본격적인 사업화에 나서고 있다. 또한, 국내 최초로 스마트 팩토리를 추진하는 과정에서 확보한 기술과 노하우를 기반으로 스마트 팩토리 플랫폼을 개발했으며, 이를 활용해 본격적인 사업화에 나섰다. 이와 함께 사무자동화 솔루션 RPA(Robotic Process Automation), AI 기반의 기업 부실 예측 및 신용평가, 안면인식 등의 분야에서 개발한 '언택트' 솔루션도 본격 추진했다.

솔루션 통합브랜드 'IXOTIVE'는 IT(Information Technology, 정보통신기술)와 OT(Operation Technology, 현장 설비 제어 기술)를 융합해 고객에게 새로운 가치와 가능성을 제공한다는 의미를 담았다. 스마트 팩토리 등 4차 산업혁명이 확산하면서 IT 기술뿐만 아니라 생산 현장의 설비를 직접 제어하는 OT 기술의 중요성이 강조됨에 따라 두 기술의 융합을 했었다. 2023년에는 새로운 글로벌 기술과 POSCO Group이 나아갈 '등대공장(Lighthouse factory)' 비전을 펼칠 수 있는 사명개정을 했다. 특히, 포스트(POST) 코로나 이후에 디지털 트랜스포메이션(DX)을 통한 산업 기술의 디지털라이제이션(Digitalization)을 선포했다. 이를 통해서 기존

---

120 POSCO DX, https://www.poscodx.com

제철분야와 4차산업에 대한 스마트 팩토리를 넘어서 AI, Big Data, Digital Twin, Metabus, Robotice 등 기술로 전환하기 위한 글로벌 스마타이제이션(Smartization)사업을 확대할 것을 표명했다.

대표 솔루션은 스마트 팩토리다. 포스코 DX는 포스코와 함께 스마트 팩토리 플랫폼 'PosFrame(포스프레임)'을 기반으로 세계 최초로 제철소 스마트 팩토리를 성공적으로

추진해 왔다. 그 결과, 세계경제포럼(WEF)이 선정하는 '등대공장'에 국내 기업으로는 처음 포스코가 선정되었다. 또한, 국내 최대 비철금속 기업인 LS-Nikko 동제련, 목재 기업인 동화기업의 스마트 팩토리를 추진했고, 최근에는 효성그룹과 협력해 화학, 중공업 등으로 확산을 추진하고 있다.

최근, 현장 설비의 지능화를 위한 Smart PLC인 PosMaster(포스마스터)와 음성인식을 통해 설비를 제어하는 'VoRIS(보리스)'를 개발하는 등 솔루션 포트폴리오를 더욱 다양화했다. 단순 반복적인 사무업무를 자동화하는 RPA(Robotic Process Automation) 솔루션은 금융, 제조, 유통 등 산업별 파트너와 협력을 통해 공급을 확대하고 있다. AI 기반의 기업 부실 예측 및 신용평가 솔루션 'CREDEX(크레덱스)'는 기업의 재무, 비재무 데이터를 실시간 수집, 분석해 채무상환 및 자금조달 능력을 사전 예측함으로써 부실이 발생하기 전에 고객에게 정보를 제공해 주는

서비스다. 코로나19로 인한 기업 경영의 불확실성이 증가하고 있는 만큼 기존 신용정보 서비스의 한계를 극복할 수 있도록 한층 업그레이드함으로써 기업 리스크 관리에 최적화했다는 평가를 받고 있다.

포스코 DX 기술개발센터 문용석 전무는 "포스트 코로나(POST COVID)를 대비해 AI, Big Data 등 IT 기술과 도메인 역량이 집약된 스마트 솔루션의 포트폴리오를 마련하고, 고객의 디지털 트랜스포메이션을 지원하는 한편 회사 차원에서는 새로운 성장동력을 만들어 나갈 것"이라고 말했다.[121]

가. 스마트 팩토리 플랫폼 'PosFrame(포스프레임)'

PosFrame(포스프레임)은 생산 현장의 정형·비정형 데이터를 실시간으로 수집하여, 데이터에 기반한 분석과 AI를 활용하여 최적으로 제어할 수 있는 스마트 플랫폼이다. PosFrame은 중후 장대, 연속공정의 세계 최초이자 가장 앞선 플랫폼으로 클라우드 기반으로 제공한다. 특별히, 실시간 데이터 기반 의사결정 지원 체계 하는데, 다양한 IoT 센서에서 발생한 데이터의 실시간 수집-분석-제어

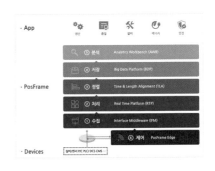

---

121   한국, POSCO DX, IXOTIVE, https://www.poscodx.co.kr

기능을 통하여 데이터 기반 의사결정을 지원한다. 또한, 스마트 팩토리 IT 신기술 All-In-One 플랫폼을 구성했다. IoT, Big Data, AI 등 IT 신기술 기반의 실시간, 무중단 스마트 팩토리 통합 플랫폼으로, 미래 IT 신기술을 지속해서 적용하고 있다.

마지막으로, 연속공정에 성공적 적용, 산업 전 분야루 확장되i 있다. 고속 연속공정에서 단위 설비·공정 발생 대용량 데이터를 수평-수직적으로 분석하여 전후(前後) 공정 간 추적 분석, 관리가 가능하다. 생산 소요시간 단축, 품질확보, 설비 효율 향상, 에너지 최적화, 선제적 안전관리 등 산업 전 분야에 활용할 수 있다.[122] 포탈(Smart Factory Portal) 기능으로 스마트 App을 손쉽게 제공하는 앱 스토어와 실시간 생산 현황 지표를 한눈에 확인하고 개인 맞춤형 지표, 차트 및 대시보드를 제공하는 3D 공장 Layout을 제공한다.

주요 사례

생산 분야에서 Lead-time을 단축해 주는데, 고로 출선 예측, Cokes 품질 예측, 소결강 강도 예측 등 AI 기반 조업 모델링 및 조업 Trouble 재현 및 원인 분석(제어 Data+영상정보 동기화 분석)을 지원한다. 또한, 조업자 직관의 수동 조업 자동화, 설비 자동 제어(가이드) 및 영상 분석 기술을

---

122 PosFrame(포스프레임), https://www.poscodx.com

통한 조업 정확도 제고(제품번호 인식, Coil 적재 시 센터링 등)에 활용된다. 또한, 설비 효율 향상을 제공한다. 특별히 Smart Sensor(Torque, 초음파, Laser, 영상 등)를 활용한 설비상태 실시간 감지와 최적 성능 유지를 위한 설비 정비 시기 예측(압연설비, 제어설비, 전기설비 등)을 가능하게 한다. 마지막으로 설비상태+운전+환경 Data의 AI 분석으로 설비 제어 수식모델 정보를 향상시켜 준다. 이 외에 에너지 최적화 기능과 안전 선제적 안전관리에 활용된다.

나. Smart PLC인 PosMaster(포스마스터)

철강, 제조 공장 자동화 및 산업 현장 설비시스템의 디지털화를 추진해 온 포스코 DX만의 Know-how를 기반으로 탄생하였다. 산업 현장의 자동화 시스템에서 요구되는 핵심 기능 (PLC, HMI) 통합을 할 수 있는데, 이것은 IPC 기반의 제어시스템(Smart Controller)이라 한다. PLC는 국제 표준에 맞춰 프로그래밍하고, 표준 통신 프로토콜에 따른 I/O 인터페이스를 유연하게 구성이 되었다. HMI은 사양에 따라 분리할 수 있으며, 다양하게 발생하는 데이터들을 가시화하여 사용자가 원하는 형태의 HMI를 구현할 수 있다. Data 수집은 다양한 대용량 데이터들을 시간에 따라 정확히 측정, 기록, 수집, 저장 및 분석할 수 있다.

전체는 PosMaster-PLC와 PosMaster-HMI로 구성되며, 동일한 플랫폼에 Modular 구조로 구현한다. PosMaster의 PLC와 HMI는 고속으로 대용량이 I/O 데이터

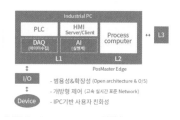

를 처리하며, 이중화에 의한 안정적인 시스템 운영을 지원한다. 먼저, PosMaster-PLC는 Multi-core CPU를 탑재한 고성능의 IPC 사용으로 자동화에 필요한 다양한 기능과 Edge 컴퓨팅 지원이 가능하다. 또한, 국제산업표준(IEC61131-3)에 준거하여 기존 PLC와 동일한 언어 사용이 가능하다. 둘째로, PosMaster-HMI는 검증된 오픈 소스(EPICS) 기반으로 개발하였으며, 편리한 화면 작성, API 기반 기능 통합, 데이터 수집, Trend Alarm 기능을 구현하여 기존 고가의 외국 HMI 개발 Tool을 대체할 수 있다.

최종적으로 Smart PLC인 PosMaster(포스마스터) 장점은 최적의 Smart Factory 환경 구현을 위해 동일한 플랫폼에 Modular 구조로 구현한다. PosMaster의 PLC와 HMI

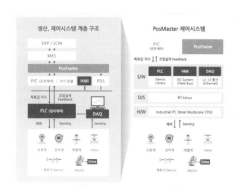

는 고속으로 대용량의 I/O 데이터를 처리하며, 이중화에 의한 안정적인 시스템 운영을 지원한다. 이로 인해서, 효율적인 비용절감 효과를

주는데, 오픈 소스 기반의 SW 중심 제품으로, 어떤 H/W에도 탑재 가능한 유연성을 지니고 있다. 하나의 CPU에 여러 개(최대 4개)의 제어기 통합구성으로 별도의 H/W 구매 비용 절감이 가능하다. 또한, 풍부한 레퍼런스 기반 특화된 서비스를 제공하는데, 철강 공정제어 엔지니어링의 풍부한 경험을 기반으로 특화된 Library를 제공하고, 엔지니어링 기간을 단축한다. 또한 특정 Maker에 종속되지 않는 Remote I/O와 다양한 필드 통신을 제공하여 범용성을 확보한다. 마지막으로 안정적인 O&M 서비스를 제공하는데, 리눅스 OS로 Windows 형태의 바이러스에 잘 감염되지 않아 보안성이 우수하다. 프로그램 수정 시에는 자체 Simulation, Trend, Visualization 기능을 활용하여 사전 검증이 쉽다.

다. Vision AI

Vision AI는 얼굴 이미지 탐지 후 등록 사진과 비교, 식별하여 출입관리, 신용인증 등의 서비스를 제공하는 AI 기반의 얼굴인식 영상처리·분

석 플랫폼 솔루션이다. 높은 인식률과 정확도는 물론, 블록체인 기반의 강력한 보안성도 제공하여 출입관리뿐만 아니라 신용인증, 안전관리 등 다양한 분야 서비스로 확장할 수 있다. 코로나19로 인해 확산세에 있는 '언택트' 솔루션도 한 축이다. AI 기반의 안면인식 솔루션

'FaceRo(페이스로)'는 마스크를 착용한 상태에서 0.5초 만에 얼굴을 탐지, 인증할 정도로 빠른 처리 속도와 정확도를 자랑한다. 출입시스템 이외에도 식당, 카페에 적용되는 결제 시스템이나 교육 출결, 각종 시스템 로그온 등으로도 활용할 수 있다.[123]

핵심 웨이브

○ **포스코 DX(POSCO DX), 스마트 솔루션 IXOTIVE(아이소티브), 한국**

주요내용

a. 목표 : **IT 와 EIC 엔지니어링 기술을 융합한 컨버전스 기술**
- 회사소개 : POSCO 포항제철소에서 1979년 효삼콘트롤(주)로 시작해서, 1989년 11월에 포스코 계열의 IT & 엔지니어링 전문기업으로 설립.
- 비전제시 : 포스트 코로나(Post-Corona)' 시대에 대응해 AI, Big Data, IoT 기반의 스마트 솔루션들을 개발해 공급.

b. 솔루션 통합브랜드 '**IXOTIVE(아이소티브)**',
- IT(Information Technology, 정보통신기술)과 OT(Operation Technology, 현장 설비 제어기술)를 융합을 제공
- 포스코 DX는 포스코와 함께 스마트팩토리 플랫폼 'PosFrame(포스프레임)'을 기반으로 세계 최초로 제철소 스마트팩토리를 성공적으로 추진 그 결과, 세계 경제포럼(WEF)이 선정하는 '등대공장'에 지정됨.
- 현장 설비의 **지능화**를 위한 **Smart PLC**인 PosMaster(포스마스터)와 음성인식을 통해 설비를 제어하는 'VoRIS(보리스)'를 개발하는 등 솔루션으로 사업의 다양한 확대로 디지털 트랜스포메션(DX)을 진행한다.
- AI 기반의 **기업 부실 예측 및 신용평가 솔루션** 'CREDEX(크레덱스)'은 기업의 재무, 비재무 사전예측 정보 제공

123   VISION AI, https://www.poscodx.com

백호프 신 자동화 기술(Beckhoff New Automation Technology)

백호프(Beckhoff)는 한스 백호프(Hans Beckhoff)에 의해 1980년에 설립되었다. 이후 그의 세 형제자매는 오늘날의 Beckhoff Group의 토대를 마련했다. 이 회사의 시작은 아놀드(Arnold)와 엘리자베스 백호프(Elisabeth Beckhoff)가 독일, Verl 도시의 East Westphalian 마을에 'Beckhoff'라는 회사를 설립한 1953년으로 거슬러 올라간다. 오늘날까지 Beckhoff는 도시에서 가장 중요한 회사 중 하나이다.[124]

가. PC 기반 제어 기술

1980년대와 1990년대에 Beckhoff는 자동화 기술 분야에서 수많은 기술 혁신을 개발했다. 1986년에 회사는 최초의 PC 기반 기계 제어를 출시했으며, 속도 측면 장점 때문에 Siemens와 같은 제조업체의 기존 시스템을 대체하게 되었다. 1990년, Beckhoff는 하노버 박람회에서 처음으로 전시했다. 1990년대 후반에 이 회사는 독일에서 매출을 늘리고 확

---

124 독일 Beckhoff, https://www.beckhoff.com

장했고, 국제적 확장은 2000년대에 시작되었다.

데이터 교환의 표준화

2005년까지 백호프 전자산업(Beckhoff Industrie Elektronik)이라는 이름으로 운영되었으며, 그 이후는 백호프 자동화(Beckhoff Automation)라고 불렸다. 2014년에는 처음으로 5억 유로 이상의 매출을 올렸으며, 현재까지 Beckhoff Group의 다른 회사와 마찬가지로 가족기업으로 운영되고 있다.

PC 기반 제어 기술을 기반으로 혁신적인 제품과 솔루션을 개발

Beckhoff는 PC 기반 제어 기술을 사용하여 개방형 자동화 시스템을 구현한다. 주요 영역은 산업용 PC, I/O 및 필드버스 부품, 드라이브 기술 및 자동화 소프트웨어이다. 제품 시리즈는 모든 영역에서 사용 가능하며 개별 구성요소로 사용하거나, 완전하고 조화로운 제어시스템으로 통합적 기능을 제공한다.

미래비전은 Beckhoff의 PC 기반 제어 철학뿐만 아니라 라이트버스 시스템 및 TwinCAT 자동화 소프트웨어를 개발하고 있다. 또한, 실시간 이더넷 솔루션인 EtherCAT은 차세대 제어 개념을 위한 강력하고 미래 지향적인 기술을 제공한다.

Beckhoff Lightbus

케이블 경로를 하나의 단일 광섬유 전도체로 대체할 수 있으며, 광범위한 I/O 인터페이스 장치 대신 하나의 지능형 Beckhoff Lightbus

인터페이스 보드만 제어 컴퓨터에 통합되고, 분산형 Lightbus 모듈이 로컬에 직접 배치되었다. 설치 노력과 비용이 대폭 감소하고 취급 및 유지 보수가 단순화되며, 간섭 내성과 성능이 향상되었다. 1989년에 고속 기계 컨트롤러를 위해 처음 소개되었다.

TwinCAT 자동화 소프트웨어

엔지니어링 인터페이스에서 직접 HART 기능을 지원하기 때문에, 프로세스 기술에서의 개발작업을 확연히 줄여준다. 이러한 방식으로 TwinCAT FDT(Field Device Tool) 컨테이너는 모든 필드장치 드라이버 (Device Type Manager, DTM)를 구현할 수 있다. 따라서 전체 HART 구성은 단일 툴을 사용하여 효율적으로 구현할 수 있다. 이러한 장치는 PLC에 직접 액세스하지 않고도 이미 알고 있는 컨테이너에서 원격으로 구성 및 매개 변수화할 수 있다. 결과적으로 시스템 작동이 간소화되고 필수 요소로 축소된다.

EtherCAT(Ethernet for Control Automation Technology)

Beckhoff Automation에서 개발한 이더넷 기반 필드버스 시스템이다. 이 프로토콜은 IEC 61158에 표준화되어 있으며 자동화 기술의 하드 및 소프트 실시간 컴퓨팅 요구사항 모두에 적합하다.

나. 주요 Industrial PCs 장점

Beckhoff 산업용 PC로서, 가변 구성 및 사용자 지정 가능한 확장성

이 뛰어난 PC이다.[125]

확장성이 뛰어난 포트폴리오로 Beckhoff는 모든 유형의 인터페이스, 디스플레이 크기, CPU가 다르거나 같은 폼 팩터 및 다양한 보호 등급을 갖춘 단일 코어에서 멀티 코어 및 다 코어에 이르는 확장성이 뛰어난 산업용 PC 포트폴리오를 제공한다.

다양한 구성의 표준 산업용 PC

구성의 유연성을 통해 사용자는 특정 애플리케이션에 가장 적합한 장치를 정확하게 선택할 수 있다. 제품은 Intel® Celeron™에서 Core™ i7에 이르는 프로세서, 다양한 R.AM 및 스토리지 옵션, 다양한 운영 체제 및 TwinCAT 세대로 옵션 메뉴가 방대하여 거의 무제한에 가까운 다양한 표준 산업용 PC 모델을 생성할 수 있다.

유연한 폼 팩터(Flexible Form Factor)

확장 가능한 CPU 아키텍처는 ARM, x86이며, 미디어 유연성은 HDD, SSD, CFast, Msd 사용이 가능하다. 모든 보호 등급

및 설치 요구사항을 위한 광범위한 인터페이스 및 화면 크기 기계, 전기 및 전자부품, 소프트웨어 및 디자인 측면에서 맞춤형 모델 산업별

---

125 호주, Beckhoff, Major Industrial PCs Advantage, https://www.beckhoff.com

기능의 통합 특정 응용 프로그램과 기업 디자인 지침에 맞게 조정할 수 있다.

Hardware	Software
– 모든 산업용 PC에 다양한 경험과 30년 이상의 전문지식을 갖고 있으며,	– Beckhoff 고성능 하드웨어에는 적합한 소프트웨어가 필요한다.
– Beckhoff는 PC 기반 자동화의 선구자 중 하나이며, 1986년에 자동화 프로세스에 PC 기반 제어 기술을 사용하는 것을 개발했다.	– 회사 자체의 BIOS 개발을 통해 Beckhoff 는 완전히 맞춤형 소프트웨어 패키지를 제공 할 수 있다. 또한, 모든 산업용 PC 정보에 대한 표준화된 액세스를 위한 Windows O/S 운영체제 개발 및 산업용 PC 진단에도 동일 적용된다.
– Beckhoff에서 통합 프로세스를 위해 마더 보드의 자체 생산을 한다.	

| Industrial PCs H/W 및 S/W 특징

원하는 대로 고객별 기능 및 디자인

Beckhoff 산업용 PC는 고객별 요구사항에 맞게 설계 및 제작할 수 있다. 옵션의 범위는 매우 광범위하며 회사 로고 또는 특수 레이블 및 개별화된 기능에서 고객의 회사 디자인에 따라 총체적으로 구축된 산업용 PC에 이르기까지 다양하게 지원한다.[126]

---

126 Beckhoff, Fully automated building operation(2022.11.2), Fully automated building operation enables significant energy savings, https://www.beckhoff.com

핵심 웨이브

○ **백호프 신 자동화 기술 (Beckhoff New Automation Technology) :** PC 기반 제어기술, 독일

주요내용

a. 목표 : PC 기반 제어기술 전환
- 회사소개 : 1980년 창립, 독일 본사, 직원 4350명('19)
- 제품 및 기술 : PC 기반 제어 기술을 기반으로 **혁신적인 제품과 솔루션을 개발**

b. 주요 Beckhoff 솔루션
- Beckhoff 산업용 PC : **사용자 지정 가능한** 확장성이 뛰어난 PC
- TwinCAT 3 자동화 소프트웨어(**The Windows Control and Automation Technology**)
- Servo drives 사업 : **모든 애플리케이션에 적합한 서보 드라이브를 제공함**(모듈식 및 컴팩트)
- TwinSAFE : 안전 자동화 기능의 **완벽한 통합을 통한 성공적 우위 확보**

삼성(SAMSUNG SDS) **인텔리전트 팩토리 'Nexplant'**

삼성(Samsung Group)은 1938년 호암 이병철 회장이 무역회사로 창업했다. 이후 30년 동안 그룹은 식품 가공, 섬유, 보험, 증권, 소매 등의 영역으로 다각화되었다. 삼성은 1960년대 후반에 전자산업에, 1970년대 중반에 건설 및 조선 산업에 진출했으며, 현재 삼성(Samsung Group)은 대한민국 서울 삼성타운에 본사를 둔 대한민국의 다국적 제조 대기업이 되었다. 주목할만한 삼성 산업 계열사는 삼성전자(2017년 매출로 측정한 세계 최대 정보 기술 회사, 소비자 전자제품 제조업체 및 칩 제조업체), 삼성 중공업 (2010년 매출로 측정한 세계 2위의 조선소), 삼성엔지니어링과 삼성물산(각각 세계 13위, 36위 건설사)이 있다. 기타 주목할 만한 자회사로는 삼성생명(세계 14위 생명보험사), 삼성 에버랜드(한국에서 가장 오래된 테마파크 에버랜드 리조트 운영사), 제일기획(2012년 매출 기준 세계 15위의 광고 대행사) 등이 있다.[127]

삼성 SDS(Samsung Data System)에서 하는 일은 시대가 변하면서 계속 진화해 왔는데, 전산 운영, 시스템 통합, ICT 서비스까지 진화해 왔으며, ICT 서비스는 IT를 활용한 융합, 복합 서비스를 제공하는 사업이었다.

---

127 삼성 SDS(samsungsds.com), https://www.samsungsds.com/kr/index.html

| 삼성 SDS 주요 서비스

삼성 SDS의 전신은 1985년 5월 초기 자본금 2억 원, 비상장 IT 업체로 출발한 삼성데이타 시스템(주)이다. 이후 삼성물산 전산 시설과 동방생명(현 삼성생명)의 전산 시설을 인수했으며, 1987년 한국IBM과 합작 계약을 체결했다. 2010년 1월 삼성네트웍스를 흡수합병했다. 오늘날, 삼성 SDS는 2011년 중국과 동남아 등지의 자회사를 중심으로 삼성 SDS GSCL 베이징을 비롯해 8개의 해외 물류 법인을 설립했다. 최근 주요 서비스는 엔터프라이즈 트랜스포메이션 서비스(Enterprise Transformation Services), 인프라 신뢰성(Infrastructure Reliability), 엔지니어링/컨버전스(Engineering/Convergence) 서비스가 있다.[128]

가. 통합 플랫폼 기반 혁신적인 제조 지능화 서비스, 'Samsung Nexplant'

플랜트 설계 · 시공, 제조, 물류 · Facility의 모든 영역을 플랫폼 기

---

128 Samsung SDS Factory Solution, https://www.samsungsds.com

반으로 디지털 트랜스포메이션 현장의 플랜트 · 제조 · 물류, Facility 의 모든 자원을 IT 기술로 연결하고 데이터 분석으로 자율 제어하며, 3D · AR · VR 기반 시각화를 통해 디지털 혁신을 완성한다.

디지털 트랜스포메이션을 통한 지능화된 제조환경을 제공한다

시장의 급격한 변동에 대한 생산 라인 운영을 탄력적으로 변경하거나 수정할 수 있도록, 공정 전체를 자동화하여 생산 자원부터 통합 관리하고 원격으로 제어한다. IoT 플랫폼을 도입하여 실시간으로 정형 · 비정형 데이터를 수집하고 대용량 데이터를 AI 플랫폼 기반으로 분석하여 설비 사전 이상 감지를

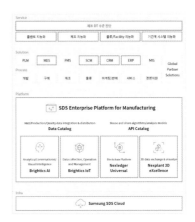

| 통합 플랫폼 'Nexplant' 구성도

위한 패턴과 룰을 수립하여, 설비의 효율을 높여준다. 딥러닝 알고리즘을 도입하여 비정형적인 불량 이미지를 자동으로 판정하고 분류하여 제품 품질을 향상시켜 준다. 특장점은 제조에 최적화된 플랫폼을 활용하여 비즈니스 경쟁력을 확보해 주며, 플랫폼 기반으로 개발환경을 만들어서, 제조 현장을 빠르게 혁신할 수 있도록 도움을(개발기간 단축 및 신규 설비구축 및 조기 제품생산) 준다. 또한, 빅데이터 플랫폼 기반 품질을 혁신하여 공통 플랫폼 기반 유연한 서비스를 개발한다. 블록체인, IoT, AI 등 최신 기술의 신속한 적용을 도입한다.

나. 통합 플랫폼: 'Nexplant' 구성

서비스는 플랜트 지능화, 제조 지능화, 물류 지능화, 기간계 시스템 지능화를 지원한다. 이들 통합 플랫폼의 Solution은 Nexplant PLM, Nexplant MES, FMS, SCM, CRM, ERP, MIS 들이 있다.[129]

Nexplant PLM

제품의 기획부터 설계, 개발, 검증, 생산, 서비스 단계까지 전 수명 주기에 걸쳐 제품 정보를 관리하고 추적하며, 또한 협력사 및 해외까지 확장된 비즈니스 환경에서 단계별 최적의 업무 프로세스와 협업 틀을 제공하여 제품 개발 효율을 극대화할 수 있다.

Nexplant MES

삼성 SDS의 제조 Business Rule 통합 관리 솔루션, Nexplant MES SD는 지속적인 진단과 모니터링을 통해 제조 경쟁력 향상과 생산성 극대화를 실현한다.

다. Platform은 Brightics IoT를 이용

이는 사물인터넷 플랫폼의 새로운 표준으로, 쉽고 빠르고 안전하게 IoT 데이터와 자산을 관리해 준다. 특징은 데이터의 수집, 운영, 관리

---

129 Nexplant MES 특성 및 강점, https://youtu.be/lCOdYDJt_KY

체계를 최적화하며, IoT 디바이스를 빅데이터 솔루션 및 기존 시스템과 연결해 준다. 또한 웹과 로컬 환경에서 표준 통신 프로토콜 기반의 지능형 애플리케이션을 쉽게 생성할 수 있다.[130] 주요 서비스는 다음과 같이 간단한 연결, 보안 강화, 원격자산관리가 있다.

| Gartner 및 Forrester 글로벌 Industrial IoT 플랫폼 분야 **Top 14** 국내 유일 동시 등재 IoT 솔루션 | + | On-device AI를 구현하기 위한 *엣지 컴퓨팅 관리기술* 지원 |

IoT 디바이스 간편 연결

MQTT, WebSocket 등 다양한 IoT 프로토콜을 지원하여 쉽고 빠르게 IoT 디바이스 연결이 가능하며, 또한 Java, C 등 주요 언어의 SDK를 지원하여, 다양한 시스템 언어 및 프로토콜과도 쉽게 호환된다.[131] 또한, IoT 데이터 보안 강화기능은 연결된 모든 IoT 디바이스를 SEAL, OAuth, SSL 등 다양한 인증방식으로 보안체계를 적용한다. 추가 암호화 키의 종단 간 보안은 안전을 강화하며, Key Management System에 정보보관 및 해킹 보호한다. 또한, 편리한 데이터 수집·연

---

130   IOT Device, https://www.samsungsds.com/kr/iot-platform/brightics-iot.html

131   삼성 SDS Brightics IoT, https://youtu.be/mOmcVPRmqQU

계를 위해서, Open API 및 Custom Adaptor를 통해 다양한 기존 시스템으로부터 자료를 수집할 수 있다. 또한 수집한 IoT 데이터와 결합하여 기존 사용하는 시스템으로 데이터 연계도 지원한다.

원격자산 및 API 게이트웨이 관리

IoT 기반 원격 모니터링 체계를 통해 실시간으로 디바이스를 점검하고 문제를 해결할 수 있다. 또한 정기 유지 보수 점검 및 소프트웨어 업데이트를 시행하여 유지 보수 비용을 절감할 수 있다. 또한, 백엔드 API를 위한 로드 밸런싱, 액세스 보안 API 키를 제공하며, 모바일, 웹, 외부, 공용 REST API 등록, 퍼블리시, 업그레이드 등의 API 관리가 가능하다. 모바일, 웹 외부 API 등을 등록, 퍼블리싱, 업그레이드하는 API 통합관리와 함께 백엔드 API에 대한 로드 밸런싱, 보안키 관리, 인증 등의 기능이 제공된다.

Edge 컴퓨팅 및 Anomaly Detection

로컬 환경에서 데이터를 일차적으로 처리하여 전송 부하를 줄이고, IoT Platform 기능을 경량화하여 데이터 분석 및 이상 감지 환경을 구현할 수 있다. 또한, Machine Learning 기반 이상 감지 알고리즘을 통해, 운영 자산의 이상을 조기에 감지하고 조치할 수 있다. 마지막으로 IoT 서비스 기술영역(Device, Network, Platform, Service)에 보안 기능을 적용하여 서비스 전 구간에 높은 수준의 보안을 구현할 수 있다.

라. 적용사례 1: 스마트공장 구축 사례

Challenge: A 국내 자동차부품 제조사는 고객 다변화가 필요하였고, 유럽 및 미국 자동차 메이커들은 제품의 품질을 보증하기 위해서 부품 공급기업들에 국제 품질경영시스템 기준인 IATF 16949 인증을 취득할 것을 납품 계약 시 요구 및 제품생산에 필요한 자재, 설비, 인력에 대한 상세한 LOT 추적성 제공은 자동차 업체에서 필수적으로 요청하는 추세다.

Solution : 'Nexplant MES'
최적화된 제조 정보 관리 및 제어 솔루션으로 신속한 마켓 대응을 할 수 있다.[132]

---

132 Samsung Nexplant MES, https://youtu.be/UBjazFaJ0IM

"스마트공장 구축을 통해 제조지표, 현장 모니터링, 품질 검사관리 (수입, 공정, 출하, 부적합 품), **창고관리**(자재, 제품), **공정관리**(투입, 생산실적, 수 작업 생산문서), Lot 계통도(추적), **품질분석**(SPC), 설비관리 등 제조 전반 에 걸친 프로세스 정비 및 시스템화를 전국 공장 30여 개 라인에 대해 서 적용하여, 업무 효율 향상, 사용자 실수 방지 및 생산 진행정보 파 악·추적에 대한 기반을 마련했다."

마. 적용사례 2: 글로벌 A 건설사 Digital 건설 안전관리 플랫폼 구축

Challenge: A 건설은 2017년부터 건설 현장의 다양한 안전관리 요 소들을 디지털화하여 종합 감시할 수 있는 플랫폼을 단계적으로 구축 하고 있으며, 최근 EPC 산업의 프로젝트는 대형화, 고층화, 복합화되 는 경향이 있어 안전관리 불확실성 및 사고 유발 요소가 증가하고 있 다. 이에 실효성 있는 관리 Tool 및 대응 역량이 더욱 중요해졌다.[133]

Solution: 'Brightics IoT', 'Brightics AI', 'Brity RPA', 'CCTV', '모바일' A 건설은 효율적인 모니터링 Tool 확보, Fact 기반의 분석·예측, Real Time Safety 대응을 위한 신기술 기반의 안전관리 체계를 단계 별로 추진하고 있으며, SDS Brightics IoT, Brightics AI, Brity RPA 등 다양한 솔루션을 접목하여 클라우드 기반 플랫폼으로 구축하였다.

---

133 삼성 SDS Solutions, https://www.samsungsds.com

Brightics IoT는 IoT 센서 데이터 실시간 수집 및 인력·자재·장비 RTLS 대량 데이터의 인터페이스 하며, Brightics AI는 프로젝트 데이터 분석 기반 안전사고 예측한다. 또한, Brity RPA는 수작업·오프라인 정보를 디지털화하였으며, CCTV, 모바일은 영상 분석을 통한 Real Time 현황 파악한다.

"건설 현장은 생산성과 더불어 품질, 안전이 생명이다. Brightics AI, IoT를 기반으로 구축한 건설 안전관리 플랫폼이 건설 현장의 더 완벽한 안전, 더 나은 품질, 더 높은 생산성을 제공해 주었다" 클라우드 기반으로 시스템 보안성, 안정성을 확보하고 플랫폼 적용을 통해 시스템 확장이 유연해졌으며, 주요 안전관리 요소들을 Database로 구축하여 종합분석과 연계하였다. 이러한 통합 안전 수행·관리 솔루션 구축으로 안전관리 예측이 가능해져서 중대 재해 Zero 달성을 기대하게 되었다. 또한 중대 재해 예방 및 인력 효율화를 통한 경영개선에 이바지하여 연 약 620억의 절감 효과를 예상한다.

핵심 웨이브

○ 삼성 에스디에스(SAMSUNG SDS), 인텔리전트 팩토리 "Nexplant", 한국

신 기술의 방향성

주요내용

a. 목표 : "Nexplant MES"을 활용한 스마트 인텔리전트 팩토리 구축
- 회사소개 : 삼성(Samsung Group)은 1938년 고 이병철 회장이 무역회사로 창업했으며, 1985년도에 삼성 SDS(Samsung Data System) IT 업체로 출발한 삼성데이타시스템(주)
- 비전제시 : 엔터프라이즈 트랜스포메이션 서비스 (Enterprise Transformation Services), 인프라 릴에이블리티 (Infrastructure Reliability), 엔지니어링/컨버전스(Engineering/Convergence) 서비스가 있다.

b. 통합 플랫폼 기반 혁신적인 제조 지능화 서비스, "Samsung Nexplant"
- 플랜트 설계/시공, 제조, 물류/Facility의 모든 영역을 플랫폼 기반으로 디지털 트랜스포메이션(DX)
- IoT 플랫폼을 도입하여 실시간으로 정형/비정형 데이터를 수집하고 대용량 데이터를 AI 플랫폼 기반으로 분석하여 설비 사전 이상 감지를 위한 패턴과 룰을 수립하여, 설비의 효율을 높여준다.
- 빅데이터 플랫폼 기반 품질 혁신하여 공통 플랫폼 기반 유연한 서비스 개발

3장

생선의 글로벌 항해 방향성:

거룩(Sanctity as God's Love)

Subject 1

생선의 킹덤시티
(The Kingdom City of
Life Missionary)

Chapter A

거룩한 나라,
마음의 성전을 지켜라

 단순함의 가구들(The furniture's of Simplicity)

ΙΧΘΥΣ 익투스(ιχθυσ)의 감사: "아내의 이삿짐은 가벼워요"

새해 첫날을 보내고, 긴 세월(月貫)로 삶의 이삿짐을 나르더니, 이제는
연약한 아내와 작은 아이들만 아빠가 없이 벌써 두 번째로 무거운 살림
들을 집 차량과 작은 이사 트럭만으로 조용히 옮겼다고 합니다. 세 자
녀와 두 부부의 삶의 무게는 두 번(호주 시드니와 브라질 포르탈레자)의 머나
먼 삶의 여행으로, 모든 무거운 짐은 내려놓게 되었고, 가족들 옷과 아
이들 책들만 조용히 남게 되었습니다. 별도의 가구나 전자제품 등 많은
것들은 삶의 여행에서 어딘가에서 중도하차를 한 것으로 기억을 하게

됩니다. 20년의 결혼 여정에 많은 물건들이 집 안에 들어왔지만, 최소한의 삶의 물건들만이 마지막 삶의 목적지 집에 도착하게 되었습니다.

삶의 여행을 위해서 몸을 가볍게 하려면 내가 내려놓아야 할 삶의 무거운 짐을 찾아봅니다. 머나먼 영혼의 마지막 목적지까지 도착하기 위해서, 영혼의 짐 보따리에서 무거운 영혼의 가구  나 고가의 영혼의 전자제품 등 중도하차를 시켜야 할, 내 안의 불필요한 영혼의 물건들을 정리를 준비해 봅니다. 내 안에 있는 교만, 불의, 불신, 욕심, 시기함, 무례함과 성냄의 무거운 영혼의 짐을 찾아서, 영혼의 걸음에서 중도하차를 해야 할 것 같습니다. 영혼의 가벼운 이삿짐들과 영혼의 걸음을 통해서, 연약한 아내와 아이들이 다음 결혼 40년을 영혼의 상처 없이 천국 차량으로 천국의 마지막 목적지까지 안전하게 영혼의 최종 이사 집에 도착하길 기도합니다. 그곳에서 그분의 아름다운 천국 집의 삶과 영혼의 축복이 충만하길 조용히 기도합니다.

특별히 천국으로의 기나긴 삶의 여정 중에서도, 영혼의 무거운 짐을 가볍게 하지 못하여 중도 하차한 영혼들이 회복되시길 원하시는 그분의 창조 마음을 갖기를 소원합니다. 함께 현재의 영혼의 무거운 생각들을 버리길 원합니다. 이들의 회복을 원하시는 그분의 가난한 심령을 배우며, 잃어버린 영혼에 그분의 천국의 삶을 선포하십니다. 중도 하차한 심령들이 진정으로 다시 가져야 할 애통(哀痛)한 마음을 배우며, 그분의 영혼 회복의 위로들을 누리길 기도합니다. 마지막 그분의 이사 집에 거하는 회복 영혼들이 그분의 온유(溫柔)한 자가 되어서, 창조의 축복을 이 땅에서도 기업으로 받을 수 있음을 넉넉히 확신하며 기도합니다.

이 시간 아름다운 그분의 천국 이사 집에 도착하기 전에, 내가 마지막 준비해야 할 것은 불필요한 영혼의 무거운 짐을 버리고, 몸과 영혼을 가볍게 하고, 가난한 심령과 애통해하는 마음으로, 그분의 천국 이사 집으로의 초대받기를 기다리며  조용히 기도합니다. 영혼의 삶을 가볍게 하길 사모하는 모임들인, 천국의 가구만 예비하는 아이들과 아내의 삶과 천국 회복의 축복을 선포하는 기쁨의 교회와 철강 기술의 성공적 실행을 바라보는 CSP 사업과 천국 평화의 이사 집을 준비한 조국 대한민국과 창조 축복의 은혜를 선포하는 열방의 형제자매들과 이들을 도우시는 숨겨놓은 온유(溫柔)한 청지기들에게 그분의 천국 기업의 기쁨들이 전달되시길 기도합니다.

〈ΙΧΘΥΣ〉 익투스(ιχθυσ)의 생수: 공자

삶이란 정말 단순한 것이지만, 우리는 그것을 계속 복잡하게 만들고 있다.
Life is really simple, but we insist on making it complicated.
- Mr. Confucius

비록 단순함이 복잡성의 특별한 경우를 해결하는 하나의 방안으로 사용될 수 있지만, 어떤 때에는, 단순함이 최고의 길이 될 수 있다는 Mr. Confucius의 아름다운 생각을 이 시간 배웁니다. 기해년(己亥年) 새해, 내 삶의 창조 축복의 본질은 단순한데, 나의 미련한 생각의 이 물질들(Greed)이 삶을 복잡하게 만드는 것으로 회개의 고백을 합니다.

삶을 단순하게 사는 그분의 지혜를 내 삶의 어디에, 어떤 시간에 적용해야 할지, 그 질문에 들어갑니다. "Where can I apply this in my life?" 무거운 영혼의 짐을 단순하게 할 수 있는 불필요한 영혼의 가구들인 내 안의 교만, 불의, 불신, 욕심, 시기함, 무례함과 성냄의 무거운 영혼의 짐들을 찾아버리길 원합니다. 그리하여, 그분의 천국 이사집에 들여놓을 단순함의 마음들인 Faith, Hope, Love를 준비하길 기도합니다. - Joseph H. Kim

핵심 웨이브

By 단순함의 가구들(The furniture's of Simplicity)

심령이 가난한 자는 복이 있나니 천국이 그들의 것 임이요. 애통하는 자는 복이 있나니 그들이 위로를 받을 것 임이요. 온유한 자는 복이 있나니 그들이 땅을 기업으로 받을 것 임이요.

"Blessed are the poor in spirit, for theirs is the kingdom of heaven. Blessed are those who mourn, for they will be comforted. Blessed are the meek, for they will inherit the earth. [Matthew 5:3~5]

⟨ΙΧΘΥΣ⟩ 익투스(ιχθυσ)의 감사: "막내아들의 최고의 상"

브라질 여름 우기(雨期)에 조록조
록 내리는 창문 밖 시원한 빗소리
와 함께 멀리서 들려오는 막내아들
(Matthew)의 초등학교 졸업식 소식
을 아내를 통해서 조용히 접하게
됩니다. 초등시절을 아빠가 옆에

없이 홀로 보내온 아들에게 미안함과 안타까움과 눈물의 마음이 조용
히 흐릅니다. 한국어를 늦게 배우면서 초등입학 때에도 언어사용과
대화가 원활하지 않았던 아이가 나 홀로 졸업식을 했습니다. 홀로 선
아들, 무한긍정상(Infinity-approbation award)을 받았다는 얘기를 듣습니
다. 이 상은 무엇인가요? 아름다운 막내아들의 삶을 배우며, 초등학
교 친구들과 함께 지혜롭고, 풍성히 잘 지낸 아들의 삶을 축복하며 그
분의 인도하심의 삶을 조용히 감사하며, 기도합니다.

내 삶의 무한긍정 힘은 무엇인가요? 아들에게서 그 지혜를 배우는
것이 나에게 힘인가요? 늘 욕심 없이 나누어 주길 원하며, 삶의 여정
에서 친구와 늘 함께함을 즐기는 아들의 모습에서 친구를 사랑하는
마음과 행동을 배우게 됩니다. '늘 친구의 이야기를 들어주며 본인 생
각과 삶의 정의를 논의하는 모습에서 수용과 논쟁과 서로에 대한 의

견을 존중하는 아들에게 초등학교 졸업 친구들이 주는 신뢰의 선물은
아닐까?'라고 조용히 마음의 그림을 그려봅니다.

막내아들의 초등학교 삶의 여정을 되새깁
니다. 내 영혼의 여정의 졸업식이 있는 그곳
에서, 아름다운 믿음의 친구들에게서 인정
하는 내가 받을 수 있는 믿음의 걸음들과 천
국의 고백들은 무엇일까요? 믿음의 친구들
에게서 받은 신뢰를 통해서, 그분께 받을 수
있는 내 삶의 천국 면류관은 무엇일까요?
2019년도 삶의 여정에서 천국의 무한긍정의 은혜의 파도타기를 소원
합니다. 그분의 천국 무한긍정의 능력은 많은 삶의 파도와 풍랑을 해
결할 수 없는 상황 속에서도 그분이 능히 모든 은혜를 나의 삶 위에
넘치게 하옵소서. 또한, 내 삶의 모든 일에 항상 모든 것이 넉넉하게
되므로, 주님 나라의 착한 일을 넘치게 하시려는 은혜의 파도가 될 것
입니다. 이 시간 그분의 영혼의 파도타기 물결을 기다려 봅니다.

이 시간 그분의 천국 파도타기의 긴 여정의 끝에, 그분의 안전한 천
국 포구[浦口]에 도착하기 전에, 내가 준비할 아름다운 천국 무한긍정
의 방향을 영혼의 배[Ocean Ship of God Spirit]에 실어서, 주님 나라
의 향기로운 기도로 올려드리길 소원합니다. 주님의 나라, 삶의 방향
을 사모하는 모임들인, 천국 무한긍정의 삶을 예비하는 아이들과 아
내의 삶과 주님의 나라, 구원의 항해를 선포하는 기쁨의 교회와 철강
기술의 아름다운 항해를 바라보는 CSP 사업과 주님의 나라, 평화의

여정을 걸어가는 조국 대한민국과 믿음의 무한긍정의 삶을 여는 열방의 형제자매들과 이들을 도우시는 숨겨놓은 주님의 나라 청지기들에게 그분의 하나님의 모든 착한 일들이 임하길 기도합니다.

⟨IΧΘΥ⟩ 익투스(ιχθυσ)의 생수: 헬렌 애덤스 켈러

> 태양 빛을 향해 얼굴을 항상 마주하면, 그림자는 볼 수 없을 겁니다.
> Keep your face to the sunshine and you can never see the shadow.
> – Helen Adams Keller

그 옛날 미국의 헬런 애덤스 켈러(Helen Adams Keller)는 작가, 교육자이자 사회주의 운동가였습니다.

그녀는 인문계 학사학위를 받은 최초의 시각, 청각 중복 장애인이었습니다. 헬렌 켈러의 장애로 인해 가지고 있던 언어적 문제를 앤 설리번 선생과 자신의 노력으로 극복한 유년 시절을 다룬 영화 「경이 워커」로 인해 그녀의 이야기는 전 세계적으로 널리 알려지게 되었습니다.

그녀는 당대 스웨덴의 개신교 영성가였던 스탠리 보리의 영향을 받은 것으로 알려져 있습니다. 헬렌 켈러 집안의 전통 신앙은 장로교회였다고 합니다. 그녀의 장애는 그녀에게 세상을 볼 수도 없고, 들을 수 없게 했지만, 그녀의 믿음의 여정에는 그림자가 없다며 이렇게 고백을 합니다. "태양 빛을 향해 얼굴을 항상 마주하면, 그림자는 볼 수 없을 겁니다"

내 삶의 눈의 방향을 태양을 향
해서 늘 얼굴을 항상 마주하면 내
삶의 뒤안길에 있는 그림자를 볼
수 없다는 헬렌은 '갤럽이 선정한
20세기 가장 널리 존경받는 인
물' 18인 중 한 사람으로 선정되

었습니다. 그녀는 정상인보다 더 험준한 장애의 삶의 여정에도 아름다
운 영혼 무한긍정 마인드로 귀한 인생의 종착 포구에 무사히 도착했습
니다. 이 시간 내 삶의 인생 항해에서도 헬렌 켈러의 아름다운 고백을
들으며, 보이는 세상의 잘못된 그림자들을 바라보지 않고 보이지 않는
하늘의 빛을 향해 얼굴을 마주하는 천국 무한긍정의 지혜를 준비하기
를 조용히 소망합니다 "이 세상에서 가장 아름다운 것은 보이거나 만
져질 수 없다. 그것들은 오직 마음속에서 느껴질 것이다"라는 헬렌 아
담스 켈러의 천국 믿음의 고백을 배워 봅니다. - Joseph H. Kim

핵심 웨이브

영선(LMI)의 방향성

하나님이 능히 모든 은혜를 너희에게 넘치게 하시나니 이는 너희로 모든 일에 항상 모든 것이
넉넉하여 모든 착한 일을 넘치게 하게 하려 하심이라

And God is able to make all grace abound to you, so that in all things at all times, having all that
you need, you will abound in every good work   [2 Corinthians 9:8]

익투스(ιχθυσ)의 감사: "천국 믿음의 조서를 위해서"

새로운 나라를 건국하기를 원했던 태조 이성계의 조선 역사의 뒤안 길에서도 고려 후기 원(元)나라의 간섭(하루아침에 왕이 폐위와 승계를 반복)에 의한 불안정한 정국(원나라 문화)과 국난의 전환을 위해서 압록강의 위화도 회군을 통해서, 새로운 조선의 역사와 명(明)나라의 문화 패러 다임을 맞이했습니다. 고려의 마지막 왕 공양왕을 끝으로, 1392년 새 로운 조선 역사의 시작은 많은 지방 호족들과 기존 군사들의 공적을 통해 몽골의 문화에서 조선의 문화와 역사로 안정적으로 건국이 되면 서, 많은 개국공신들이 공적 조서(功績 調書)를 통해 새로운 조선의 정 치, 사회, 문화와 개혁의 중심이 되었습니다.

이 시간 한국철강산업의 역사 또한 아시아를 벗어난, 북미 · 유럽지 역 진출(통상 및 관세)의 목표 아래에 원활한 원거리 물류 및 안정적 원 료 공급을 통해서 최고의 철강 생산의 패러다임을 수행하고자 진행 한 브라질 CSP 제철소 건설은 3개사의 합작회사가 되어 그룹의 전략 대로 성공적인 가동을 수행하게 되었습니다. 고객에 대한 물리적 거 리 한계와 원산지 원료 공급의 새로운 문화를 통해서 또한 안정적인 건설과 정비 운영까지 진행을 마치므로, 많은 설계, 시공, 통관, 건설, 정비, 운영, 판매 공신들이 공적 조서(功績 調書)를 통해 새로운 회사의 CSP 문화, 기술과 개혁의 중심이 되었습니다. 하나의 목표 아래에 아름다운 실행을 진행한 모든 분 헌신과 노고에 귀한 그룹의 열매를 맺었음에 대해 고마움을 고백합니다.

오랜만에 찾아온 CSP 여름 휴가 중에 영혼의 이 땅에 마지막 복음(福音)의 불모지인 이스라엘에 장자 회복의 비전에 참여합니다. 그분의 이방인 전도의 세계 여정의 마지막 종착 도시인 예루살렘 성을 찾아서, 아름다운 천국 회복의 꿈을 보며, 올해 내 삶의 아름다운 도전과 열정을 부을 수 있는 메시아닉쥬(Messianic Judaism)의 사막의 꽃(花)의 중보기도를 시작합니다. 이슬람과 유대와 그리스도와 아르메니아 등 많은 다른 문화의 랍비들과 성전들로 파괴된 다윗성에 아름다운 십자가의 주인이신 그분의 나라가 회복되는 새 예루살렘 성과 유대와 사마리아와 온 열방의 역사가 임하시길 기도합니다. 믿음의 용사들과 중보기도의 향기가 하늘에 임할 때, 이방인(Foreigner)의 문화에서 천국 문화와 역사로 새롭게 되어, 이들의 회복(回復)의 중보기도가 천국 공적 조서(天國 功績 調書)로 그분의 나라에 올려드리길(Give it up) 조용히 기도합니다.

그 언젠가 유대 땅 예루살렘 성 앞, 감람산(Mount of Olives, 올리브산) 공중에서 다시 오실 그분을 재림(Adventism) 기다리며, 믿음의 성전건축을 준비하라는 옛 조서를 기억합니다. 많은 믿음의 선진들의 권면과 이스라엘 하나님의 명령과 많은 회개한 이방인(Foreigner) 왕의 조서를 따라서 아름다운 천국 축복의 조서(Written Evidence)를 내려받아, 이 땅에 재림하실 그분의 새 예루살렘 성전을 늘 마음으로 준비합니다. 믿음의 천국 조서를 항상 예비하는 모임들인, 마음의 성전으로 예비하는 아이들과 아내의 삶과 새 예루살렘의 구원의 항해를 선포하는 기쁨의 교회와 철강 기술의 순풍 파람을 넉넉히 맞이하는 CSP 사업과 새로운 부흥 협상의 물결을 타는 조국 대한민국과 믿음의 새 예루살렘을 준비하는 열방의 형제자매들과 이들을 도우시는 숨겨놓은 그분의 나라 파수꾼들에게 영생(Eternal Life)의 천국 조서도 전달되길 기도합니다.

⟨ΙΧΘΥΣ⟩ 익투스(ιχθυσ)의 생수: 알렉산더 대왕

> 나는 양이 이끄는 사자의 군대는 무섭지 않지만,
> 나는 사자가 이끄는 양의 군대를 무서워한다.
> I am not afraid of an army of lions led by a sheep,
> I am afraid of an army of sheep led by a lion.
> – Alexander the Great

그 옛날 그리스의 알렉산드로스는 기원전 356년 마케도니아 왕 필리포스 2세와 올림피아서의 아들로 태어났습니다. 이후 고대 그리스 마케도니아 왕국의 아르게아스 왕조의 26대 왕이자 제2대 코린토스 동맹 의장이 되었습니다. 또한, 그는 그리스의 철학을 배웠습니다. 유명한 소크라테스의 제자가 플라톤이고, 플라톤의 제자가 아리스토텔레스인데, 그도 제자를 두었으니 그가 바로 알렉산드로스 3세이었습니다. 알렉산더가 아리스토텔레스를 스승으로 모신 건 철학 때문이 아니라, 제왕학(帝王學)을 배우기 위함이었다고 합니다.

리더가 되기 위해서는, 정확하게 말을 요점만 전달하는 연습을 해야 했습니다. 결과적으로 리더라는 것은 결국, 공동의 이익을 위해서, 여러 사람을 한 방향으로 이끄는 것으로 이해를 했습니다. 어린 알렉산더 대왕은 이런 자신의 마음을 군사들에게 "나는 양이 이끄는 사자들의 군대는 두렵지 않다. 나는 사자가 이끄는 양들의 군대가 두렵다" 말합니다. 삶의 여정에서 여러 가지 환경에서 리더는 한 마리의 사자와 같은 결단력, 용맹성을 지녀야 합니다. 무엇보다도, "말이 많은 사자는 양 떼를 흩어지게 할 뿐이다"라는 교훈을 조용히 배우게 됩니다. 모두가 자신이 맡은 구체적인 일의 목적과 중요성을 이해할 수 있도록, 그 요건이 무엇인지 명확하게 알려주어야 한다는 것을 조용히 묵상하며, 배우게 됩니다.

올 한 해 알렉산더 대왕이 아리스토텔레스를 스승으로 모시며 철학이 아닌, 나라의 다스릴 제왕학(帝王學)을 배우며, 아버지의 새엄마인 클레오파트라와 결혼의 정치적인 비밀을 이해하며, 제국의 꿈을 펼쳐가는 모습을 배웁니다. 이 시간 내 삶
의 여정에 급변하는 국제정세와 정치와 문화의 역사 속에서 내 삶에 대한 그분의 천국 조서(Written Evidence)를 익히며, 천국의 말씀으로 인해, 아름다운 그분의 제자와 자녀로 삶의 목표와 중요성을 명확하게, 한 마리의 사자와 같은 결단력, 용맹성의 리더의 삶을 준비하기를 기도합니다. 이를 통해서, 아름다운 가족들과 이웃들과 나라와 모든 족속이 믿음의 다윗성(David' Castle)의 회복과 그분의 나라가 우리 삶에 임하기를 중보기도 합니다. - Joseph H. Kim

핵심 웨이브

By 공적 조서(功績 調書)
유다 사람의 장로들이 선지자 학개와 잇도의 손자 스가랴의 권면을 따랐으므로 성전 건축하는 일이 형통한지라 이스라엘 하나님의 명령과 바사 왕 고레스와 다리오와 아닥사스다의 조서를 따라 성전을 건축하며 일을 끝내되
So the elders of the Jews continued to build and prosper under the preaching of Haggai the prophet and Zechariah, a descendant of Iddo. They finished building the temple according to the command of the God of Israel and the decrees of Cyrus, Darius and Artaxerxes, ~. [Ezra 6:14]

Chapter B

거룩한 성,
예루살렘 미장원을 가라

  독립운동(獨立運動)

ΙΧΘΥΣ 익투스(ιχθυσ)의 감사: "아들의 첫 자취생활을 축복합니다"

3월의 아침, 아름다운 삶의 독립을 맞이하는 대학생 큰아들과 중학생 막내아들, 그리고 고3의 시즌을 준비하는 딸아이의 멋진 출발에 귀한 새 학년, 새 친구, 새로운 환경과 선생님들을 만나서 자녀들의 내일의 미래를 꿈꾸며, 이를 펼쳐나갈 수 있길 조용히 천국 기도의 향연(香煙)을 올려드립니다.

혼자 떠나는 큰아들에게 세상의 유혹과 죄의 달콤함이 매료하지만,

그동안의 믿음의 삶의 여정에서 경로 이탈을 하지 않고 천국 믿음으로 자기 삶의 이정표(학업)를 잘 유지하길 소망합니다. 이를 통해서 천국의 자녀로 준비되는 시간으로, 끝까지 순결함으로, 강건한 믿음의 경주를 잘 달려 천국의 삶의 결실을 올려드리길 중보기도 합니다. 이를 통해서, 진정한 아들의 믿음의 홀로서기, 믿음의 독립운동(獨立運動)에 성공하기를 기도합니다.

3년의 해가 다 되어가는 CSP 정비 · 운영업무에 이제는 CSP 현지인들의 기술 능력 향상과 노력으로 아름다운 독립 정비 운영 준비하는 모습을 기대합니다. 높은 이직률로 인한 일부 설비의 미숙한 업

무도 있지만, 완벽한 스스로의 독립을 위해서, 순조로운 기술이전 교육을 진행하며, 함께 독립 성장의 모습을 기대합니다. 브라질 CSP 현지인들의 독립적인 자가 정비 운영을 통해서 또 하나의 POSCO Group의 역량과 글로벌 표준기술력을 더욱 든든히 세워가는 모습에 조국 대한민국의 세계화와 철강 한류의 꿈을 이루어 가게 됩니다. 브라질 삶의 현장에서 우리들의 기술이전 교육의 모습을 더욱 든든히 하사, 브라질 현지인들이 진정한 철강 아들의 기술의 홀로서기(Stand-alone), 철강 기술의 독립운동(獨立運動)에 성공하기를 기도합니다.

새 학기, 모든 것들을 스펀지같이 잘 흡수하고 받아들이는 아이들처럼 오랜 세월 세상의 이치와 원리에 굳어져 있는 내 마음의 생각들과 고정된 삶의 관념들을 몸의 군살(Flab)을 빼듯이 깨끗이 제거하게 하시고, 아름다운 천국의 삶의 방향으로 천국 영혼의 관념들로 새롭게 전환하길 조용히 다짐의 기도를 올려드립니다.

이제는 내 삶의 여정이 세상의 죄로부터 해방(Liberation)되어서 그분에게 종(Slave)의 거룩함에 이르는 열매를 맺어서, 아름다운 천국 자녀로의 믿음의 독립을 이루게 하소서. 죄로부터의 독립의 마지막은 그분이 선물로 주신 천국 영생임을 확신합니다. 이번 3월, 3명의 자녀의 새 학기와 같이 내

삶의 믿음의 새 학기에 귀한 천국의 아들로 홀로서기(Stand-alone), 믿음의 독립운동(獨立運動)에 성공하길 넉넉히 기도합니다. 삶의 새 학기에 믿음의 독립운동을 준비하는 모임들인, 죄의 달콤함에서 독립하는 아이들과 아내의 삶과 천국 자녀의 든든한 독립을 선포하는 기쁨의 교회와 철강 기술의 글로벌 기술이전을 진행하는 CSP 사업과 한반도 천국 평화의 독립을 선포하는 조국 대한민국과 천국 영혼의 홀로서기를 도우시는 열방의 형제자매들과 이들을 도우시는 숨겨놓은 그분의 나라 파수꾼들에게 천국 영생의 마지막 은혜(恩惠)를 누리길 기도합니다.

올바른 곳에 서 있는지 확인하고, 굳건하게 서라.
Be sure you put your feet in the right place, then stand firm.
– Abraham Lincoln

에이브러햄 링컨(Abraham Lincoln)은 1809년 토머스 링컨과 낸시 링컨의 둘째 자녀로 태어났으며, 그의 생가는 미국 통나무집이었습니다. 링컨의 조상에 대해서는 알려진 것이 많지 않습니다. 그의 조상을 추적하였고 새뮤얼 링컨을 발견했습니다. 조상인 새뮤얼은 영국 노어 포우크(Norfolk)로부터 출발하여 미국 매사추세츠주에 도착한 섬유 노동자였습니다.

그의 부모님과 가족은 분리 침례교회에 소속되어 있었으며, 높은 도덕적 기준들을 가지고 있어서 술을 마시지 않고, 춤추지 않으며, 노예제도를 반대하는 가정이었습니다. 그는 미 북서부 변방개척지에 사는 가난한 가정의 출신이었기 때문에, 그는 공부를 학교에서 배우기보다는 혼자서 스스로 할 수밖에 없었습니다.

링컨은 공립학교의 입학 없이 새 학기를 집에서 스스로 맞이하며, 학업과 배움의 길을 묵묵히 걸어갔었으며, 이후 그는 변호사가 되었고, 일리노이주 의원이 되었고, 미국 하원, 상원 의원 선거 이후, 미국의 열여섯 번째 대통령으로 당선이 되었습니다. 에이브러햄 링컨의 아름다운 학업의 홀로서기(Stand-alone)를 통한 학업의 독립운동(獨立運動)을 조용히 배웁니다. 대통령이 된 링컨에게 노예제도로 인해 다가온 남북 전쟁은 거대한 내부적 위기로부터 나라를 구해

야 했던 시기였습니다. 이런 링컨은 어린 시절 몸으로 체휼했던 자기 삶의 고백을 나라의 노예제도 해방에 홀로서기(Stand-alone)를 통해 많은 반대자들과 동료들에게 "올바른 곳에 서 있는지 확인하고, 굳건하게 서라"라고, 오늘 우리에게 고백합니다. 이후 믿음 위의 링컨은 미국 남북 전쟁을 승리로 이끌어서 성공으로 미국 연방을 보존하였고, 기나긴 노예제를 끝냈습니다.

학교의 입학 없이 나 혼자만의 세상의 공부에 입학한 2019년 3월 새 학기를 맞이하는 내 삶의 여정에

아름다운 링컨 대통령의 고백인 "올바른 곳에 서 있는지 확인하고, 굳건하게 서라"라고 고백을 깊이 배웁니다. 나만의 세상의 새 학기 새 내기로, 내 삶의 많은 유혹의 죄(Sin)인, 인위적인 물질의 욕심과 명예와 권세에서 생각과 행동이 세상의 죄로부터 해방되길 기도합니다. 이를 통해, 그분의 평화와 자유의 거룩함의 열매를 맺으며 아름다운 천국 나라의 영생(Eternal Life)을 누리길 기도합니다. 링컨은 그의 가족들과 함께 시간을 많이 보내지는 못했지만, 자상한 남편이었고 네 아이의 아버지와 천국의 자녀로, 자신의 삶을 보냈습니다. 이 시간 내 삶의 믿음의 새 학기, 에이브러햄 링컨처럼 귀한 천국 자녀의 홀로서

기(Stand-alone)와 믿음의 독립운동(獨立運動)에 성공하길 기대하며, 넉넉히 기도를 올려드립니다. - Joseph H. Kim

핵심 웨이브

By 독립운동(獨立運動)

삶산(LM)의 역영향선

그러나 이제는 너희가 죄로부터 해방되고 하나님께 종이 되어 거룩함에 이르는 열매를 맺었으니 그 마지막은 영생이라

But now that you have been set free from sin and have become slaves to God, the benefit you reap leads to holiness, and the result is eternal life. [Romans 6:22]

ΙΧΘΥΣ 익투스(ιχθυσ)의 감사: "험준한 CSP 4차연도 인력협상"

가정의 하루하루의 삶의 여정에서도 날마다, 월마다, 해마다 조금씩 변화하여서, 성장하는 많은 것들이 내 삶에 조금 있습니다. 그중에 하나인 한 달 생활에 필요한 개인의 주머니 용돈(Pocket Money)도 중요한 항목 중 하나입니다. 주는 자와 받는 자의 설명과 이해로 협상의 접점을 찾아갑니다. 같은 가정과 같은 주머니이지만 해마다 이른 봄에 시작되는 용돈의 협상은 주는 자와 받는 자의 서로 상충된 시선의 차이로 항상 난항을 겪으며, 받는 자는 필요성을, 주는 자는 전체적인 경제 상황의 이유로 쉽게 매듭을 지을 수가 없어서, 장기전의 협상(Negotiation) 터널로 들어갑니다. 양쪽의 쉽지 않은 접점을 찾아서 설득과 이해의 통로를 통해서, 올해도 13.2% 인상 합의안을 도출해 내게 되어서, 주님께 용돈의 빅딜(Big deal of Pocket Money)에 대한 고마움의 마음을 전하게 됩니다.

한 개인의 용돈에 대한 협상도 쉽지 않은 타협과 이해의 시간이 필요한데, 나라와 나라 사이의 국제적인 협상의 여정이란 어떻게 쉽게 그리고 간단하게 이루고 성취할 수 있겠습니까? 한 나라의 경제와 국민의 의견을 담아서, 양국의 이해 관계자들의 입장과 명분(Justification)을 고려하여, 양국의 최종 협상 가이드라인과 접촉점을 발견하기란 시간적, 정서적인 이해의 노력이 매우 필요하기에 함께 중보기도를 드립니다. 매스컴에서 통한 조국 대한민국에서 일어나는 평화의 협상이 양쪽의 빅딜이나 노딜(No Deal, 거래 없음)의 모습으로 전개되면서 서로의 절충안을 찾는 아름다운 화합(Harmony)의 순간을 기대합니다. 서로의 물질(경제)과 명예를 내려놓고, 창조의 천국의 영광(榮光)과 축복의 선물을 누릴 수 있는 것을 주고, 평화의 맞교환(Interconversion)을 선포하는 평화의 빅딜(The Big deal of Peace)이 있기를 기도합니다. 이를 통한 실질적인 양국의 경제와 문화의 변화와 성장의 시대를 맞이하기를 기도합니다.

머나먼 길을 떠나간 호주 동생의 삶의 여정에서 아이들과 함께 귀한 가정의 안정과 변화의 모습으로 성장하는 믿음의 도전과 헌신의 삶을 조용히 배웁니다. 그분께 아낌없이 삶의 여정을 드림으로 그분에게 귀한 축복의 여정을 받는 모습에 귀한 천국의 빅딜(The Big deal of Heaven)이 성사되었기를 조용히 기도합니다. 이를 통해서 다가오는 아름다운 5월의 연방상원 의원 선거 출마에 귀한 호주 사회의 동성애 법과 관련 법령에 대한 천국의 원리를 회복하려는 그분의 역사가 일어나기를 함께 기도합니다. 무너져 가는 호주 국회와 한국 국회를 포함한 세계 열방의 국회(國會)들에서 천국의 순결한 국회들로 새롭게 일어날 수 있기를 조용히 기도합니다.

이 땅의 하나님의 나라에 그분의 국회의 법을 다시 회복하시어, 그 안에 그분의 전을 건축하시고 영광도 얻으시고, 그 자리에 앉아서 다스릴 것이요. 또 제사장(祭司長) 이 자리가 있으리니, 이 둘 사 이에 평화의 의논이 있도록 은 혜의 빅딜(The Big deal of Grace) 이 성취(成娶)되기를 조용히 기

도합니다. 삶의 광야 길에서 믿음의 빅딜을 준비하는 모임들인, 물질 의 유혹을 천국 빅딜로 드리는 아이들과 아내, 삶과 구원의 빅딜 소 식을 일본에 전파하는 기쁨의 교회와 철강 기술의 글로벌 기술이전을 빅딜하는 CSP 사업과 한반도 천국 평화의 빅딜을 선포하는 조국 대한 민국과 천국 영혼의 회복의 빅딜을 도우시는 열방의 형제자매들과 이 들을 도우시는 숨겨놓은 그분의 나라 파수꾼에게 영생의 빅딜(The Big deal of Eternal Life)을 넉넉히 누리길 기도합니다.

◁ΙΧΘΥΣ▷ 익투스(ιχθυσ)의 생수: 쇠렌 키에르케고르

> 인생은 풀어야 할 문제가 아니라 경험해야 할 현실이다.
> Life is not a problem to be solved, but a reality to be experienced.
> - Soren Kierkegaard

덴마크에서 태어난 Mr. 쇠렌 오뷔에 키르케고르는 어린 시절에 그 의 아버지 미카엘로부터 Jesus Christ의 은총으로 자신의 죄를 용서 받고, 영혼의 구원을 받아 영원한 행복을 얻고자 했던 독실한 개신교

신자였습니다. 쇠렌은 누구보다 아버지를 따랐고 아버지의 성격, 신앙심, 그리고 가르침에 많은 영향을 받으며 자랐습니다. 그는 헤겔의 관념론과 덴마크 루터 교회의 무의미한 형식주의에 반대하였고, 그의 작품 중 많은 수가 신앙의 본질, 기독교회의 제도, 기독교 윤리와 신학, 그리고 삶에서 결정을 내려야 할 순간에 개인이 직면하게 되는 감정과 감각 같은 믿음의 생각들을 다루고 있습니다. 이로 인해 19세기 최고의 덴마크 철학자, 신학자, 시인, 그리고 사회 비평가가 되었으며, 실존주의 철학자의 선구자로 평가를 받기도 했습니다.

Mr. 키르케고르는 현대사상에서 매우 중요하고 영향력 있는 인물이지만, 많은 오해와 비판들로 삶의 여정에서 만나는 인생의 문제들을 바라보면서 자신의 마음 다짐을 고백합니다. "인생은 해결해야 하는 문제가 아니라, 경험해야 하는 현실이다" 그분이 주신 삶의 인생은 내가 해결해야 할 문제가 아니라, 그분의 자녀들에게 줄 숨겨놓은 축복과 인도하심을 내가 경험해야 할 삶의 현실(現實)임을 역고백(逆告白)을 해줍니다. 그러므로 "신이 나를 어떻게 도우셨는지 절대로 잊지 않으며, 나의 마지막 바람은 모든 영광을 그에게 돌리는 것이다"라고 고백하는 그의 모습을 이 시간 조용히 배웁니다. 이 시간 내 삶의 믿음의 여정(Journey of Faith) 이 모든 근심과 걱정을 그분의 인도하심과 축복하심에 의지하여 모든 것을 맡겨드리는 믿음의 빅

2019 아름다운날 우리들의 추억을 사랑합니다

딜(The Big deal of Faith)을 맺어봅니다. 이를 통한 그분의 창조 축복 빅뱅(Big bang)을 꿈꾸며, 함께 기도를 드립니다. – Joseph H. Kim

핵심 웨이브

By 천국의 빅딜(The Big deal of Heaven)

생신(L.M)의 방향성

그가 여호와의 전을 건축하고 영광도 얻고 그 자리에 앉아서 다스릴 것이요 또 제사장이 자기 자리에 있으리니 이 둘 사이에 평화의 의논이 있으리라 하셨다 하고

It is he who will build the temple of the LORD, and he will be clothed with majesty and will sit and rule on his throne. And he will be a priest on his throne. And there will be harmony between the two.

[Zechariah 6:13]

익투스(ιχθυσ)의 감사:
"하늘의 구름(Cloud) 기둥같이 계시는 어머니의 기도 소리"

얼마 전, 한국방문 휴가를 갔다 오셨던 분들과 한국에서 업무와 다른 목적으로 오신 몇 분들을 통해서 한국의 미세먼지와 초미세먼지(Ultra-fine particle)에 대한 소식들을 듣게 되면서 맑은 하늘과 공

기를 잘 볼 수 없다며, 많은 분이 하소연(Complain)을 보내옵니다. 예전에는 감사함을 잘 몰랐던 맑고 청명한 하늘과 깨끗한 공기를 이제서야 소중함과 중요함을 깨닫게 됩니다. 작고 사소하면서, 평범했던 이런 것들이 우리들의 가슴과 마음에 행복과 건강을 주었던 사실을 느끼면서, 다시 회복하고 싶은 귀한 자연의 선물과 은혜에 대한 그리움(Yearning)과 소중함(Hallowedness)이 더해가는 조국의 모습에 함께 중보의 기도를 드립니다.

그러나, 지구의 적도를 옆에 두고, 남적도 해류와 브라질 해류의 영향으로 브라질 세아라의 기후는 열대와 반건조 기후에 있습니다. 또한, 바다의 해풍이 육지 방향으로 불어오면서 공기가 잘 순환하게 되어, 많은 날이 맑고 청명한 하늘과 신선한 공기를 제공하는 자연(自然)

의 하늘에 놀라움과 감사의 마음을 울립니다. 그 옛날 아름다웠던 창조(創造)의 하늘과 공기의 신선함을 늘 풍성히 누릴 수 있기에 감사의 기도를 드립니다.

이 시각 브라질의 청명한 하늘과 함께 내 삶의 여정에서 잃어버려서는 안 될 것은, 어린 시절의 천국 믿음의 하늘(Hope, 소망)이 있습니다. 내 삶을 세상의 유혹 바람을 막아준 신선한 믿음의 공기(Evangelist, 전도자)이며, 세상의 먼지와 욕심(欲心)에서 이겨내는 방법을 알려준 믿음의 하늘(Advanced elders, 선진들)을 생각해 봅니다. 이제야 그분들의 믿음의 인내(Patience)와 사랑(Love)과 깊이(Depth)를 작게나마 깨닫게 됩니다. 이들로 인하여, 아름다운 천국의 하늘 구름 위의 삶의 여정으로 인도해 주신 은혜는 내가 천국의 본향(本鄕)에 도착 전까지 내가 잃지 않고, 들고 가야 할 귀한 하늘의 선물과 축복이었음을 조용히 고백합니다.

믿음의 공기(Evangelist, 전도자) 중에도 소중한 한 분, 몇 해 전, 브라질 꿈브끄 파라다이스 호텔(Paradice Hotel)에서 연중 한국방문 휴가를 출발하려는 이른 아침에 때에 한국

어머니의 임종 소식이 날아왔습니다. 며칠만 더 기다리셨으면 아들 얼굴이라도 한번 보고 하늘나라로 가셨을 것을 늘 아쉬움의 그리움이 남아 있습니다. 어머니를 보내드린 지 벌써 2년이라는 시간을 보내

며, 아직도 브라질에서의 삶의 여행 중이라, 마지막 이별의 눈물샘의 꼭지(Turn the tap off)를 아직까지 잠가놓고, 열어드리지 못함을 고백합니다. 어머니의 마지막 선물인, 귀한 천국 하늘의 청명한 믿음의 신앙을 따라서, 내 삶의 여정이 천국의 구름 위의 가족으로 이 땅에서, 하늘의 열매와 신앙을 배우며, 함께 천국 자녀의 삶을 따르기를 다시 한 번 더 다짐하는 어머니의 추도 일이 되기를 소원합니다. 이 땅의 믿음의 여정의 마지막 도착지인 천국 본향(本鄕, The kingdom of Heaven)을 향하여 달리는 믿음의 눈(目)은, 오직 천국의 구름만 바라보고 삶의 달음박질을 소망하며, 그분의 하늘의 영생(永生)의 귀한 선물을 나의 세상의 욕심의 먼지와 탐심의 하늘에 가려져서, 잃어버리지 않기를 조용히 다짐하며, 회개의 기도를 합니다.

내 삶의 여정에서 육신의 방황하는 안목(Perspective)을 떠나서, 광야 믿음의 전도자들과 선진들의 모습을 배웁니다. 천국 구름의 맑은 여호와(LORD)의 구름 기둥 가운데서, 그들에게 말씀을 다운로드받게 하시고, 그들에게 주신 하늘의 증거와 율례(律例)를 지키도록 인도하신 은혜에 감사의 마음을 전합니다. 이를 통해서 이 땅에서도 변함없이 천국 구름 위의 맑은 공기(성령의 바람)와 청명한 하늘의 축복된 삶을 넉넉히 응답해 주시고, 옛 육신의 허물도 용서하신 그분의 은혜를 찬양합니다.

삶의 광야 여정에서 하늘의 구름(Cloud) 기둥을 갈망하는 모임들인, 하늘의 신선한 바람을 기대하는 아이들과 아내, 삶과 재정의 청명한 하늘 축복을 준비하는 기쁨의 교회와 철강의 클라우드 기술이전을 내

려받는 CSP 사업과 맑은 천국 평화의
하늘을 예비하는 조국 대한민국과 천
국 구름 기둥의 회복을 도우시는 열방
의 형제자매들과 이들을 도우시는 숨
겨놓은 그분의 나라 파수꾼들에게 맑
은 공기(성령의 바람)를 넉넉히 타기를
기도합니다. – Joseph H. Kim

⟨ΙΧΘΥΣ⟩ 익투스(ιχθυσ)의 생수: 벤자민 프랭클린

죽음이랑 세금 빼고는 이 세상에 확실한 것은 없다.
In this world nothing can be said to be certain, except death and taxes.
– Benjamin Franklin

벤저민 프랭클린(Benjamin Franklin)은 미국의 '건국의 아버지(Founding
Fathers)' 중 1명이자, 미국의 초대 정치인 중 1명이었습니다. 그는 특
별한 공식적 지위(Position)에 오르지 않았지만, 프랑스군(軍)과의 동맹
에 있어 중요한 역할을 해서, 미국 독립(Independence)에 중추적 역할
을 했습니다. 그는 미국의 독립 시기에 활동한 워싱턴, 패트릭 헨리,
제퍼슨보다 적어도 한 세대는 앞선 사람이었으며, 대영(Great Britain) 백
과사전에서 "벤저민 프랭클린은 18세기의 미국인 가운데 조지 워싱턴
다음으로 저명한 인물일 것이다"라고 평가를 했습니다.

또한 그는 계몽사상가 중 1명으로서, 유럽의 과학자들의 영향을 받았으며, 피뢰침, 다초점 렌즈 등을 발명하였습니다. 결과적으로, 그는 미국 달러 화폐 인물 중 대통령이 아닌 인물은 알렉산더 해밀턴(10달러)과 벤저민 프랭클린(100달러) 2명뿐인 인물이 되었습니다. 그의 정신(精神)적인 영향력은 미국에서 성경(Holy Bible) 다음으로 많이 읽힌다는 그의 자서전 책에 의한 것이었습니다.

프랭클린의 자서전의 특징은 그의 인생 지침으로 삼았던 13가지 덕목을 제시했습니다. 벤저민 프랭클린의 철학은 "평소에 근면한 사람이 되어야 한다"라는 것이었고, 절제, 침묵, 질서, 결단, 절약, 근면, 진실, 정의, 중용, 청결, 침착, 순결, 겸손의 13가지 덕목들의 계율들을 정의했습니다. 조그마한 수첩을 만들어 매일 저녁에 그날 하루의 행동을 생각하였고, 각 계율과 관련하여 잘못한 것에는 해당란에 흑점을 찍도록 하는 등의 방법을 제시하여, 많은 미국 젊은이들의 본보기가 되었습니다.

그는 이 책에서 스스로 말한 바와 같이 교회에 열심히 다닌 사람은 아니었으나 그의 모든 행동은 청교도(Puritans)의 기본 규칙을 엄밀하게 따랐습니다. 청교도적 자서전은 이후 미국 젊은이들의 행동 규범(Norm)이 되었고, 앞으로도 상당한 기간은 계속 그러할 것이라고 합니다. 이 땅의 삶의 독립전쟁을 통해서, 신앙의 귀한 천국의 신선한 공기(Holy Spirit, 바람)와 천국의 하늘을 체험한 그가 우리에게 이 땅의 육신의 삶의 모습은 "죽음이랑 세금 빼고는 이 세상에 확실한 것은 없다"라고 고백해 줍니다.

이 시간 내가 그동안 바라보았던 세상의 것들이 단지 '세금과 죽음' 이외에는 진실하고, 확실한 것이 없다면, 내 삶의 눈을 이 땅에서 새로운 그의

청도교적인 새로운 공기(바람)와 구름 위의 하늘의 창문으로 클라우드(Cloud, 구름) 서비스를 신청합니다. 왜냐하면, 이 땅에서 오신 구원자(J.C)의 길에도 죽음의 십자가(Cross Way)의 길은 존재를 했으며, 하늘의 세금과 이 땅의 세금에 관한 질문도 있었습니다. 사순의 시간을 보내며, 그분이 갈망했고, 연결하셨던 새로운 천국 영혼의 능력과 하늘 인터넷 연결(성령)을 통해서, 천국 구름 위의 맑은 공기와 아름다운 복음의 청명한 하늘을 날마다 볼 수 있기를 소망(Hope)합니다. 내 삶의 클라우드 믿음(The Faith of Cloud)은 하늘 서버인 그분(Jesus Christ)의 능력 안에서 언제 어디서나, 무엇이든지, 접근과 다운로드와 능력(Victory, 승리)을 넉넉히 누릴 수 있음을 고백하며, 감사의 기도를 드립니다. - Joseph H. Kim

핵심 웨이브

생선(L.M)의 영향소

여호와께서 구름 기둥 가운데서 그들에게 말씀하시니 그들은 그가 그들에게 주신 증거와 율례를 지켰도다. 여호와 우리 하나님이여 주께서는 그들에게 응답하셨고 그들의 행한 대로 갚기는 하셨으나 그들을 용서하신 하나님이시나이다

He spoke to them from the pillar of cloud; they kept his statutes and the decrees he gave them. O LORD our God, you answered them; you were to Israel a forgiving God, though you punished their misdeeds.   [Psalms 99:7~8]

Chapter C

거룩한 생명의 생수,
지성소의 영광을 보라

 바람 타기(Wind riding)

ΙΧΘΥΣ 익투스(ιχθυσ)의 감사: "학풍, 철풍, 순풍 타기"

한동안 손을 놓았던 호주 원주
민 부메랑(Boomerang)으로 숙소
앞 바닷가에서 바람 타기 연습을
했습니다. 많은 도전에도 불구하
고, 브라질 바람을 타는 데에는
여러 가지 어려움이 많습니다.

바람을 타기에는 실패를 하여도 소중한 도전과 열정의 시간은 소중한

자산이 됩니다. 더 나은 바람 타기를 위해 시간이 된다면 직접 부메랑 (Boomerang)을 손수 제작을 할 수 있는 지혜와 용기를 얻게 되었습니다. 중요한 것은 실패 속에서도 계속해서 하늘의 바람을 타기를 즐길 수 있는 마음과 도전의 용기(Courage)를 주신 것에 감사를 드립니다.

포르탈레자 바닷가 앞, 숙소 창문 틈 사이로 겨울비와 함께 습기 많은 바람이 날려오는 3월의 마지막 순간입니다. 연일 내리는 비에 젖은 하늘의 바람에, 빨래 건조대에 널어놓은 빨래(Laundry)와 함께 몸과 마음도 촉촉이 습기(Humidity)를 먹는 것 같습니다. 해마다 같은 시기에 다가오는 브라질 기나긴 우기의 장마 날씨에 내리는 빗소리와 습기 먹은 바람(Wind)은, 매일의 출퇴근(Commute)하는 삶의 일상에서 갈아입을 근무복과 옷가지를 준비하는 데 있어서, 작은 마음의 근심(口心)이 몰려오는 것 같습니다. 그분의 시일(時日)에 창문을 통한 신선하고, 건조한 가정 살림을 살아가기 위한 순풍(順風)이 불어오기를 기대하며, 순풍 타기(Wind Riding)를 기도합니다.

학풍(學風)을 위해, 처음 부모를 떠난 삶의 새 바닷가, 대학교의 기숙사(寄宿舍)의 창문 사이로 낯선 친구들의 동행과 외로움의 바람이 불어올 큰아들의 삶의 바람을 조금이나마 기도해 봅니다. 연일 다가오는 삶의 습기를 먹은 바람(Wind)들이 아들의 첫 삶의 빨래 건조대(乾燥臺)에서도 잘 마르지 않을 수 있기에, 이 시간 함께 신선하고 건조한 삶의 바람을 위해 조용히 중보기도를 합니다.

매 학기 불어올 배움의 새로운 인생의 학풍(學風)을 위해서 이해되지 않는 이론을 가르치시는 교수님의 빗소리와 습기 먹은 친구들의 유혹(誘惑) 바람들이 다가오기에 작은 마음의 염려(念慮)가 몰려오는 것 같습니다. 학문의 광야의 여정에서 아들이 출퇴근(Commute)을 위해 갈아입을 학문의 근무복과 지혜(智慧)의 옷가지를 잘 준비하기를 기도합니다. 이를 통해서 아름다운 때에 그분의 시일(時日) 안에서 학문의 창문을 통한 하늘의 신선하고, 건조한 배움의 살림을 위한 학풍(順風)이 넉넉히 불어오기를 소망하며, 학풍 타기를 기도합니다.

이 시간, 철풍(鐵風)을 위해서 머나먼 대서양의 수평선을 지나서 새로운 철강 한류의 기술 문화를 준비하며, 떠나온 남미(南美)의 EIC 기술의 여정 위에 겨울비를 먹은 습기 많은 바람이 불어오는 것 같습니다. 삶의 빨래 건조대에 촉촉이 젖은 고객의 세탁물과 함께 힘없이 몸과 마음도 습기(Humidity)를 먹는 것 같습니다.

해마다 같은 시기에 다가오는 브라질 기나긴 우기의 장마 날씨처럼 날아오는 고객의 빗소리와 습기 먹은 바람들이 작은 마음에 고민(苦悶)들로 몰려오는 것 같습니다. 철강 한류의 대양의 여정

위에서 인력협상(HR Negotiation)의 안전한 항해(航海)를 위해 영혼의 갑옷(Armor)과 은혜(Grace)의 옷가지를 잘 준비하기를 기도합니다. 이를

통해서 아름다운 때에 그분의 시일(時日) 안에서 회복의 창문을 통한 하늘의 신선하고, 건조한 그분의 철풍(風鐵)이 풍성히 불어오기를 소망 (Hope)합니다. 이 시간 귀한 그분의 평안 바람이 지나갈 때, 함께 그 철풍을 타기를 기도합니다.

삶의 순풍(淳風)을 갈망하는 모임들인, 새 학기 학풍(順風)을 기대하는 아이들과 아내, 삶과 하늘의 물풍(財物, 재물)을 선포하는 기쁨의 교회와 철강 한류의 철풍(鐵風)을 기술이전을 하는 CSP 사업과 천국의 평풍(平和, 평화)을 준비하는 조국 대한민국과 지친 영(靈), 혼(魂), 육(肉)을 도우시는 열방의 형제자매들과 이들을 도우시는 숨겨놓은 그분의 나라 파수꾼들에게 천풍(天風, 성령의 바람)을 넉넉히 타기를 기도합니다.

ΙΧΘΥΣ 익투스(ιχθυσ)의 생수: 윈스턴 처칠

> 성공은 마지막이 아니며, 실패도 치명적이지 않다.
> 단지, 그 중요성을 계속하는 것이 용기입니다.
> Success is not final, failure is not fatal:
> it is the courage to continue that counts.
> – Winston Churchill

윈스턴 레너드 스펜서 처칠 경(Sir Winston Leonard Spencer-Churchill)은 1874년 옥스퍼드셔 주 우드스톡에서 태어났으며, 그의 가문은 귀족 명문가였습니다. 공작 가문의 후손인 그의 할아버지는 아일랜드 총독을 지냈고, 아버지인 랜돌프는 37세에 재무장관직에 오른 인물이었지만, 처칠의 어린 시절은 불우했습니다. 아버지는 정치에만 몰두했고, 외향적이었던 어머니 자넷은 바람기로까지 보일 정도로 사교적이었습니다.

9살 때부터 기숙학교에 들어간 처칠에게 부모는 가끔 편지로 안부로 묻는, 그저 학비나 대주는 존재였습니다. 이런 환경에서 처칠은 성적도 뛰어난 편이 아니어서, 학업 성적도 하위권, 학교생활도 역시 기대 이하였고, 게다가 항상 고독했고, 병치레도 많아서 13세 때 폐렴을 앓은 후 평생 재발로 고통받았습니다. 심장 발작도 자주 일으키곤 했었고, 사실 말더듬이여서 그는 이를 고치기 위해 독서를 선택했고, 책을 소리 내어 읽으며, 말더듬이 버릇을 스스로 고쳤습니다.

더 나아가, 독서량은 방대하고 깊이가 있었습니다. 특히 로마 시대부터 19세기까지, 영국과 유럽 역사에 관한 방대한 탐구는 훗날 정치가와 문학가로 혹은, 뛰어난 대중 웅변가로서 처칠의 위대함을 알리는 튼튼한 기본이 되었습니다. 이후 처칠은 그의 저서 『제2차 세계대전 회고록』이 '역사에 대한 상세한 기술과 문학적 완성도를 갖추었고, 전기로서도 가치가 있다'라는 것에 1953년 '노벨 문학상'을 수상을 하였습니다. 혹독했던 세계대전 중에서, 굽히지 않는 용기, 여유와 희망 넘치는 유머로 전쟁의 공포에 휩싸인 영국민의 맨 앞에 서서 승리를 쟁취했던 윈스턴 처칠은 두 번의 비극적인 세계대전을 겪으며, 90 평생 중 무려 55년을 의회에서 보냈습니다. 또한 장관으로서 31년을 보냈으며, 영국 총리로 9년간 국가와 국민을 위해 봉사했습니다. 편지 겉봉(表封)에 '런던에서 가장 위대한 사람에게'라고 쓰면 편지는 예외 없이 그에게 배달되었습니다. 그가 바로 20세기(世紀) 현대사의 거인 (巨人) 윈스턴 처칠이었습니다.

윈스턴 처칠은 자신의 실패와 약점 앞에 굴복하지 않고, 오히려 단점을 인정함으로써 미래에 대한 비전을 정확하고도 자신감 있게 정할 수 있었고, 그 목표를 향해 노력하는 힘과 방법을 터득했다고 이렇게 고백해 줍니다. "성공했다고 끝이 아니고, 실패했다고 끝나는 것도 아니다. 중요한 것은 계속 앞으로 나아가는 용기이다" 이 시간 성공과 실패는 인생의 끝이 아니며, 단지 삶의 여정에 만나는 작은 이벤트일 뿐이기에 이와 관계없이 꾸준히 자신의 앞을 나아가는 아름다운 그의 삶의 용기를 배웁니다. 어느 날, 인생의 큰 실패와 성공을 경험한 처칠이 유명한 연설장에 들어선 순간, 연단 위에 오르다 넘어지자 청중들이 일제히 웃음을 터트렸습니다. 그러자 처칠은 "여러분이 웃을 수 있다면, 나는 한 번 더 넘어질 수 있습니다"라고 말했다고 합니다. 처칠은 자신의 이런 단점을 극복했고, 그 극복의 근본적인 힘은 '굽히지 않는 용기(Courage)'라고 조용히 알려줍니다.

이 시간, 학문의 바닷가 여정을 떠나는 세 자녀에게, 윈스턴 처칠같이 자신의 약점과 단점을 자신의 학업(學業)을 통해서 펼칠 수 있기를 소망합니다. 배움의 실패와 성공이 끝이 아니며, 승패를 떠나서 낙심(落心)에서 벗어나, 세상이 감당할 수 없고, 굽혀지지 않는 천국 용기와

그분의 하늘 바람(天風, 천풍, 성령)
으로 천국 국민에게 하늘의 기쁨
과 승리를 전해 주는 성령의 바람
타기(Wind Riding)를 조용히 중보기
도 합니다. – Joseph H. Kim

핵심 웨이브

<table>
<tr><td></td><td align="right">By 바람 타기(Wind riding)</td></tr>
<tr><td>생선(LM)의 방향성</td><td>바람이 임의로 불매 네가 그 소리는 들어도 어디서 와서 어디로 가는지 알지 못하나니 성령으로 난 사람도 다 그러하니라

The wind blows wherever it pleases. You hear its sound, but you cannot tell where it comes from or where it is going. So it is with everyone born of the Spirit."   [John 3:8]</td></tr>
</table>

익투스(ιχθυσ)의 감사: "말씀과 찬양은 삶의 창과 방패입니다"

아름다운 젊은 날의 시간 속에서 함께했던 많은 추억의 분들을 꺼내어 봅니다. 특별히 부모님과 함께 내 삶의 귀한 청춘의 시간을 동행했던 큰고모님의 천국 소식을 멀리서나마 듣습니다. 사회초년생의 내 삶에 귀한 인도하심과 지켜주심의 은혜와 사랑을 늦게나마 감사한 마음으로 하늘에 편지를 올려드립니다.

방황했던 내 삶에 새로운 도전과 희망을 위해 준비해 주셨던 큰고모님의 함께했던 삶의 여정은 저에게 새 힘의 능력을 갖추게 한 부드러운 창(槍)이었으며, 이를 통해 세상을 부드럽게 사는 법을 배웠습니다. 지친 일상의 근심의 나의 모습에서 안식을 찾게 해준 방패(防牌)의 위로 말씀들은 평생 내가 잊지 말아야 할 귀한 천국의 사랑이었음을 늦게나마 고백합니다. 사랑합니다.

오늘도 아내의 작은 메모 편지들이 조용히 잠자는 나의 귓가에 들려옵니다. 교회 박 집사님 아내 되는 김 집사님 위암 진단받아서, 위암 4기(期)라는 선고(宣告)를 받았다고 들려줍니다. 얼

마 전만 해도 우리 집에 KEBS 여자 선생님 4명과 함께 오실 때 같이

오셨었는데 그때는 아주 보기 좋으셨다고 합니다. 요즘 주위에 암 환자 소식을 많이 접하며, 한국의 중년 이후의 인구에서 3명 중 1명이라 듣습니다.

그 옛날 미국 암 센터 박사님의 말씀이 기억납니다. 여러 가지 원인이 있지만, 특별히 스트레스(Stress)와 바이러스(Virus)의 영향으로 창조주께서 주신 신체 자율(自律) 조절기능이 창조의 원리대로 정상적으로 작동을 하지 못해서(세상의 유혹, 근심, 욕심과 미혹으로 인해), 호르몬(Hormone) 균형이 무너지면서, 남성 호르몬이 많이 나오면 전립선(前立腺)과 여성호르몬이 많이 나오면 유방암(乳房癌) 등 유사 형태와 여러 부위별로 발생한다는 말씀이 기억됩니다.

이 시간, 아름다운 포탈과 한국 믿음의 분들의 건강과 천국 믿음의 여정을 위해 함께 중보기도 드립니다. 찬양과 말씀은 우리들의 육신의 기대하지 않았던(Unexpected News) 삶의 여정에서 세상을 감당할 창(槍)과 넉넉히 막을 수 있는 방패(防牌)가 될 것입니다. 찬양(讚揚)에는 일반 노래와 다르게, 하늘의 기쁨과 행복이 있습니다. 그래서, 창조 때에 우리 몸에 숨겨놓은 최고의 호르몬이(4가지) 나올 것입니다. 이를 통해서 그분의 창조 신체 자율(自律) 조절기능이 창조의 원리대로 정상적으로 작동을 할 수 있게 해주실 것을 믿습니다.

또한 그분의 말씀(The word of God)은 세상 의인들의 지혜와는 다른(물질, 명예, 탐욕) 하늘의 지혜와 천국의 비밀(The Secret of Heaven)을 알려줄 것이며, 이 땅에서 그것들을 누리는 비결을 선진(先進)들의 삶의 여정을 통해서 배우며, 익히게 해줄 것입니다. 찬양과 말씀으로 영혼이 창조의 기쁨과 사랑으로 회복되시고, 평안하시길 중보기도 합니다.

내 삶의 부르시는 그곳에서 어떤 상황에도 나는 창과 방패로 예배합니다. 세상의 것을 모두 내려놓고 십자가(The Holy Rood) 밑에서, 당신의 보혈(Nourish The Blood)의 능력에 몸과 마음과 영혼을 조용히 그분의 믿음(Faith)으로 내어드립니다.

내 삶의 창과 방패의 능력은 예수 보혈의 능력 그것뿐임을 고백하며, 내 삶의 마지막 여정까지 내가 잊지 말아야 할 그분의 천국의 창(槍. 찬양)과 방패(防牌. 말씀)를 넉넉히 기도하며, 사랑합니다. 천국의 창과 방패를 갈망하는 모임들인, 삶의 여정에서 창과 방패를 준비하는 아이들과 아내, 삶과 전도의 여정에서 창과 방패를 예비하는 기쁨의 교회와 철강 한류에서 창과 방패를 기술 전수하는 CSP 사업과 천국의 평화의 창과 방패를 준비하는 조국 대한민국과 지친 영혼들에게 창과 방패를 전하는 열방 형제자매들과 이들을 도우시는 숨겨놓은 그분의 나라 파수꾼들에게 천국의 창(槍. 찬양의 기쁨)과 방패(防牌. 말씀의 지혜)를 넉넉히 선물로 받기를 중보기도 합니다.

> 말로 표현할 수 없을 때, 음악은 노래한다.
> Where words fail, music speaks.
> – Hans Christian Andersen

   Mr. 한스 크리스티안 안데르센은(Hans Christian Andersen, 1805) 덴마크의 동화작가이자, 소설가입니다. 안데르센은 덴마크의 오덴세에서 구두 수선공의 아들로 태어났으며, 이름은 루터교에서 세례를 받았을 때 대부모(代父母)가 붙여준 이름이었습니다. 안데르센의 집안은 할머니가 병원에서 청소 노동자로 일할 정도로 가난하였지만, 안데르센의 성장 과정에 큰 영향을 끼쳤습니다. 독실한 루터교 신자인 어머니는 안데르센에게 예수를 공경하는 순수한 개신교 신앙을 심어주었습니다.

   그는 사는 동안에 여러 나라 어린이들을 기쁘게 하는 데 성공했습니다. 1872년까지 발표한 160여 편의 동화 작품은 「인어공주」, 「성냥팔이 소녀」, 「벌거숭이 임금님」, 「미운 오리 새끼 엄지」, 「나이팅게일」 등 모두 유명해져서, 안데르센의 그림이 들어간 우표 발행이라는 영광을 누렸습니다. 62세 때 그는 고향인 오덴세의 명예시민으로 받들어졌으며, 1875년 수도인 코펜하겐에서 병으로 세상을 떠났습니다. 그의 장례식에는 덴마크 국왕과 왕비가 참석하였습니다.

   그 유명한 Mr. 한스 안데르센은 어린 시절 가난 때문에 정규 교육을 받지 못해서, 문법과 맞춤법이 엉망인 그의 연극 대본은 극단주의에 따라 반송되어, 자살을 생각할 정도로 극심한 마음의 고통에까지 시달렸습니다. 이런 말로 표현할 수 없는 자신의 극심한 상황에도 한스는 자신의 모습을 "말로 표현할 수 없을 때, 음악은 노래한다"라고 고백했습니다.

자신의 현실의 무거운 짐과 넘을 수 없는 눈물의 학업 환경 속에서도 어린 시절 배운 신앙의 창(槍, 찬양)과 방패(防牌)를 통해서 이겨냅니다. 한스는 아름다운 찬양의 고백과 말씀의 지혜를 통해서, 창조주께서 주신 자신의 신체 자율(自律) 조절기능을 창조의 원리대로 정상적으로 천국(The Kingdom of Heaven)의 찬양의 창(槍)과 지혜(防牌, 말씀)의 방패로 든든히 작동했었습니다.

이후, 그의 변화된 모습에 작가(Author)로서의 재능을 알아본 덴마크 의회 의원인 요나스 콜린의 후원으로 라틴어 학교에 입학했고, 1828년 코펜하겐대학교에 입학하였습니다. 몇 편의 희곡, 소설을 쓰면서 작가의 재능을 드러내게 되었습니다. 안데르센은 『즉흥시인』(1834년 작) 문학계의 호평을 받게 되었고, 1835년부터 본격적인 동화 저작에 들어갔는데, 어른들도 읽을 정도로 전 세계 독자들의 반응을 받게 되었습니다.

사순(四旬)의 이 시간, 내 삶의 여정 어느 곳에서, 한스 안데르센도 넘기 어려워했던 상황이 온다면, 부르시는 그 상황에 그분의 창과 방패를 간구합니다. 세상의 것을 모두 내려놓고 십자가(The Holy Rood) 밑에서, 당신의 보혈(Nourish The Blood)의 능력에 몸과 마음과 영혼을 조용히 그분의 창조의 축복 자율 조절 믿음(Faith)으로 내어드립니다. 내 삶의 창(槍)과 방패(防牌)의 능력은 예수의 보혈 능력 그것뿐임을 고백하며, 영혼의 찬양과 말씀의 자리로 나아갑니다. "Because your love is better than life, my lips will glorify you. [Psalms 63:3] 다윗의 고통의 순간에도 주의 인자하심이 생명보다 나으므로 내 입술이 주를 찬양할 것입니다"라는 고백을 이 시간 배웁니다. – Joseph H. Kim

핵심 웨이브

By 창과 방패(Spear and Shield)
하나님의 말씀은 다 순전하며 하나님은 그를 의지하는 자의 방패시니라
Every word of God is flawless; he is a shield to those who take refuge in him. [Proverbs 30:5]

익투스(ιχθυσ)의 감사: "승리와 함께 있는 것은 사랑입니다"

얼마 전, 브라질 직원의 카톡을 통해서 "I love my life"를 접하며, 배우게 됩니다. 오랜 시간을 일상의 세상의 삶을 바라보며, 달려온 지난날의 험난했던 순간들을 뒤로한 채, 이제는 자신의 삶과 가족의 귀한 안식의 삶을 충분히 채우길 함께 소망합니다. 세상(世上)의 흐름과 유혹의 가르침에 생애(One's life time)가 어디로 가는지를 모르는 채, 자신은 없고, 앞사람의 뒤만 보고 달리는 모습에서 이 땅에서의 자신의 달란트를 찾기를 중보기도 합니다. 이를 통해서, 잃어버린 자신의 창조자의 진정한 삶과 꿈을 회복하는 천국의 축복의 삶의 여정을 기도합니다.

그러나, 자신의 삶을 소홀히 생각하고, 세상과 다른 유혹에 자신의 삶을 잃어버린 자는, 다른 분의 삶도 쉽게 빼앗아 올 수 있는 것 같습니다. 진정으로 자신이 사랑하는 삶과 그 소중함을 잘

이해할 수 있기에, 다른 사람의 삶을 진심으로 사랑해 줄 수 있을 것입니다. 또한, 상대편의 소중한 생각과 행동의 의미를 존중해 줄 수 있는 넉넉함이 있음을 늦게나마 깨닫습니다. 세상 속(물질, 명예, 욕망)에서 자신의 세상 사랑을 찾는 것이 아니라, 창조주가 주신 자신의 축복

달란트를 따라, 자신의 천국 달란트(Natural abilities or qualities)의 삶을 사랑하고, 이를 위해서 삶의 달음박질을 할 수 있는 귀한 천국 경주자(Heaven Racers)의 삶의 여정이 되시길 축복하며 기도합니다.

천국 경주자로서, 창조주의 한없는 사랑을 힘입어서, 자신의 받은 사랑을 세상에 전하시는 십자가의 그분. 이 땅에서 천국 경주자의 삶으로 자신의 달란트, 십자가의 길을 걸어가신 그분의 사랑을 사랑합니다. 이 땅에 오신 그분의 십자가 사랑을 늦게나마, 귀한 믿음의 사랑의 고백으로 조용히 올려드립니다. 세상의 유혹과 흐름에 삶의 방향과 천국 나침반을 잃어버린 내 영혼의 눈(Eye of Spirit)을 다시 밝혀주시는 십자가(Cross)의 사랑의 은혜와 부활을 배우며, 감사의 기도를 드립니다.

천국 영원한 생명(영생)에 한 번도, 진정한 사랑을 받아보지 못한 내 모습에 그분의 십자가의 죽음과 자신을 내어주시는 십자가의 사랑은, 내 영혼의 삶의 모습에 아름다운 생명

(영생)의 사랑의 씨앗을 뿌려주셨음을 고백합니다. 자기 자신에서 나온 세상에 대한 자신의 사랑이 아니라, 그분의 사랑 안에서 나에게 주신 창조자(Creator)의 회복 사랑을 믿습니다. 또한 그분(Jesus Christ)의 십자가 부활(Resurrection)의 능력이, 내 삶의 여정에 믿음의 부활의 소식으로 전파되기를 기도합니다.

그분의 십자가 회복 사랑을 받았기에, 소중한 창조 때의 나의 영혼의 존재가 부활합니다. 자신이 죽어야, 다시 세상을 살릴 수 있는 것을 배웁니다. 그분의 십자가 사랑이 세상에 파묻혀 허덕이는 내 삶의 여정을 다시 천국의 자녀로 부활시켜 주셨음을 고백하며, 이제부터는 세상으로 가는 눈동자를 그분의 눈망울로 내어드리는 한 알의 밀알(Wheat Berry)이 되길 기도합니다. 이제는 네 이웃을 네 몸과 같이 사랑하라는 말씀과 같이 새로운 새 생명의 축복을 씨앗으로 영혼의 농부 달란트 삶으로, 쓰임 받기를 소망(Hope)하며, 기도합니다.

천국의 십자가 사랑을 갈망하는 모임들인, 그 십자가의 부활을 예비하는 아이들과 사랑하는 아내의 삶과 열방에 부활의 산(Living) 소망을 전하는 기쁨의 교회와 철강 한류의 기술 전수를 부활시키는 CSP 사업과 한반도 대평화의 부흥을 부활시키는 조국 대한민국과 십자가 사랑의 달란트를 열방에 부활시킨 형제자매들과 이들을 도우시는 숨겨놓은 그분의 나라 파수꾼들에게 이 땅의 십자가 승리와 그분과의 부활의 사랑으로 넉넉히 생명의 면류관(Diadem)을 받기를 기도합니다.

⟨ΙΧΘΥΣ⟩ 익투스(ιχθυσ)의 생수: 레오 버스카글리아

> 사랑은 곧 인생이다. 만약 사랑을 놓친다면, 인생을 놓치는 것이나 마찬가지다.
> Love is life. And if you miss love, you miss life.
> – Leo Buscaglia

Dr. 레오 버스카글리아는 1924년 로스앤젤레스(L.A)의 이민가정에서 태어나, 20년 가까이 미국의 교육학자이자 강연자, 저술가로서, 사랑의 가치를 일깨워 준 강연으로 'Dr. Love'와 '사랑의 전도사'로, 버스 카글리아가 쓴 사랑의 교과서는 미국인에게 가장 많은 영향을 미친 책들 중의 하나가 되었습니다. 1982년 미국에서 처음 출간된 이래 수많은 교육서와 자기 계발에서 영향을 준 고전이 되었습니다.

어느 날, 서던 캘리포니아대학에서 18년 동안 교수로 재직했던 그는 아끼던 제자의 죽음 이후 젊은이들에게 생명의 중요성과 사랑의 기쁨을 가르쳐 줄 필요성을 통감하고 '러브 클래스'라는 세미나를 시작했습니다. 자아실현과 사랑의 실천법에 대해 말하는 그의 강의는 곧 큰 호응을 얻기 시작했는데, 언뜻 단순해 보이지만 삶을 살아가는 데 가장 중요한 요소인 사랑에 대해 강조하는 그의 책은 전 세계 20개국 이상에서 1천 5백만 부 이상 판매되면서, 큰 반향을 일으켰으며, 뉴욕 TIMES 베스트셀러 목록에 동시에 5권이나 진입하는 진기록을 낳기도 했습니다.

그중에서도 특히『살며, 사랑하며, 배우며』는 미국인들에게 가장 큰 영향을 미친 책으로 손에 꼽힙니다. 동서양을 넘나드는 지혜의 경구들과 저자 자신의 체험을 녹여낸 이야기들을 읽다 보면, 다른 사람과 함께 사랑에 어울리며, 서로 배우며, 진정한 나 자신으로서 살아가는 인생을 배울 수 있었습니다. 그의 마지막 집 타자기에서 다음과 같은 글이 찍혀 있는 종이가 발견되었습니다. "불행 속에서 흘려보낸 모든 순간은 바로 내가 잃어버렸던 행복의 순간들이었습니다"라고 쓰여 있었습니다.

레오 버스카글리아(1924~1998년) 교수는 자신의 저서와 강의 中에서 "사랑은 곧 인생이다. 만약 사랑을 놓친다면, 인생을 놓치는 것이나 마찬가지다"라고 우리에게 전해주고 있습니다. 우리의 인생에서 나와 이웃과 사회와 삶을 사랑하지 않은 인생은 진정한 의미 있는 인생이 아니며, 자신의 인생(人生, Life)을 놓치는 것과 같다고 자신의 생각을 나누어 줍니다. Dr. 레오 버스카글리아의 사랑의 삶의 고백을 조용히 배웁니다.

이탈리아 이민자로서, 어려운 환경 속에서도 레오는 그의 사랑을 특별히, 『아버지라는 이름의 큰 나무』 책 속에서 소개했습니다. "아버지는 내게 아무것도 가르쳐 주지 않았다. 다만 그렇게 살았고, 그렇게 사는 것을 보게 해주셨다"라고 고백을 합니다. 자신에게 삶의 정직함과 주변 사람들을 사랑하는 사람이 되어야 한다는 것도 당신의 삶으로 보여주셨습니다. 글자가 아닌 아버지의 삶으로 배운 그 가치들은 내가 지금 이 자리에서 이렇게 살 수 있는 근간이 되었습니다. 아름다운 삶의 여정을 사랑으로 펼쳐갔던 레오 아버지의 삶과 이를 배우며 자기 삶의 여정을 사랑으로, 사랑의 전도자로 이웃과 세상에 소통하는, 두 부자(父子)의 삶의 여정을 배웁니다.

천국의 자녀이지만, 이 땅에서 천국의 이민자들로, 어려운 세상의 환경 속에서도 생활하는 잃어버린 천국 가족들을 건사하기 위해, 자신의 본체인, 독생자를 이 땅에 보내시고, 십자가의 길과 그  승리의 결단을 예비하시는 아버지의 삶의 모습과 아들(J.C)의 십자가의 사랑의 길을 바라보며, 두 분의 천국 사랑을 아름답게 받으며, 두 분의 기뻐하시는 사랑의 밀알이(Wheat Berry) 되기를 소망합니다. 소중한 그분의 십자가의 죽음은 나에게 천국(天國)의 은혜였으며, 죽은 내 영혼의 부활을 주신 하늘(야훼, ㄲㄲ)의 사랑임을 고백합니다. – Joseph H. Kim

———

* Brazil CSP 우리들의 이야기: https://m.facebook.com/story

핵심 웨이브

Subject 2

생선의 지상명령
(The Great Commission
of Life Missionary)

거룩한 가르침,
제자의 삶을 배우라

 삶의 놀이들(Play of Life)

⟨ΙΧΘΥΣ⟩ 익투스(ιχθυσ)의 감사: "막내아들의 큐브 놀이"

아름다운 가정의 날을 맞이하며, 삶의 귀한 봄꽃을 가정의 꽃밭에서 피우길 바랍니다. 아빠와 함께할 수 없이 자라나는 아이들을 생각하며, 이들의 봄날의 새싹들과 아름다운 삶의 꽃들을 위해 소중한 꿈(Vision)들을 피우기를 소망하며 기도합니다. 먼저, 큰아들의 혼자만의 첫 세상으로의 젊음의 여정과 둘째 딸아이의 고등학교 3학년 생활의 아름다운 학업의 여정과 막내아들의 멋진 중학교 생활과 취미활동을 사랑합니다.

특별히, 5월 어린이날의 주인공인 막내아들의 귀한 삶의 지난 추억과 꿈을 사랑합니다. 어린 시절 혼자 즐겁게 놀았던 큐브(Cube)와 퍼즐을 기억하며, 이들 중 어려운(3×4, 4×4, Ghost Cu.) 비대칭 큐브들을 재미있게 풀어가며, 조용히 희망의 미소 짓는 막내 아이의 얼굴의 한없는 함박웃음을 사랑합니다. 쉽지 않은 큐브의 여러 모양을 맞추어 가는 작고, 어린 손놀림으로 다가오는 중학생의 새로운 삶의 큐브들도 잘 구성해서 맞추어 자신의 삶에 소망의 큐브들도 잘 구성하기를 함께 기대합니다. 막내아들의 기나긴 천국 여정까지 믿음의 큐브와 도전에도 막내아들의 얼굴에 넉넉한 미소의 웃음을 볼 수 있기를 중보기도 합니다.

이 시간 더하여, 5월의 아름다운 시간 중에도 형제의 남동생의 호주 상원 의원 선거(Australian Senate Elections) 여정을 축복합니다. 늘 말씀과 기도로 든든히 그분의 삶을 담대하게 걸어가는 동생의 가정과 학교와 정당 위에서 또한, 이번 5월 선거 캠페인 중에도 함께 중보기도를 드립니다. 여러 가지 풀기 어려운 삶의 큐브(Cube)를 맞이하지만, 늘 새로운 삶의 큐브 도전과 열정(Enthusiasm)을 받아들이는 모습을 배웁니다. 특별히, 남은 선거일 기간, 바쁜 일정 속에도 아름다운 그분의 인도하심(Lead)과 성취하심으로, 그분의 영혼의 큐브(Cube of Spirit)를 잘 맞추어서 천국의 큐브의 예쁜 색채를 표현하기를 함께 중보기도 합니다.

이를 통해서, 아름다운 창조의 천국 회복 사역과 그분의 귀한 숨겨놓은 이 땅의 축복이 풍성히 맺히길 함께 소망합니다. 그분의 영혼의

큐브를 잘 맞추어, 동생
과 함께하는 모든 분의
웃는 얼굴을 보기를 기
도합니다. 이 시간 동생
의 축복 큐브를 창조하

신 그분, 축복(Benediction)의 큐브를 기도와 믿음으로 맞추기를 기다리시
는 그분을 찬양합니다. 5월의 어느 날, 그분의 오묘(Profundity)하고, 기묘
한(Curious) 축복의 큐브로 인해, 가족들과 함께 귀한 육신의 기쁨과 영
혼의 안식(安息)을 취할 수 있길 소망하며, 중보의 기도를 드립니다.

　내 삶의 여정을 그분의 말씀 큐브를 맞추어 가는 삶의 큐브 놀이에
들어갑니다. 천국 회복의 사역을 위한 위 · 아래(Up and Down)층의 큐
브인 말씀과 기도의 손가락을 움직이며, 또한 이웃 회복의 사역을 위
한 좌 · 우측(Life and Right)의 큐브인 섬김과 봉사의 손가락을 사용하기
를 소망(Hope)합니다. 나아가, 그분의 아름다운 창조의 세계를 이 땅
에서도 눈으로 목도하며, 내 삶의 숨은 그분의 축복 지도책을 읽으며,
이해하여, 넉넉히 누리기를 기도합니다.

　우리 가정에서도 그분의 축
복 잔을 찾아서 그분의 숨겨
놓은 축복의 퍼즐을 맞추어
갑니다. 축복의 퍼즐 속에 있
는 십자가의 숲길을 나서기

전 나눈, 그분의 잔(盞)에 그리스도의 피와 함께 내 삶의 영혼을 참여함을 소망하며, 또한 그분이 떼는 떡(Rice Cake)은 그리스도의 몸에 내 삶의 육신을 참여함을 소망합니다. 아름다운 5월, 선물로 주신 천국 가정의 축복 놀이에 그분의 십자가의 잔과 떡을, 내 삶의 여정에 축복의 퍼즐 조각으로 사용하고, 말씀의 퍼즐 책에 잘 적용하여, 또한 삶의 상·하측과 좌·우측으로 잘 맞추므로, 즐거운 천국 퍼즐 여정이 되기를 소망합니다.

⟨ΙΧΘΥΣ⟩ 익투스(ιχθυσ)의 생수: 숄렘 알레이쳄

삶이란, 현명한 자에게는 꿈, 어리석은 자에게는 시합이다.
부유한 자에게는 희극이고, 가난한 자에게는 비극이다.
Life is a dream for the wise, a game for the fool,
a comedy for the rich, a tragedy for the poor.
– Sholem Aleichem

유대인 작가인 Mr. 숄렘 알레이쳄은 1859년도 출생한 미국 뉴욕 국적으로, 인기 있는 고전 작가로서 이디시어로 활동을 했습니다. 어린 시절부터 글쓰기에 마음이 끌렸던 그는 17세 때 러시아어 개인 교사가 되었고, 그 후 루빈에서 정부 소속의 랍비(Rabbī, 유대교의 율법 학자)로 일했습니다. 초기에는 러시아어와 히브리어로 글을 썼지만, 1883년에 이디시어로 첫 단편소설을 발표한 뒤로는 죽을 때까지 40권 이상의 장편소설과 단편소설 및 희곡을 모두 이디시어(고지(地) 독일어(중부, 남부)에 히브리어, 슬라브어가 섞여서 이루어진 언어)로 발표했습니다. 그의 작품은 널리 번역되었고, 미국에서는 그를 '유대의 마크 트웨인'이라 불렀습니다.

유대인의 관습(Jewish Customs)에는 모든 가정의 자녀들은 집안의 아버지에게 자신의 모든 궁금한 사항을 물어보았으며, 이후는 랍비를 통해서 삶의 지혜와 원리를 배웠습니다. 이런 유대인의 전통을 따라서, 천국의 지혜와 축복을 가르쳤던 유대 랍비 Mr. 숄렘 알레이켐은 자신의 삶을 미국 사회에 이렇게 삶의 여정을 소개했습니다. "삶이란, 현명한 자에게는 꿈, 어리석은(Fool) 자에게는 시합이며, 부유한 자에게는 희극이고, 가난한 자에게는 비극이다"

이 시간 내 삶의 여정 위에 유대 랍비 Mr. 숄렘 알레이켐을 통해서 천국의 삶의 지혜와 원리를 조용히 배웠습니다. 복잡한 퍼즐과 큐브로 이루어진 삶의 현장에서 그분의 지혜와 원리를 통하여 이해하고 풀어가기를 소망합니다. 그리하며, 5월 어린이날 막내아들이 즐거워했던 100, 1,000피스의 삶의 퍼즐들을 천국 랍비의 지혜로 잘 풀어서, 그분의 100배, 1,000배의 축복의 즐거움이 험준한 글로벌 국책 사업인 브라질 CSP Level 2(PC Server Program 회의) 현장에서도 넉넉히 천국의 축복과 기쁨의 놀이(Amusement)로 느껴지기를 조용히 기도합니다. - Joseph H. Kim

핵심 웨이브

생신(L.M)의 상황판

우리가 축복하는 바 축복의 잔은 그리스도의 피에 참여함이 아니며 우리가 떼는 떡은 그리스도의 몸에 참여함이 아니냐

Is not the cup of thanksgiving for which we give thanks a participation in the blood of Christ? And is not the bread that we break a participation in the body of Christ ?   [1 Corinthians 10:16]

익투스(ιχθυσ)의 감사:
"CSP의 마지막 1년 기술의 도(道)를 전하며"

5월 브라질 여정에서 아름다운 CSP 정비현지인 교육을 통해서, 철강 한류의 성공적인 정착과 기술이전을 전합니다. 이를 통하여, 아름다운 철강 기술의 가르침과 부끄럽지 않은 기술인(技術人)의 모습을 담아내는 삶의 여정을 축복합니다. 많은 슈퍼바이저(S.V)들의 준비된 수업과 열정(熱情)에 남은 기간 많은 현지인이 현장 기술 능력과 설비 대응 지혜가 풍성히 전파되기를 소망합니다.

마지막 남은 1년의 시간 동안, 우리들의 삶의 여정이 현지인들의 기술이전 업무를 통하여, 이들의 생각과 사고에 진정한 기술(技術)의 스승으로 자리매김을 할 수 있기를 소망(Hope)합니다. 이후

에도, 서로의 업무와 관계들이 단순한 회사의 일을 벗어나서, 아름답고 영원한 스승과 친구 관계가 되길 기대합니다. 이로 인해, 현지인들이 처음으로 자력 업무 추진할 때, 기술의 낙심(Disappointment)과 혼선과 좌절(Frustration)이 있을 때, 현지인의 아름다운 기술 탄력성(Elasticity)을 위해, 한국에서 기술의 축복을 함께 중보해 줄 수 있기를 기도합니다.

그 옛날 20년 전, 지금의 큰아들이 태어나는 해, 따뜻한 봄날, 대학교 강의실에서 아름다운 열공의 대학생들과 철없고 부족한 스승 간의 대학교 강의를 통해서 학문(學問)과 지혜(智慧)를 나누었던 귀한 시간을 사랑합니다. 지금은 우리 사회의 구성원으로 각자의 삶의 여정에서 아름다운 가정(家庭)과 직장을 이루어 갈 것을 기대합니다. 혹시 삶의 골짜기와 언덕을 넘어야 할 순간에 있는 제자(Disciples)들의 모습이 있다면, 그분의 천국의 오뚝이(Tumbling Doll) 제자들같이 말씀의 능력(The Power of Words of God)으로 넉넉히 일어서기를 조용히 소망합니다.

이 시간 또한, 아름다운 믿음의 제자들과 이들의 성장한 모습과 귀한 가정들을 축복합니다. 내 삶의 아름다운 천국 영혼 스승(성령)의 인도하심을 따라, 이 땅에서 십자가 그분의 삶과 천국 생명의 삶을 그분(J.C)을 따르는 영원한 제자들과 함께 걸어가기를 소망합니다. 아름다운 5월, 내 삶의 천국 여정에 그분의 가르침(Teaching)과 인도하심(Showing the way)과 성취하심의 능력(能力)을 아름다운 가정(家庭) 위에서, 사랑하는 자녀들과 함께 영혼 제자의 도(Moral Doctrine)를 배우길 조용히 기도합니다.

마지막 때에, 아름다운 그분의 말씀이 점점 왕성하여 브라질과 영국과 독일과 한국과 호주와 예루살렘에 있는 귀한 제자(Disciples)의 수가 더 심히 많아지고, 허다한 제사장

의 무리도 그분의 도에 순종(Obedience)하기를 중보기도 합니다. 믿음(Faith)의 여정 속에서 천국의 소망과 영혼의 근력(Muscular Strength)으로 육신의 골짜기와 산 능선을 넉넉히 오르길 소망합니다. 천국 제자의 도를 사모하는 모임들인, 준비된 제자의 도를 학업하는 아이들과 아내 삶과 천국 스승(성령)의 능력을 배우는 기쁨의 교회와 철강 한류의 기술을 교육하고 가르치는 CSP 사업과 아름다운 천국의 평화의 도를 꿈꾸는 조국 대한민국과 영생의 구원 도를 열방에 전하는 형제자매들과 이들을 도우시는 숨겨놓은 그분의 나라 파수꾼들에게 아버지의 천국의 축복의 도와 영생의 기쁨을 따라, 넉넉히 천국 제자의 도(道)를 누리길 중보기도 합니다.

⋖ΙΧΘΥΣ⋗ 익투스(ιχθυσ)의 생수: 헨리 포드

> 이상주의자란 다른 사람들이 풍요를 누릴 수 있도록 돕는 사람이다.
> An idealist is a person who helps other people to be prosperous.
> – Henry Ford

Mr. 헨리 포드(Henry Ford)는 미국 미시간주 디트로이트 서쪽의 작은 마을인 디어본(Deerborn)에서 아일랜드계 이민자의 가정에서 태어났습니다. 그는 어린 시절부터 기계를 가지고 노는 것을 무척 좋아했습니다. 그중에도 고장 난 시계는 모두 그의 손을 거치면서 말끔히 수리가 되었습니다. 그는 13살 때, 아버지와 마차를 타고 디트로이트에 갔다가 말로만 듣던 증기자동차를 보고 감탄했습니다.

　포도는 운전사가 귀찮을 정도로 증기자동차의 원리를 자세히 캐물었습니다. 그날부터 그의 꿈은 '시계 박사'가 아닌 '자동차 박사'로 바뀌었습니다. 그는 16세의 어린 나이에 청운(靑雲)의 뜻을 품고, 디트로이트로 가서 '미시간 차량 회사'라는 기계 제작소에 들어갔는데, 7일 만에 해고당했습니다. 그 이유는 포드가 아무도 고치지 못한 기계를 30분 만에 고쳤기 때문입니다. 자기 자리에 위기의식을 느낀 공장장이 쫓아낸 것이었습니다.

　그 당시 디트로이트에 발명왕 에디슨이 세운 '에디슨 전기 회사'가 있었는데, 포드는 그곳으로 일터를 옮겨서, 전기에 관해 배우면서 본격적으로 자동차 연구를 시작했습니다. 이후 포드는 1893년 크리스마스이브에 드디어 2기통짜리 엔진을 만들게 되었습니다. 포드는 2인승 4마력 시속 45km의 최초 자동차를 친구에게 200달러에 팔았습니다. 차는 현재 그의 고향, 디어본에 있는 포드 박물관에 소장되어 있습니다.

　에디슨은 10년이나 아래 나이인 포드의 열정과 노력의 결실을 보고 격려해 주었습니다. 이때부터 발명왕 에디슨(Edison, Thomas Alva)과 자동차 왕 포드는 깊은 우정의 관계로 발전합니다. 1898년, 포드(Ford)는 그의 두 번째 차를 개발합니다. 미국 역사상 20세기 전반에서 가장 미국적인 인물을 뽑으라면 발명왕 토머스 에디슨과 자동차 왕 헨리 포드일 것입니다. 스승(Mentor)인 에디슨과 제자인 포드의 발명은 인류의 삶을 빠르고, 편리하게 만들었습니다. 두 사람의 스승과 제자 간의 영향력은 이처럼 온 세상을 풍요롭고 편리하게 했었습니다.

이 시간 아름다운 헨리 포드의 경영 원리 포디즘은 4개의 봉사원칙인데, 그것은 첫째, 미래에 대한 공포와 과거에 대한 존경을 버릴 것, 둘째, 경쟁을 위주로 일하지 말 것, 셋째, 봉사가 이윤에 선행할 것, 그리고 값싸게 제조하여 값싸게 팔 것 등입니다. 포드는 값싸고 실용적 (Pragmatic)인 차를 만들어 서민들이 쉽게 이용할 수 있도록 하는 것이 서민들에게 꿈(이상)과 희망을 주는 최고의 길이라고 생각을 했습니다.

그는 자신의 꿈(이상)의 도전과 희망을 위해 달리며, 세상을 향한 귀한 말을 나누어 줍니다. "이상주의자란 다른 사람들이 풍요를 누릴 수 있도록 돕는 사람이다" 이 시간 헨리 포드의 아름다운 세상의 꿈(Vision, 이상)의 여행을 조용히 배웁니다. 또한 영원한 스승인 에디슨의

가르침과 제자와 직원인, 헨리의 꿈과 희망을 세상에 선포할 수 있도록 중보해 준 에디슨의 여정을 사랑합니다. 5월의 아름다운 꿈(Vision, 이상)의 꽃들이 삶의 제자들과 자라나는 아이들의 길에서 활짝 피어나기를 소망합니다. 꿈을 가르치는 자, 꿈을 꾸게 하는 자, 꿈을 품게 하는 자, 꿈을 준비하게 하는 자, 꿈을 위해 달려가는 자들로, 진정한 제자와 스승의 관계를 이루기를 함께 중보(重寶)기도 합니다. 내 삶의 영

원하신 꿈을 이끌어 주시는 분, 영혼의 스승인 그분(J.C) 안에서, 오뚝이같이 다시 일어날 수 있는 영혼의 근력(The Muscular strength of H.Spirit)을 넉넉히 배우길 소망하며, 기도합니다. - Joseph H. Kim

핵심 웨이브

생선(L.M)의 박영양소

하나님의 말씀이 점점 왕성하여 예루살렘에 있는 제자의 수가 더 심히 많아지고 허다한 제사장의 무리도 이 도에 복종 하니라

So the word of God spread. The number of disciples in Jerusalem increased rapidly, and a large number of priests became obedient to the faith. 　　　　　　　　　　[Acts 6:7]

익투스(ιχθυσ)의 감사:
"배우자의 첫 만남과 7년 6개월간의 사랑의 광야훈련"

어느 해 명절날, 우연히 옆집 앞대문에서 만난 아내[≒우연히(As chance would have it): 그분의 나라를 위해서 그의 자녀들에게 숨겨놓은 예비된 그분의 선물] 그 옛날 중·고등부 시절에 노(老) 목사님을 통해서 배우자의 훈련을 받고, 기도로 예비한 배우자의 만남이 여기일까? 잠시 망설입니다. 얼마의 시간이 흘렀을까? 옆집 누님 옆에 있는 그분께 조용히 인사를 하고, 난생처음(For the first time in one's life)으로 용기 내어 물어봅니다. "사귀시는 분이 계십니까?" 잠시 후에 조용히 돌아오는 답변은 "아직은 없습니다"

적막감(寂寞感)이 감도는 순간 가까이에 있는 옆집 누님의 놀란 모습과 함께 나의 발걸음은 짧은 응답 "예 잘 알겠습니다"와 함께 어디론가 사라집니다. 이날 이후로 수개월이란 시간의 터널을 기다리며, 매주 토요일 저녁을 교회 마루에 철야를 하며, 노 목사님께서 가르쳐 주신 배우자를 위한 중보 훈련의 주인공이 누구일까? 마음으로 기다립니다. 6개월이 지나는 어느 날 교회 새벽 시간에 이제 드디어 사랑의 고백의 마음 편지를 조용히 마치게 됩니다

서점에서 구입한 책은 평소에 읽지도 않던 아름다운 사랑의 시집들

과 다윗 왕의 시편들을 외우며, 마음과 영혼의 기나긴 말씀의 확신과 배우자의 첫사랑 고백(告白)을 다짐하며, 내 삶의 첫사랑 고백을 시작하며 준비합니다. 그러나, 아직도 나의 사랑의 도전을 할 수 있는 기회가 있을까? 6개월 동안에 사귀는 남자가 생겼으면 어떻게 할까요? 긴장된 마음과 떨리는 생각과 흔들리는 믿음 위에서, 힘들게 구(救)한 그녀의 집 주소로, 내 마음의 기나긴 기도의 꿈과 사랑의 씨앗을 싣고, 내 사랑의 첫 편지가 드디어 날아갑니다.

중 · 고등부 시절에, 열심히 기도한 배우자가 그분이 준비한 배우자가 이분인가요? 내 사랑의 첫 편지를 준비하며, 나의 언어와 생각과 모습이, 그분의 언어와 생각과 모습으로 변해갑니다. 6개월을 교회에서 토요일 밤마다 기도 제목과 사랑의 편지로 준비한 시간은, 내 사랑의 기나긴 7년 사랑의 광야(Wilderness) 생활의 창문(窓門)이 되었습니다. 그러나, 쉽지 않은 내 사랑의 광야 꽃을 피우기 위하여, 내 사랑의 꽃을 7년간 주일 새벽 성전에 먼저 올려드립니다. 7년간의 새벽 성전 꽃꽂이를 통해서 내 마음의 낮아짐의 사랑을 배웠으며, 내 마음에 배우자에 대한 사랑의 꽃송이를 묵묵히 전할 날만을 기다리며, 조용히 천국의 사랑 가정 열매를 기도했습니다.

27년이 지난 오늘 부부(夫婦)의 시간에, 내 사랑의 7년간의 기나긴 사랑의 광야 여정이 그분이 예비해 놓은 내 사랑의 꽃밭(Flower Garden)이었음을 확증합니다. 그 사랑의 광야 여정에서, 나에게 낮아짐과 사랑의 가나안(Canaan) 생활을 배우게 하시고, 언어와 생각과 모습을 성찰(Reflection)시켜 주신 그분의 인도하심에 감사의 기도를 드립니다. 사랑의 광야 생활에서 배운 내 사랑의 첫 고백과 입술의 다짐들이 천국 가는 그 날까지, 그분 안에서 아름답게 첫 아내와 가정으로 결실을 맺기를, 오늘도 소망(Hope)하며, 조용히 천국 행복의 기도를 드립니다. 하늘의 축복 광야 생활의 지식을 따라 첫 아내와 동거하고 그를 더 연약한 그릇(Receptacle)이요 또 천국 생명의 은혜를 함께 이어받을 자로 알게 하시고, 귀히 사랑하기를 소망합니다. 이는 이 땅에서의 내 삶의 험난한 광야 기도 제목들이 막히지 않게 하려 하심을 말씀을 통해서 인도하심의 지혜를 주심에게 감사기도(祈禱)를 드립니다.

사랑의 광야의 삶을 사모하는 모임들인, 내 사랑의 광야에서 선물로 받은 아이들과 아내와 천국의 가나안의 광야 사랑을 가르치는 기쁨의 교회와 남미 철강의 광야에서 신기술을 가르치는 CSP 사업과 천국 사랑의 광야에서 꿈을 전하는 조국 대한민국과 삶의 광야에서 사랑의 씨앗을 열방에 뿌리는 형제들과 이들을 도우시는 숨겨놓은 그분의 나라 파수꾼들에게 천국의 사랑 회복(回復)과 축복의 기쁨들을 따라, 5월 천국 가정과 부부의 사랑을 누리길 기도합니다

⟨IXΘYΣ⟩ 익투스(ιχθυσ)의 생수: 윌리엄 셰익스피어

널 봤을 때 난 사랑에 빠졌고, 그걸 알고 있는 넌 미소를 지어주었다.
"When I saw you I fell in love, and you smiled because you knew"
- William Shakespeare

윌리엄 셰익스피어(William Shakespeare)는 영국의 극작가이자 시인입니다. 셰익스피어는 잉글랜드 중부의 전형적인 스트랫퍼드 어폰 에이번에 있는 작은 마을에서 존과 메리 아든 부부(夫婦)의 맏아들로 태어났습니다. 셰익스피어는 주로 성서와 고전을 통해 읽기와 쓰기를 배웠고, 라틴어 격언(格言)도 암송하기도 했었습니다. 11세에 입학한 문법학교에서는 문법, 논리학, 수사학, 문학 등을 배웠는데, 특히 성서와 더불어 오비디우스의 『변신』은 셰익스피어에게 상상력의 원천이 되었습니다.

아버지는 비교적 부유한 상인으로 가죽 가공업과 중농(中農)을 겸한 데다가 읍장까지 지낸 유지로, 당시의 사회적 신분으로 중산층에 속해 있었기 때문에 셰익스피어는 풍족한 소년 시절을 보냈습니다. 그러나 1577년경부터 가세가 기울어 학업을 중단(中斷)하고, 집안일을 도울 수밖에 없었습니다. 그리스어를 배우기도 하였지만 그렇게 유창하지 않아, 동시대 극작가 벤 존슨에게서 "라틴어에도 그만이고, 그리스어는 더욱 말할 것이 없다"라고 셰익스피어를 조롱하기도 하였습니다.

이 당시에 대학에서 교육받은 학식 있는 작가를 '대학 재사'라고 불렀는데, 셰익스피어는 이들과는 달리 고등 교육을 전혀 받지는 못하였습니다. 그럼에도 불구하고 그의 타고난 언어 구사 능력과 무대 예술에 대한 천부적인 감각, 다양한 경험, 인간에 대한 심오한 통찰력은 그를 위대한 작가로 만드는 데 부족함이 없었습니다. 런던으로 이주한 뒤로 본격적인 작품 활동을 시작하여 일약 명성을 얻었었고, 생전에 '영국 최고의 극작가' 지위에 등극하였습니다. 『로미오와 줄리엣』, 『햄릿』과 같은 인간의 내면을 통찰한 주옥같은 걸작(傑作)을 남겼으며, 그의 희곡은 인류의 고전으로 남아, 수백 년이 지난 지금까지도 널리 읽히고 있습니다.

당대의 여타 작가와 달리, 대학 교육을 받지 못하였음에도 불구하고, 자연 그 자체로부터 깊은 생각과 뛰어난 지식을 끌어모은 셰익스피어는 당대 최고의 희곡 작가로 칭송을 받았습니다. 그 옛날 사랑의 희극의 대작가 셰익스피어, 그의 젊은 시절, 자신의 첫사랑(Anne Hathaway, 앤 해서웨이)의 만남의 순간을 이런 사랑의 편지(Love Letter)를 전해줍니다. "널 봤을 때 난 사랑에 빠졌고, 그걸 알고 있는 너는 미소를 지어주었다" 이후, 셰익스피어는 18세에 앤 해서웨이와 결혼했고, 우스터의 성공회 교회 법정에서 혼인 허가를 내주었습니다.

몇 년 전, 아내의 영어 영문학 공부에서 셰익스피어의 많은 글을 잠시 읽어보게 되었습니다. 이를 통해서, 고전 영어에 대한 기대감과 갈망에, 시작한 아름다운 킹 제임스 버전의 말씀 세계를 배우면서, 그 옛날 셰익스피어의 성경의 신비로운 사랑의 글들과 시들을 조용히 바라보

며, 갈망했습니다. 특별히, 부부의 첫사랑에 대한 귀한 마음의 생각과 첫 다짐들을 배우며 천국의 축복 가정을 소망하며, 기도합니다. 이 시

간, 내 사랑의 첫사랑의 광야의 삶을 되돌아보며, 그 옛날 셰익스피어의 "널 봤을 때 난 사랑에 빠졌고, 그걸 알고 있는 넌 미소를 지어주었다"라는 아름다운 사랑의 말을 생각합니다. 27년이 지난, 오늘 부부의 날 "그 첫사랑의 진실은 그 아내의 행복을 나 자신의 행복보다 더 소중해지는 것이다"라는 잭슨 브라운의(Jackson Brown) 소중한 사랑의 다짐에까지 나아가, 나의 첫사랑의 고백들이 성장하기를 기도합니다. — Joseph H. Kim

---

핵심 웨이브

	By 부부의 사랑(Love of Married Couple)
생선(LM)의 영향선	남편들아 이와 같이 지식을 따라 너희 아내와 동거하고 그를 더 연약한 그릇이요 또 생명의 은혜를 함께 이어받을 자로 알아 귀히 여기라 이는 너희 기도가 막히지 아니하게 하려 함이라 Husbands, in the same way be considerate as you live with your wives, and treat them with respect as the weaker partner and as heirs with you of the gracious gift of life, so that nothing will hinder your prayers.　　　　　　　[1 Peter 3 :7]

익투스(ιχθυσ)의 감사:
"사랑의 중고 신발이 CSP에서 열정의 신발이 되었다"

지난 2월 시드니(Sydney) 블루 마운틴에서 아내의 안내로 중고 샵(Second Hand)으로 갔습니다. 몇 가지 물건들을 둘러보더니, 좋은 중고 옷들과 함께 아내의 손에 낯선 중고 구두 신발을 들고 옵니다. 갑자기 받은 신발에 조금은 놀랐지만, 늘 신고 다니던 신발에 밑창과 뒤끝이 조금은 헤어진 그것이 교체할 시기인 것 같습니다. 브라질 CSP 추진반에서 3년 정비 수주 준비를 할 때부터 고객과의 협상 테이블에 항상 따라다녔으며, 현재의 CSP 정비실행(3년)을 진행하며, 6년 동안 임무를 무사히 완성하고, 동고동락(Share one's lot)한 정든 중고 구두를 조용히 다시 고향의 중고 샵으로 넉넉히 보내어 드립니다.

새롭게 교체한 블루 마운틴, 중고 구두는 호주 현지 가격으로 19달러(1만 5,000원)로 높은 품질과 견고한 가죽으로 아내의 기쁨과 함께 나의 또 하나의 삶의 광야 길을 함께 시작하게 됩니다. 앞으로의 마지막 4차연도 정비 업무 실행에 투입되어서 당당하게 브라질 광야의 삶에서도 겉이 떨어지지 않고, 헤어지지 않는 그분의 가나안 광야의 신발

(The Shoes of Wilderness)이 되어 마지막까지 CSP 정비사업을 잘 마무리 (Finish Well)하기를 소망합니다.

6월[June, 제우스(Zeus)의 로마 명]의 호국 보훈(護國 報勳)의 달을 맞이하며, 한국의 장인어른과 많은 믿음의 영웅들과 또한 조국의 식민의 삶에서 이름 없이 빛도 없이 자신을 나라에 헌신한 선조(先祖)들을 배웁니다. 이들의 불길 같은 헌신의 마음과 떨어지지 않는 열정 (Enthusiasm)의 신발은 자라는 우리와 후손(Descendant)들에게 험난한 광야(廣野)와 같은 삶의 현실(現實)들을 어떻게 맞이해야 하는지에 대한 광야의 지혜(智慧)를 잘 알려줍니다. 아름다운 믿음의 영웅들의 평화로운 천국 본향의 영면을 기도합니다.

눈이 보이지 않는 삶의 철강 광야 길에서 조국 대한민국의 아름다운 철강 기술인으로, 아름다운 우리들의 4년 차 브라질 광야 길을 통과합니다. 선조들의 헌신(Dedication) 마음과 열정의 신발로 새로운 광야 길을 준비(準備)해 봅니다. 우리의 마지막 열정의 신발인 '정비교육'을 통해서, 안정적 기술이전(The transfer of technical know-how)을 현지인들에게 전수하면서, 처음에 계획했던 삶의 가나안 땅으로 들어가기를 소망합니다. 우리들의 마지막 본향(本鄕)에 도착할 때까지 떨어지지 않고, 헤어지지 않는 글로벌 철강 기술의 한류의 산에까지 잘 도착하기 (Finish Well)를 함께 기도합니다.

내 삶의 브라질 여정에서 아름다 운 4년 차 광야 길에서 들어갑니 다. 많은 분이 함께 출발해서, 광 야의 여러 지점에서 여러분들을 보 내어 드리고, 이제 마지막 여정에

까지 왔으며, 가나안의 마지막 안내자인 나선 정비교육을 맞이합니 다. 그분께서 40년 주야(晝夜)에 이스라엘(Israel)을 뜨거운 태양과 목마 름과 전갈과 가뭄과 외로움과 밤의 광야 길에서 안전하게 인도하시 고, 만나와 메추라기도 주셨습니다. 또한 그들의 몸의 옷들도 낡아지 지 아니하였고, 그들의 발의 신발도 해어지지 아니하였음을 보며, 내 삶의 브라질 광야의 길에서도 정비교육(整備敎育)과 함께 넉넉히 삶의 가나안(Canaan)으로 인도하실 것을 믿으며 중보기도 합니다.

천국의 광야의 삶을 사모하는 모임들인, 구두의 신 광야 길을 믿음 으로 나누는 아이들과 아내와 천국의 가나안의 광야 외길을 선포하는 기쁨의 교회와 철강의 광야 길에서 신기술을 전수하는 CSP 사업과 천 국 믿음의 광야 길에 사랑을 전하는 조국 대한민국과 광야 길에서 믿 음의 씨앗을 열방에 선포하는 형제들과 이들을 도우시는 숨겨놓은 그 분의 천국 파수꾼들에게 가나안의 회복(回復)과 본향의 기쁨들을 따라 서, 천국 6월의 떨어지지 않는 신발과 가나안의 희망을 풍성히 누리길 (Finish Well) 기도합니다.

교육은 세상을 변화시킬 수 있는 가장 강력한 무기입니다.
Education is the most powerful weapon
which you can use to change the world.
– Nelson Mandela

넬슨 롤리랄라 만델라(Nelson Rolihlahla Mandela)는 남아프리카 공화국에서 평등선거 실시 후 뽑힌 세계 최초의 흑인 대통령(大統領)이었습니다. 대통령으로 당선되기 전에 그는, 아프리카민족회의 지도자로서 '반아파르트 헤이트 운동' 즉, 남아공 백인 정권의 인종차별에 맞선 투쟁을 지도하며, 체포됩니다. 이후, 1964년 43세에 무기징역을 선고(宣告)받았으나, 27년이 지난 1990년 71세의 나이에 출소했습니다.

1993년 남아공의 데 클레르크 대통령과 함께 노벨 평화상을 수상합니다. 1994년 평등선거에서 ANC의 지도자인 넬슨 만델라는 남아프리카 공화국 최초의 흑인 대통령으로 취임하였습니다. 이후 진실과 화해 위원회를 결성하여 용서와 화해를 강조하는 백인과의 과거사 청산(淸算)을 시행했습니다. 많은 과거사 자료들을 수집하여 조사하여, 인종차별 시절 흑인들의 국가폭력 가해자가 진심으로 죄를 고백하고, 뉘우친다면 사면하였으며, 나중에는 경제적인 보상이 이루어지기도 했습니다. 이후, 그의 저서는 뉴욕 TIMES에서 뽑은 20세기 최고의 책에『자유를 향한 긴 여정』이 선정되었습니다.

그는 남아프리카 공화국 케이브 지방의 일부였던 움타타에 위치한 작은 마을, 음베조에서 태어났습니다. 그의 증조부는 이스턴케이프 주에 있는 트란스케이 지역에서 '인코시 엔크홀루' 혹은 군주로서 템부 족을 다스렸던 추장이었습니다. 만델라는 어린 시절 감리교회에 신앙생활을 했으며, 백인들의 흑인 인종차별 중에서도 학업을 위해서, 비트바테르스란트대 법학부에 재학하여, 민주주의, 사회주의, 공산주의 등 수많은 사상을 배우며 자신과 삶의 광야 길(曠野 道)을 묵묵히 걸어갔습니다. 이러한 흑인으로서, 어려운 대학 배움의 경험들은 이후 그의 정치적 식견을 공고히 하게 되었습니다.

넬슨 만델라는 자신의 95세 노년의 삶을 되돌아보며, 남아공 백인 정권의 인종차별에 맞서 투쟁을 했지만, 진정으로 그들에 맞서고, 백인들을 이기는 길은 총과 폭력이 아닌, 꿈을 심어주는 교육(敎育)이라고 고백을 해줍니다. 그의 아름다운 백인들과의 승리의 비밀을 이렇게 선포해 줍니다. "교육은 세상을 변화시킬 수 있는 가장 강력한 무기입니다" 아름다운 아프리카 흑인들의 진정한 승리는 무지와 함께 꿈이 없는 삶에서, 희망과 미래에 대한 열정의 꿈을 향한 도전을 가르치는 전인적인 사회 교육이라고 조용히 고백해 줍니다.

이 시간 아름다운 남아프리카 흑인들의 삶에 희망과 꿈을 선포한 넬슨 만델라의 삶의 여정을 배웁니다. 이를 통해서, 내일이 없는 삶을 살아가는 흑인들에게 교육을 통한 희망과 꿈을 가르친 아름다운 흑인 대통령 넬슨 만델라를 기억합니다. 흑인들의 생각 전환으로 백인들과 함께 화해와 평화를 선포하는 남
아공의 광야 같은 삶들이, 마지막
평화의 가나안 땅으로 향하기를
함께 중보기도 합니다. 27년 감
옥 속에서도 성경 말씀을 통해서,
자기 자신을 백인과 화해와 용서
로 교육을 시킨 남아공의 영원한 지도자 만델라의 귀한 교육(教育)의
힘을 배웁니다.

아름다운 6월의 호국 시간에 나
라의 희망과 비전을 위하여 자신
을 헌신한 선진들을 기억합니다.
또한 자신의 삶을 나라와 민족의
미래를 위해서, 몸과 마음을 평생
에 바친 삶들을 배웁니다. 브라질
의 삶의 광야 길에서, 총성과 화포의 소리는 없지만, 수많은 광야 길
의 전갈과 뜨거운 태양과 목마름과 외로움에 맞서서, 이길 수 있는 아
름다운 철강 기술의 광야 교육을 준비하며, 우리와 브라질 현지인의
화합과 브라질 철강 기술의 가나안 입성을 넉넉히 준비해 봅니다. 우
리들의 마지막 철강 광야 길을 변화시킬 수 있는 가장 강력한 무기는
'CSP 기술교육'임을 고백하며, 이것을 광야의 신발로 조용히 준비하
며, 기도합니다. - Joseph H. Kim

핵심 웨이브

주께서 사십 년 동안 너희를 광야에서 인도하게 하셨거니와 너희 몸의 옷이 낡아지지 아니하였고 너희 발의 신이 해어지지 아니하였으며

During the forty years that I led you through the desert, your clothes did not wear out, nor did the sandals on your feet.   [Deuteronomy 29: 5]

Chapter B

거룩한 동행,
넉넉한 승리의 고백을 드려라

 첫 강의(The first of lecture)

 익투스(ιχθυσ)의 감사:
"주일학교 설교훈련으로 준비한 첫 대학교 강의 면접"

오후 늦은 시간에 지도교수님께서 연구실로 호출을 하십니다. 조금
은 긴장된 마음으로 연구실(Laboratory) 문 앞에서, 조용히 노크하고, 연
구실의 책상으로 이동을 합니다. 나에게 조용히 다음 학기 강의 교수
원서를 제공하시며, 두 달 후에 원서 제출과 함께 모의 강의평가를 위
한 시험을 준비하라고 말씀을 해주십니다. 지난 27년 동안 살면서, 강
의(Lecture)라고는 전도사님이 안 계셨던 교회에서 노(老) 목사님에게 배

운 성경 말씀으로 주일학교 어린아이들에게 전하는 주일설교(Preach)
말씀이 다인데, 어떻게 대학생들을 대상으로 대학교 전공 수업 강의
를 할 수 있을지 그날부터 나는 잠을 이룰 수가 없었습니다.

몇 명의 모의 강의가 끝나고, 나는 두 달간 준비한 강의교재와 강의
자세로 5명의 교수님 앞에서, 대학생들의 전공과목 강의를 진행합니
다. 강의과목소개와 현장 즉석 강의 내용과 질의 문답을 거치면서, 눈
은 교수님들과 칠판만 보이고, 목소리는 주일설교 말씀 수준으로 아
이들에게 전하듯이 주어진 40분의 모의 강의 시험을 구름 위에 뜬 기
분으로 마치게 됩니다. 20여 년이 지난 이 시간, 입술이 둔한(Dull) 나
에게 아름다운 그분의 7년간의 주일학교 어린이 설교 준비 훈련은 무
능한 나의 입술을 지혜의 입술과 함께 귀한 천국의 용기와 담대함의
능력으로 키워주셨던, 그분의 숨겨놓은 훈련(訓練)과 양육의 시간이었
음을 조용히 고백하며, 감사의 기도를 드립니다.

몇 해 전, CSP 현지인 조업
운전자 교육 관련 교육 PJT 수
주를 진행하며, 수많은 협의와
발표를 하며, 드디어, CSP 제
철소에 제공한 HMI 교육을 수
주합니다. 30명의 브라질 현지

인들을 한국으로 초대(招待)를 해서 3개월의 이론 강의와 함께 실습을
위한 포항 본사 뒤쪽 연구동 건물에 강의실 설치와 교육 기자재, 40

명이 넘는 전문 교육 강사 준비와 강의 교본 등 순차적인 일정을 마치고, 최종 졸업 시험과 강의수료증을 발급해 줍니다.

이후, 브라질 현지로 날아와서, 추가로 3개월의 브라질 현장 설비 교육 기자재 설치와 강의실 배정 및 야외 교육 등을 추가로 진행합니다. 마지막으로, 한국에서 힘들게 교육을 받은 Key Job 운전자 30명들이, 자신들의 지혜로 브라질 초보(Beginners) 운전자 수백 명들을 대상으로 전파 교육(教育 傳播)을 진행하는 것을 뒤에서 보조(Assistance)합니다. 1년 6개월의 기간을 통해 브라질 CSP HMI 조업 운전자 교육 PJT를 성공적으로 마치게 되었습니다. 첫 강의의 부담감과 외국인에 대한 선입견(Prejudice)에 대한 불만들을 모두 이겨내시고, 아름다운 첫 강의를 하신 귀한 40여 명의 강사님에게 늦게나마 고마움의 마음을 전하기를 원합니다.

이 시각 브라질 CSP 추진반의 마지막 반원으로, 마지막 프로젝트 EIC 정비사업의 배에 탔습니다. 대형 PJT의 수주, 설계(BD, DD), 제작 관리, 품질, FOB, 시운전 지원과 조업자 HMI 교육과 EIC 정비를 통해서, 아름다운 회사의 위상과 글로벌 역량을 축적해 갑니다. 회사의 마지막 바톤[프(바통, bâton), 영(배턴, Baton)]을 이어받은 CSP 정비사업부에서 이제는 CSP 현지인들에게 설

비 자력 정비 업무를 위한 기술이전 교육을 진행하는 대양의 항로에 들어갑니다. 그동안 함께했던 아름다운 현지인들과의 정비 추억과 돌발순간들의 해결(Solution) 기술력들을, 마지막으로 정비기술이전 교육(The transfer education)을 통해서 설비별로 넉넉히 전파 교육(Propagation)이 있기를 소망합니다.

4차연도 정비 업무를 보내며, 아름다운 우리들의 마지막 상반기 6월을 보냅니다. 돌아오는 하반기에는 단순한 정비 업무 추진 이상의 마음가짐으로 전체 회사를 대표해서, 브라질 CSP 제철소의 최종적인 임무 완수를 위한 마침표를 찍고, 결승선에 도착할 마지막 바톤 릴레이 선수들입니다. 그동안의 모든 선배들과 동료들의 성과와 결실을 확정 지으며, POSCO Group의 글로벌 철강 기술의 항해를 마무리할 수 있기를 소망하며, 귀한 정비기술이전 교육 강사님들에게 2019년도 하반기 현지인들과 함께 귀한 첫 강의(The first of lecture)의 감동(Be impressed)과 영광(Honor)을 누리시길 조용히 중보기도 합니다.

천국의 믿음의 달란트를 사모하는 모임들인, 그분의 종의 리더십에 훈련받는 아이들과 아내와 영혼의 근력을 강의하며 교육하는 기쁨의 교회와 철강 글로벌 기술이전을 강의로 준비하는 CSP 사업과 천국 믿음의 통일을 사랑으로 품는 조
국 대한민국과 축복의 예배와 찬양을 열방에 전도하는 형제자매들과 이들을 도우시는 숨겨놓은 그분의 천국의 파수꾼들에게 이제는 하나님의 말씀 초보에 대하여, 누구에게서 가르침을 받아야 할 처지도 아니고, 단단한 음식을 못 먹고 젖이나 먹어야 할 자도 아닌, 천국 본향의 전도(Evangelist)의 사명자(Mission)로 말씀에 기록해 놓은 에덴의 동산(Garden of Eden)의 은혜를 전파하는 '첫 전도 교육(Education)'을 하고, 모두의 천국 여정이 회복(Recovery)되는 축복을 조용히 중보기도 합니다.

⟨IΧΘΥΣ⟩ 익투스(ιχθυσ)의 생수: 존 듀이

교육은 삶을 위한 준비과정이 아니다. 교육은 삶 그 자체이다.
Education is not preparation for life; education is life itself.
– John Dewey

Dr. 존 듀이는 미국 버몬트주 버링톤에서 태어났습니다. 아버지 아치벌드 스프레이그 듀이와 어머니 사이에 존을 포함하여 4명의 아들이 있었고, 그의 어머니는 칼뱅주의 교회에서 신앙생활을 하며 아들을 키웁니다. 존 듀이는 뛰어난 학생이었고 15세의 나이에 버몬트대학교에 입학하여 4년 뒤 학과 차석으로 졸업하였습니다. 이후 듀이는 사촌의 권유로 오일 시의 고등학교 교사로 취직하였고, 훗날 존스 홉킨스대학교의 철학 대학원에 진학하였고, 그곳에서 「칸트의 심리학」이란 논문으로 철학 박사 학위를 수여 받고, 같은 해 시카고대학교에서 존 듀이 생애 첫 강의 'The first of lecture'를 시작하게 되었습니다.

이후 그는 1888년 미시간대학교에서 "민주주의와 휴머니티의 거대하고, 온전하며 도덕적인 이상은 내 마음속에서도 같은 말이다"라고 연설한 바 있습니다. 이런 그의 첫 강의(First of Lecture)는 민주주의에 대한 열망으로 미국학교 제도와 시민사회를 개혁했습니다. 그는 실용주의(프래그머티즘)의 대표적인 철학자로 사상계에 정통적 지위를 차지하였습니다. 탐구보다 행동을 제일로 하는 실천적 연구에 중점을 두었고, 이것은 정신 철학을 대표한 것으로서, 인간의 인식을 환경에 흥미를 매개로 적응시키는 과정으로 하였습니다. 개념 · 판단 · 추론을 그 과정의 도구나 기구로 보는, 실험주의적 논리 기반으로 한 창조적 지성을 통하여 조직화 · 사회화를 함으로써, 사회를 구습(An old-fashioned practice)에서 교육할 수 있다는 철학으로, 존 듀이는 자기의 입장을 '실천적 이상주의(Practical Morality)'라고 불렀습니다.

이 시간 Dr. 존 듀이의 실천적 이상주의의 아름다운 신앙과 교육철학의 고백을 배웁니다. "교육은 삶을 위한 준비과정이 아니다. 교육은 삶 그 자체이다" 내 삶의 교육 지식과 개념 · 판단 · 추론은 삶의 도구나 기구일 뿐이며, 일상의 삶에서 교육을 실천할 수 있는 믿음과 생각을 조용히 배우며, 소망합니다. 그 옛날 조선의 서민 교육을 위해 준비한, 세종대왕의 한글 창제와 반포는 많은 사대부와 성균관의 유생들의 사대사상과 반대로 서민들에게 풍성히 전달되지 못하고, 교육되지 못한 것을 봅니다. 이로 인해서, 귀한 세종대왕의 한글이, 지혜의 도구로 생활의 도구로 사용하지 못하고, 안타깝게 19세기까지 전국적으로, 널리 사용이 되지 못한 모습을 바라봅니다.

19세기, 구한말 들어온 서양 종교를 통해서 서민들을 이해시키고, 신앙을 전파하기 위해서 많은 선교사에 의해서, 한글 교육과 한국어 학회가 일제 시대에 전국적으로 일어납니다. 이들로 인해서, 한글로 된 성경과 전도지들이 전국적으로 보급되며, 오늘날의 한국 사회에서 세종대왕의 한글이 서민의 글과 말로, 실질적 위상으로 전파되어, 무지한 백성들을 계몽 교육과 문맹을 탈출시키고, 나라 말씀(국가의 정책)이 모든 국민에게 알려지고, 실용되는 것을 되돌아봅니다.

　　이 시간 아름다운 구한말 서양 전도자의 한글 교육과 성경의 능력을 배웁니다. 내 삶의 전도자이신, 어린 시절 노(老) 목사님의 성경 강의를 통한 천국 가르침의 은혜와 지혜를 깊이 되돌아보며, 아름다운 그분의 실천적인 천국의 삶도 함께 배웁니다. 귀한 '전도자의 교육'과 '실천적인 신앙 이상주의' 삶은 내 삶의 천국 여정에 영혼 구원의 나침반이 되었습니다. 이 시간 내 삶의 첫 강의도 전도사님이 안 계셨던 교회 주일학교 어린이들에게 전한 7년간의 천국 설교 말씀이 생의 '첫 강의'였음을 고백하며, 아름다운 전도자들의 삶의 발자취를 배우며, 뒤따라가기를 소망하며, 사랑의 기도를 드립니다. – Joseph H. Kim

핵심 웨이브

By 첫 강의(The first of lecture)

때가 오래 되었으므로 너희가 마땅히 선생이 되었을 터인데 너희가 다시 하나님의 말씀의 초보에 대하여 누구에게서 가르침을 받아야 할 처지이니 단단한 음식은 못 먹고 젖이나 먹어야 할 자가 되었도다

In fact, though by this time you ought to be teachers, you need someone to teach you the elementary truths of God's word all over again. You need milk, not solid food![Hebrews 5:12]

익투스(ιχθυσ)의 감사:
"천국 익투스(ιχθυσ)의 믿음을 사모하는 모임"

어린 시절 부모님과 함께했던 지난 시절을 생각하며, 귀한 부모님의 사랑과 인도하심의 은혜를 생각나게 하는 생일을 맞이합니다. 귀한 생일의 선물로 이 땅에 태어난 천국 축복의 자녀로 믿음의 가정의 길과 신앙의 교회를 함께해 주신 부모님, 이제는 부모님들에게서 너무 멀리 떨어져 있는 내 삶의 여정으로 인하여, 귀한 사랑을 나누지 못함의 아쉬움과 불효자(An unfilially child)의 모습에 미안함과 슬픔의 눈물만 조용히 올려드립니다.

귀한 믿음의 동역자(同役者)와 믿음의 부
모님으로 삶을 걸어가신 삶을 배웁니다.
삶의 여정에서 높은 산을 넘을 때마다, 항
상 주신 기도와 확신의 믿음은 지금도 든
든한 부모님의 삶의 선물로 기억하며, 지
금 이 순간에도 가장 큰 선물로 간직합니
다. 출렁이는 내 마음의 파도들도 조용한 천국 부모님의 축복의 찬양(O, Think of the Home Over There, 225)으로 마음의 파도를 평온(平穩)하게 낮추길 소망합니다. 이 시간 내 마음의 생각과 몸의 여정을 부모님들의 천국 구원(Redemption)의 가정의 길 위에서, 함께 영혼의 걸음을 맞추어, 걸어가기를 소망합니다. 다가올 7월의 하반기에도 부모님이 걸어오셨던 믿음(Faith)의 전투와 다짐을 배우면, 내게 주어진 가정의 화합(Harmony)과 행복을 위해, 사랑 전투의 피 흘림과 동행함을 늘 소망합니다.

육이오(6.25)의 포항 전투는 유엔군과 북한군이 한국전쟁 초기에 벌인 전투였다고 합니다. 부산 교두보 전투의 일부이자 당시 벌어진 큰 규모의 교전 중 하나였는데, 북한군 사단 3개가 동해안 산악지역을 통과해 유엔군 방어선을 돌파하려고 하자, 대구로 이어지는 유엔군 주 보급선이 위치한 포항 인근 거친 산악지형에서 전투(戰鬪)가 발발하였다고 합니다. 2주 동안 유엔군과 북한군은 격렬한 교착전을 벌였으며 포항을 뺏기고 빼앗는 전투가 지속적으로 이어지면서, 마침내 북한군의 보급로가 끊기고 사상자가 지속해서 발생하자 북한군은 철수할 수밖에 없었다고 했습니다.

이 전투는 북한군에게 중요한 전환점이 되었으며, 이전 전투에서는 압도적 수와 장비로 승리를 거두었던 것과는 달리 지속적인 소모전으로 인해 보급로 자체가 위태로워지면서, 포항(강구, 장사)의 학도병과 국군과 유엔군의 저지함으로써 낙동강과 경주 포항 안강 전투가 우리의 승리로 끝나게 되었습니다. 아름다운 조국을 빈 몸과 열정으로 지켜온 모든 선진(先進)들과 글로벌 평화의 용사들의 귀한 헌신의 피 흘림(Blood Sweat)이 브라질에서 철강 글로벌 용사로 조국(祖國)을 대표해서 살아가는 내 삶의 열정에도 함께 흐르기를 소망합니다.

하반기 시작점인 7월(July)에도 그분의 천국 익투스(ιχθυσ) 믿음으로 인도함 받기를 소망하며, 조용히 영혼의 전투(Battle)를 준비합니다. 지금도 진행 중인 일[자녀교육, 성장, 믿음, 천국의 확신, 부부, 부모님, 가족, 교회, 열방, 회사, 글로벌 환경(일본, 이스라엘, 독일, 영국, 호주, 브라질, 시리아, 몽골)]들을 사랑합니다. 많은 믿음의 용사들의 삶의 전쟁과 피 흘림 헌신에 좌절하지 않고, 승리하시길 넉넉히 확신합니다.

왜냐하면, 그분도 함께 일하고 계시기 때문입니다. 그분의 때에 그분의 마음을 넉넉히 기대합니다. 아직 진행 중인 그분의 일들을 사랑하며, 그분의 때에 그분의 입에는 진리의 법으로 운행하길 소망합니다. 왜냐하면, 그분의 입술에는 불의(Injustice)가 없었으며 그분의 화평함과 정직함이 내 삶에 동행(同行)하시므로, 많은 이웃과 사람을 돌이켜 죄악에서 떠나게 하실 수 있는 천국의 영혼의 전투의 검을 소유하심을 믿습니다. 2019년 하반기 내 영혼에 놓지 말아야 할 것은 그분의 승리 일반성(Generalization)과 습관(Lifestyle)을 소망하며, 조용히 중보 기도 합니다.

천국 익투스(ιχθυσ)의 믿음을 사모하는 모임들인, 그분의 믿음의 물고기로 훈련받는 아이들과 아내와 일본에 익투스(ιχθυσ) 믿음을 전파하는 기쁨의 교회와 하반기 철강 기술이전의 낚시를 던지는 CSP 사업과 천국 믿음의 식량을 사랑으로 전하는 조국 대한민국과 그분의 성육신 은혜를 열방에 전도하는 형제자매들과 이들을 도우시는 숨겨놓은 그분의 천국의 파수꾼들에게 그분의 천국의 화평함(Peace)과 정직함(Uprightness)으로 동행하는 축복이 임하길 소망합니다.

⟨ΙΧΘΥΣ⟩ 익투스(ιχθυσ)의 생수: 드와이트 데이비드 아이젠하워

> 특권을 원칙보다 아끼는 사람은 그 둘 모두를 곧 잃게 된다.
> A people that values its privileges above its principles soon loses both.
> – Dwight D. Eisenhower

Mr. 드와이트 데이비드 아이젠하워는 미국 텍사스주 데니슨에서 일곱 아들 중 셋째였습니다. 그의 집안은 독일, 영국, 스위스에 뿌리를 두었고, 가족은 캔자스주 애빌린으로 이사하고, 그곳에서 자랐습니다. 그의 이름은 19세기 미국의 유명한 침례교회 설교자인 드와이트 라이먼 무디(Dwight Lyman Moody) 이름과 구약성서(The old testament)에 나오는 이스라엘의 왕국의 2대 왕 다윗(The King of David)의 이름을 딴 것이었습니다.

그의 아버지는 아들의 뜻을 존중하여 군인을 양성하는 웨스트포인트 입학을 허락했습니다. 이후 군인이자 정치가로, 미국 육군 원수가 되었습니다. 그는 제2차 세계대전 동안에 그는 유럽에서 연합군의 최고 사령관으로 일했으며, 1944~1945년에는 서부전선에서 노르망디 상륙 작전을 비롯한 프랑스와 독일 지역 공격에 대한 책임과 공격의 계획들을 총감독했습니다. 1948년 퇴역한 후 컬럼비아대학교 총장을 거쳤습니다.

그러나, 1950년 한국전쟁이 발발하자 다시 현역으로 소환되어, 한국전쟁에 참여하였습니다. 그때 미국 극동군 원수 더글러스 맥아더(MacArthur) 장군과 트루먼 대통령과 의견대립으로 갈등을 겪으면서, 트루먼 대통령은 더글러스 맥아더를 설득할 목적으로 아이젠하워를 직·간접적으로 후원했습니다. 그 이후, 맥아더가 만주 폭격을 시도한 이후, 맥아더는 원수직(General of the army)에서 물러나게 되었고, 아이젠하워가 한국주둔 미군을 관리하게 되었습니다.

이후, 아이젠하워는 1952년 공화당 후보로 대통령에 출마하여 당선됨으로써, 육군 원수직에서 사퇴(Resignation)하였습니다. 이후, 1953년 그는 한국전쟁(The Korean War)에 대하여, 휴전 조약(Treaty of armistice)을 이끌어 냈습니다. 이는 그의 선거공약으로 당시 한국전쟁의 '장기화'를 막기 위하여 "제가 대한민국에 가겠습니다"라는 말을 남겼습니다. 또한, 아이젠하워 대통령은 자기는 '공산군의 침략으로 말미암아 황폐해진 대한민국이 현저히 부흥되어 가고 있음'을 눈으로 직접 보기 위해, 한국을 앞으로 방문하게 되기를 기대한다고 했습니다.

실제로 1960년에 미국 34대 아이젠하워 대통령은 한국을 방문했다. 아이젠하워 대통령은 한국의 사회불안과 간첩 사건 등에서도 한국전쟁의 종결 · 자유 경제의 복귀 · 건전한 재정 등의 정책을 시행하고자, 몸소 전쟁 당사국을 방문하며, 자신의 다짐을 이렇게 나누어 줍니다. "특권을 원칙보다 아끼는 사람은 그 둘 모두를 곧 잃게 됩니다" 이 시간, 용기(勇氣)가 있는 아이젠하워의 마음 고백을 배웁니다.

자신의 한국과의 인연과 선포를 통해서, 안전한 미국에서가 아닌, 전쟁의 종결(終結)과 경제 복귀(經濟)를 위해 직접 방문한 한국을 통해서, 새로운 민주주의 역사를 만들어 가는 모습을 배웁니다.

이 시간 천국의 아들이신 예수(J.C) 그리스도께서 육신의 몸으로 이 땅에 오신 성육신(Incarnation)의 날을 맞이하며, 브라질에서 삼위일체(The Trinity)의 성일을 기념합니다. 아름다운 하늘의 특권을 버리고, 하늘의 구원 원칙(原則)을 세우시고자, 직접 이 땅에 임재(臨齋)하신 예수 그리스도의 사랑을 배웁니다. 2019년 하반기 7월에도, 그분의 진리의 법(원칙)으로 화평함과 정직함으로 동행하기를 소망합니다. – Joseph H. Kim

핵심 웨이브

익투스(ιχθυσ)의 감사:
"경제 노예의 광야에서 진정한 전신 갑주와 흉배를 배우며"

기나긴 브라질 여정에 모두 4차연도 1회차 한국방문 휴가를 파트별 일정을 맞추어 고국의 가족들을 만나는 기대와 기쁨으로, 다가오는 예정일을 준비합니다. 그동안 참고 있던, 병원 치료와 치과 치료 및 건강검진을 통해서 육체와 영혼의 건강(Health of Spirit&Body)을 잘 유지하고 지켜서, 남은 10개월(個月)의 귀한 해외(Foreign Countries) 업무를 잘 마무리하길 기도합니다

가족들과 떨어져서 혼자(아빠)만의 삶을 살아가지만, 이 시간들을 통해서, 평생에 갖지 못했던 자신과 가족만의 삶의 일기장(日記帳)을 정리하며, 열방(일본, 이스라엘, 몽골, 영국, 독일, 브

라질, 호주)과 조국(祖國)을 위한 중보기도(仲保)들도 올려드리고, 또한 말씀의 귀한 지혜들의 묵상을 새롭게 경험하면서, 그분의 천국의 은혜를 맛보게 해주신 귀한 4년간의 브라질 여정을 바라보며, 조용히 감사기도를 드립니다. 얼마 남지 않은 브라질 시간들이, 해외 사업의 고객과의 전쟁과 나의 고독과 전쟁이 아닌, 그분과 함께 내 삶의 천로역정(The path-way to Heaven) 최고 여정으로 귀하고, 소중한 천국 인도함의 추억담

(Reminiscence)들로만 가득 채우기를 소망(Hope)하며, 기도합니다.

자녀들의 방학들이 시작됩니다. 자녀(아이)들의 자라는 모습을 뒤로
한 채 직장(Fortaleza)을 따라 길을 떠나온 지 얼마인가? 첫째와 둘째가
어느 사이에 고등학교를 마무리하며, 셋째 자녀는 초등생에서 중학생
으로 성장을 했습니다. 자녀들의 성장하는 모습을 뒤로한 채, 옆에서
부모의 자리를 지켜주지 못했던 지난날의 마음들이 아쉬움과 미안함
으로, 가슴의 표적(Target)에 화살을 꽂아 맞추는 아픔이 있습니다. 육
신의 아빠가 없는 자리지만, 그분의 천국 말씀(Words of God)들과 천국
의 사랑들이 풍성히 임하시길 기도합니다.

남편 없이 '아내' 홀로 아이들과
함께 지곡, 초곡 두 번의 이삿짐
을 준비한 아내를 보며, 아름다운
믿음과 열심 있는 삶을 늘 배우
며, 축복합니다. 휴가 기간에도
늘 함께하지 않고, 친인측 회사(판
교) 방문일정에 불만(Dissatisfaction)이 많은 아내를 보며, 미안한 마음과
용서(Forgiveness)의 다짐을 다시 한번 더 조용히 구하여 봅니다. 이번
휴가 기간에는 가족들과 함께 귀한 가족의 육신의 쉼과 영혼의 안식
(Sabbath)을 누리므로, 아이들과 아내의 기쁨이 되기를 소망합니다. 처
음 들어갈 생애 첫 우리 집을 기대하며, 아름다운 가족 꿈(Dream)과 비
전(Vision)들로 채우며, 귀한 그분의 천국 말씀의 붓(A brush of The Words)

으로 귀한 가족의 사랑의 추억담(Reminiscence)을 그려 담을 사랑의 천국 종이를 준비하는 순간들을 기도합니다.

내 삶의 장기간 경제 노예의 브라질 광야에서 하나님에 대한 후회와 그리움의 시간 속에서도 그분은 천국 희망과 꿈은 잃지 않게 해주셨습니다. "그분은 나를 낮추시며 나의 삶을 주리게도 하시며, 또 내가 알지 못하며, 나의 조상(경제)들도 알지 못하던 만나를 나에게 먹이신 것은 사람이 떡으로만 사는 것이 아니요. 여호와의 입에서 나오는 모든 말씀으로 사는 줄을 나에게 알게 하려 해주셨음이라" 조용히 회고의 마음 고백을 드립니다.

이 시간 그분의 말씀을 조용히 들으며, 내 삶의 40년 경제광야 생활에서도 그분의 말씀과 은혜가 아름다운 가족들과 함께 천국 새로운 집에서 축복의 삶(God Blessing in Heaven House)으로 천국 만나의 맛을 경험하게 해주심에 감사를 드립니다. 내일의 자라나는 아이들이 살아가는 삶의 믿음의 문화(성, 미디어, 이단) 노예의 현실 속에서도 그분의 말씀 힘과 능력으로 아이들이 희망을 잃지 않고, 그분의 때를 기다리며, 자신을 예비된 천국 광야 용사(Brave man of wilderness)로 귀한 믿음의 전신 갑주와 의의 흉배(胸背)를 준비하여, 광야의 꽃의 향기와 광야의 추억담(Reminiscence)의 열매를 풍성히 맺기를 소망하며, 감사(Gratefulness)의 기도를 조용히 드립니다.

천국 말씀의 노트를 예비하는 모임들인, 아름다운 영혼의 광야훈

련 받는 아이들과 아내와 전도 광
야의 전신 갑주와 흉배를 배우
는 기쁨의 교회와 하반기 기술교
육의 맨틀층을 쌓아 올리는 CSP
사업과 천국 구원의 회복과 사랑
을 나누는 조국 대한민국과 미

종족의 전도 광야의 길을 열방에 선포하는 일꾼들과 이들을 도우시
는 숨겨놓은 그분의 천국의 파수꾼들에게 그분의 천국 생명의 추억담
(Reminiscence)이 풍성히 맺히길 소망합니다.

⟨ΙΧΘΥΣ⟩ **익투스(ιχθυσ)의 생수: 프레더릭 더글러스**

상처 입은 남자를 고치는 것보다 강인한 어린이를 키우는 것이 더 쉽다.
It is easier to build strong children than to repair broken man.
- Frederick Douglass

Mr. 프레더릭 더글러스는 미국의 노예제 폐지론자이었습니다. 본
명은 프레더릭 어거스터스 워싱턴 베일리로 1818년 2월, 메릴랜드주
의 터커호(Tuckahoe, Marylamd)에서 노예로 태어났습니다. 그의 어머니
는 해리엇 베일리(Harriet Bailey)로 흑인 노예였으며, 아버지는 백인으로
메릴랜드주의 대농장의 주인인 애런 안토니(Aaron Anthony)로 추정하고
있습니다. 이유는 당시 흑인 여자 노예와 백인 주인 사이에서 태어나

는 노예들(Mulatto)이 많았기 때문입니다.

당시 노예의 아기는 태어나자마자 부모와 떨어뜨려 놓아 가족에 대한 정을 미연에 방지하고 있었는데, 프레더릭 또한 마찬가지로 어머니와 떨어져 지내다가, 6살에서야 가족의 품으로 돌아올 수 있게 되었습니다. 8살이 되던 해 프레더릭은 주인 안토니의 친척(親戚)인 올드(Auld) 일가가 사는 미국 볼티모어로 보내지는데, 이때 그는 인생의 전환점(That was the turning point of my career)을 맞이하게 되었습니다. 안주인 소피아(Sophia Auld)는 프레더릭에게 문자와 글을 읽는 법을 가르쳐 주었다. 이후 지식과 교육이 자유를 향한 길임을 보게 된 프레더릭은 스스로 공부를 계속하게 되었습니다. 그러나 글자를 깨우치게 되면서 새로운 세계가 열리는 것을 알게 된 프레드릭은 배움에 대한 욕구를 잠재울 수가 없었습니다. 그는 심부름을 가는 길에 가난한 백인 아이들에게 먹을 것을 주워가며 그들로부터 공부를 하여 책과 신문을 읽을 줄 알게 되었습니다. 프레드릭은 15살 때에 흑인 교회에 어린아이들을 모아 그들에게 글을 가르치는 일을 했습니다.

어린 노예 소년의 용기 있는 글은 길 잃은 많은 흑인 어린이들과 상처 입은 미국 사회에 아름다운 삶의 도전과 변화의 역사를 새롭게 씁니다. 그의 자서전인 『미국인 노예 프레더릭 더글라스의 삶의 이야기 Narrative of the Life of Frederick

Douglass, an American Slave』(1845년)로 미국 흑인사회에 유명한 회복의 운동으로 번져갔습니다. 남북 전쟁이 시작되는 해 링컨 대통령은 프레더릭에게 노예해방에 관한 연설을 요청했으며, 그는 이에 더해 흑인들이 전쟁에 참여할 것을 촉구하는 운동을 벌였고, 많은 흑인이 북부 군이 되어 전쟁에 참여하여 승리하게 됩니다.

이후 프레더릭 더글라스는 링컨 대통령 시절뿐만이 아니었습니다. 17대 링컨 대통령 이후 연이어 5대 미국 대통령의 상담역으로 활동했으며, 1871년 산토 도밍고 위원회(Santo Domingo Commission) 보좌로 일했습니다. 이후 1877년 컬럼비아 특별 구 경찰서장, 1889년 주(駐) 아이티 공사 등을 역임하였습니다. 이는 곧 미국 정부 고위직에 임명된 최초의 흑인이 되었습니다. 이후에 그는 미국의 노예 폐지론자이자 여성 인권 옹호론자로 활동했으며, 19세기 미국에서 가장 영향력 있는 연설가와 작가 중 1명이 되었습니다.

이 시간 내 삶의 여정에 귀한 Mr. 프레더릭 더글라스의 마음을 배웁니다. 어려운 흑인 시절 노예의 삶에서 작은 불씨로 배운 성경의 말씀과 세상의 글을 통해서, 어린이들에 대한 희망과 용기의 연설을 전해줍니다. "상처 입은 남자를 고치는 것보다 강인한 어린이를 키우기가 더 쉽다" 많은 흑인에 대한 혹독한 폭행과 감시를 감행한 자들[죄와 현실에 타협(妥協)한 자들, 사탄]의 회복보다는, 자라나는 자기와 같은 어린이들과 세상에 힘에 좌절하지 않고 있는, 굳건한 사람들에게 천국 희망(Hope)과 용기(Courage)의 연설을 들려준 프레더릭 더글라스의 믿음의 각성 운동(Awakening)의 선포를 배웁니다.

흑인 노예의 삶의 광야에서 하나님에 대한 원망과 좌절이 아니, 오직 노예해방과 천국 희망의 꿈은 잃지 않고 있다. "그분은 나를 낮추시며 나의 삶을 주리게도 하시며, 또 내가 알지 못하며, 나의 조상(흑인)들도 알지 못하던 만나를 나에게 먹이신 것은 사람이 떡으로만 사는 것이 아니요. 여호와의 입에서  나오는 모든 말씀으로 사는 줄을 나에게 알게 하려 하심이니라" 이 시간 프레더릭 더글라스의 흑인 광야의 삶 위에 귀한 그분의 축복의 아름다운 고백의 추억담(Reminiscence)을 많이 듣게 해줍니다. Mr. 프레더릭 더글라스의 100여 년 전 노예의 삶의 현장을 바라며, 그의 광야 노예 생활에서도 말씀과 은혜로 인해 아름다운 미합중국과 축복의 삶(God Blessing)으로 천국 만나의 삶의 맛을 경험하는 것을 조용히 배웁니다.

이 시간 내의 삶의 여행에서 세상의 경제 노예의 삶을 사는 순간 속에서 더글라스가 맛본, 그분의 광야(曠野) 생명의 만나(Manna)의 힘과 꿈으로 희망을 잃지 않고, 그분의 때를 기다리며, 남은 4차연도 희망을 준비하는 강인한 어린이(Strong Children)를 꿈꾸며, 천국 본향을 향한 희망의 꽃과 향기의 추억담(Reminiscence)을 많이 맺기를 조용히 기도합니다. - Joseph H. Kim

핵심 웨이브

By 추억담(Reminiscence)

너를 낮추시며 너를 주리게 하시며 또 너도 알지 못하며 네 조상들도 알지 못하던 만나를 네게 먹이신 것은 사람이 떡으로만 사는 것이 아니요 여호와의 입에서 나오는 모든 말씀으로 사는 줄을 네가 알게 하려 하심이니라

He humbled you, causing you to hunger and then feeding you with manna, which neither you nor your fathers had known, to teach you that man does not live on bread alone but on every word that comes from the mouth of the LORD.   [Deuteronomy 8:3]

익투스(ιχθυσ)의 감사:
"20년 전 결혼식의 귀한 제자의 축복 송을 사랑합니다"

이른 새벽 시간에 일어나서, 결혼 웨딩샵으로 이동을 합니다. 신부는 화장(Makeup) 및 머리 손질을 위해서 신랑보다 먼저 시내에 있는 웨딩샵에서, 그동안 보지 못했던 모습으로 변신(Make-over)을 한순간에, 신랑(新郎)의 눈에서 새로운 세상을 발견하게 됩니다. 잠시 정신을 잃었지만, 정신을 차려서 신랑의 턱시도와 화장 및 헤어 드레싱을 마치고, 다시 신부를 기다립니다.

얼마의 시간이 흘렀을까요? 이제 예식장 시간이 다 되어가기에 신부와 함께 예식장으로 이동을 위해서, 웨딩샵 앞에 세워놓은 신랑의 차량이 있는 곳으로 함께 소지품을 챙겨서, 즐겁게 부부의 첫

출발을 마음으로 생각하며, 함께 가볍게 밖으로 나갑니다. 갑자기 눈앞에 있어야 할 신랑의 차량이 보이지를 않습니다. 당황하지 말고, 황당한 상황에 숨을 죽이며, 주위를 조심스럽게 살펴보지만, 신랑의 차량은 없었고, 옆집 웨딩샵의 종업원이 나와서, 조금 전에 구청의 차량 단속반이 나와서, 가까운 곳으로 차량을 견인했으니, 저쪽 건물 벽에 붙은 안내문을 확인해 보라는 것입니다.

처음 보는 차량견인 안내문을 발견하면서, 갑자기 하늘이 주황색으로 변하는 것을 봅니다. 예식이 2시간 정도 남은 상황에서, 신혼부부는 급하게 2대의 택시를 잡아서, 1대는 신부와 함께 달서구청 회의실 (IMF 시절 주말 무료예식장으로 사용)로 이동을 하였으며, 눈먼 신랑은 다른 택시를 타고, 견인보관소를 찾아갑니다. 낯선 곳에 처음 도착하여 차량을 찾아서, 인수인계하고 급하게 결혼식장으로 운전을 합니다. 주말의 도로 상황은 어느 때보다 복잡했으며, 교차로의 신호등은 왜 이렇게 많은 대기신호(待機信號)를 받는 현상인지, 평생에 최고의 긴 운전 대기 시간을 보내는 감정으로 보내며, 마침내 결혼 예식장에 도착합니다.

예식이 10여 분 남겨놓은 상태에서, 여기저기에서 신랑을 찾는 소리와 함께 일란성 쌍둥이 남동생이 신랑을 대신해서, 많은 친인척과 처가 손님들에게 인사를 합니다. 그 어느 누구도 대리 신랑(짝퉁)이라고는 확인을 못 한 채 새신랑과 신부를 찾아와서 결혼 축하 인사를 나눕니다. 그제서야, 진짜 신랑이 나타나면서, 양가 부모님들과 형제자매들과 친인척분들은 한숨을 쉬었으며, 대리 신랑(짝퉁)과 진짜 신랑이 조용히 임무 전달을 마칩니다. 조금만 늦게 도착했더라면, 예식장의 신랑 입장도 대리(짝퉁) 신랑이 입장을 할 수 있는 사상 초유의 사태가 일어날 뻔한 시간을 기억하며, 조용히 우리들만의 대리 신랑작전을 무사히 마침에 감사기도를 드립니다.

결혼식에 찾아온, 귀한 손님 한 분을 만나게 됩니다. 평생의 목회자 삶을 정년 은퇴를 하시고, 목회 일선에서 물러나신 노(老) 목사님과 사모님의 모습을 바라보며, 내 삶의 중·고등부 학생 시절에서 최고의 배우자와 결혼 훈련을 천국 말씀으로 양육하고 지도해 주신 두 분의 아름다운 결혼 축하의 인사 방문에 영혼의 감사와 함께 마음

의 눈물을 흘려드립니다. 지금은 천국에 가신 노(老) 목사님의 귀한 축복의 인사 말씀과 결혼 축하의 발걸음에, 야곱의 아들인 요셉(Joseph)이 이집트(Egypt)에서 부모인 야곱을 만났던 감격의 마음으로, 귀한 천국 영혼 부모의 축복을 받는 은혜를 얻게 됨에 눈물의 감사기도를 드립니다.

잠시 후에 또 한 분의 축하 인사를 받습니다. 내 삶의 유치부 (Childish) 시절, 첫 주일학교 선생님이신 권사님께서 장성한 어른이 된 제자를 찾아오셔서, 귀한 믿음의 권면과 함께, 아름다운

축복을 나누어 주십니다. 권사님의 젊은 신부로 시집을 오셔서, 불신 가정의 신랑과의 결혼생활과 시부모의 유교적인 생활방식 속에서도, 귀한 믿음으로 신랑과 온 가족들과 시부모님과 친척에게 모두 천국의 소망을 전도하시어, 시가 가족들이 모두 믿는 가정으로 변화의 삶을 이끌어 주신 권사님의 믿음의 큰 씨앗을 본받으며, 귀한 내 어린 유치부 시절 믿음의 말씀들과 영혼의 양식들로 먹여주신 권사님의 사랑의 은혜와 권면의 말씀을 사랑합니다. 귀한 권사님의 새 신부의 십자가 인내(Endurance)와 그 사랑의 그림자를 배우며, 우리의 신혼부부의 믿음의 본을 보여주신 그 권사님의 마음 밭을 함께 이어받기를 조용히 소망하며 기도합니다.

마지막으로, 철없는 두 부부의 신혼 결혼식에 아름다운 축하 송을 불러주신 본가와 처가의 귀한 믿음의 형제자매를 모습에 감사함을 전합니다. 결혼 예식을 맞이하는 두 부부에게 천국의 귓속말로 직접 작사한 가사와 천국 가정의 행복을 노래로 곡을 붙여서, 작곡한 새로운 축복 송을 부부의 선물로 만들고, 두 신혼부부만의 노래로 만들어서, 처음으로 불러주신 축복 송을 사랑합니다. 생의 처음으로 갖게 되는 우리 부부만의 결혼 축복 송을 영원히 간직하기를 소망하며, 귀한 믿음의 청년들의 축복 송 (Benediction Song)의 뜻과 마음을 영원히 간직하기를 소망하며, 기도합니다.

이 시간 내가 잊지 말아야 할 귀한 주일학교 유치부 시절 진정한 믿음을 가르쳐 준 젊은 신부이셨던 권사님의 믿음의 말씀(미소)과 배우자와 신혼부부의 도를 가르쳐 준 노(老) 목사님의 권

면(Encouragement)의 지혜(은혜)들과 마지막으로, 두 부부만의 축복 송을 만들어 준 아름다운 청년들의 귀한 천국 사랑의 멜로디(Melody)들을 가

습에 품으며, 이 모든 것들을 예비해 주신 그분의 은혜에 감사기도를 조용히 봅니다. 21년이 지난 지금, 그때 다짐한 우리 부부의 사랑 고백들과 많은 믿음의 선진들의 결혼 축복 말씀들을 기억하며, 그분이 원하시는 천국 소망의 길(The way of His Hope)을 달리기를 원(Hope)하며, 조용히 그분의 희망 눈(Vision)으로 감아봅니다.

제자의 결혼식을 올리는 날, 예비 믿음의 신혼부부의 앞길에, 아름다운 믿음으로 야곱(Jacob)이 죽을 때에 요셉의 각 아들에게 축복하고 그 지팡이 머리에 의지하여 경배하듯이, 귀한 권사님과 노 목사님의 귀한 믿음의 제자에게 천국의 축복 말씀으로 권면해 주시고, 남은 마지막 여생을 귀한 교회의 섬김과 주님의 영광을 경배(Bowing respectfully)하는 삶에 이어가시는 그분들의 성경에서 말하는 삶의 여정들을 배우며, 따르기를 조용히 소망합니다.

천국 신혼부부를 예비하는 모임들인, 아름다운 신부의 믿음을 훈련받는 아이들과 아내와 천국의 신혼 믿음과 권면을 전하는 기쁨의 교회와 글로벌 영광의 기술교육의 길을 펼치는 CSP 사업과 천국 믿음의 회복과 사랑을 나누는 조국 대한민국과 열방의 민족들에게 천국의 축복을 선포하는 일꾼들과 이들을 도우시는 숨겨놓은 그분의 천국의 파수꾼들에게 야곱의 축복과 천국 신혼부부의 행복이 풍성히 임하길 소망합니다.

익투스(ιχθυσ)의 생수: 찰스 해돈 스펄전

> 행복은 얼마나 갖고 있느냐가 아니라, 얼마나 즐기냐 에서 비롯된다.
> It is not how much we have, but how much we enjoy,
> that makes happiness.
> – Charles Spurgeon

Mr. 찰스 해돈 스펄전(Charles Haddon Spurgeon)은 영국 에세스의 캘버던에서 태어났습니다. 케임브리지로 이주하여 워터비치 침례교회에 취임 후 본래 10명이었던 신자 수는 한 해 만에 400명이 됩니다. 이후, 서리가든 음악당의 예배에서 설교(說敎)하고, 1만 2,000명들이 출석을 하게 되었습니다. 나아가 나중에 런던 수정궁에서 설교 이후에는 2만 3,654명이 출석하는 귀한 교회의 부흥과 성장이 시작하게 되었습니다.

1866년에 런던에서만 '스펄전대학교' 학생들이 18개 교회를 개척하였습니다. 그 후 새로운 건물과 조직들이 세워졌으며 또한, 오래되었고 쇠퇴해 가는 교회에 다시 부흥이 일어나기 시작하였습니다. 스펄전대학교를 졸업한 80여 명의 사역자가 영국의 각 지역에서 목회하며, 부흥을 이루게 되었습니다. 또한 쌍둥이 자녀인 '주니어 · 토마스'에게 세례를 내리며, 찰스 주니어는 그리니치에서 목사가 되었고, 토마스도 부친의 뒤를 이어 천국 전도의 사역을 감당하는 믿음의 자녀들과 가정을 세우며, 귀한 천국의 삶의 여정으로 나아갔습니다. Mr.

스펄전, 훗날 후대의 사람들은 그를 영국의 '설교의 황태자'로 부르게 되었습니다.

그러나, 그 옛날 예수를 영접하지 못했던 15살 어린 시절 Mr. 찰스 스펄전은 자신이 죄인이라는 사실을 깨달았고, 용서받을 수 있는 길을 알고 싶어 했습니다. 어느 날 주일 아침, 스펄전은 눈보라 때문에 옆길로 빠져 어떤 작은 감리교 예배당 안으로 들어갔습니다. 그날 본문은 이사야 45:22절 "땅끝의 모든 백성아 나를 앙망하라 그리하면 구원을 얻으리라"라는 말씀이었습니다.

"여러분 중에는 자기 자신을 바라보는 이들이 많습니다. 하지만 자신 속에는 어떤 위안도 없습니다. 예수 그리스도는 '나를 앙망하라'라고 말씀하십니다. 그는 당신을 어두움에서 찬란한 빛으로, 죽음에서부터 생명으로 옮겨주실 것이며, 당신이 절망 속에서 헤맬 때도 당신의 연약한 영혼을 구출해 주실 것이며, 이로 인하여 당신의 영혼과 육체가 형용할 수 없는 기쁨과 소망을 회복하시게 될 것입니다"라는 주일 말씀을 듣게 되었습니다. 귀한 회심의 말씀을 들은 Mr. 찰스 스펄전은 자기 삶의 여정에 있어서, 할아버지와 아버지가 모두 조합교회 목사인 가정에서 그리고 영국 국교회에 반대하던 존 번연의 영국 침례교 전통 속에서 자라났지만, 귀한 믿음의 풍성함과 넘침이 중요한 것이 아니라, 얼마나 그 믿음을 즐기느냐에 대한 아름다운 고백을 지금 우리에게 이렇게 들려줍니다. "행복은 얼마나 갖고 있느냐가 아니라, 얼마나 즐기냐에서 비롯된다"라고 자신의 고백을 조용히 알려줍니다.

이 시간 아름다운 Mr. 찰스 스펄전의 행복의 크기보다는 행복을 삶에서 누림과 즐김의 비결(秘訣)을 조용히 배웁니다. 내 삶의 여정에 아름다운 천국의 비밀을 알려주신 귀한 믿음의 선진(청년들과 권사님과 노목사님)들을 통한 천국의 행복의 비밀과 풍성함을 넉넉히 누릴 수 있는 지혜와 삶을 본받습니다. 남은 마지막 브라질에서 삶의 여정에서도 귀한 열방을 섬기면서, 주님의 영광을 경배(Bowing respectfully)하는 삶의 항해(航海)를 이어가는 성경에서 말하는 가정과 부부의 삶의 지혜와 은혜를 배우며, 따르기를 조용히 소망합니다. – Joseph H. Kim

핵심 웨이브

By 축복 송(Benediction Song)

생선(L.M)의 방향성

믿음으로 야곱은 죽을 때에 요셉의 각 아들에게 축복하고 그 지팡이 머리에 의지하여 경배하였으며

By faith Jacob, when he was dying, blessed each of Joseph's sons, and worshiped as he leaned on the top of his staff. [Hebrews 11:21]

Chapter C

거룩한 땅,
나그네와 신부의 삶을 선포하라

 새 신부(The New Bride)

⟨IXΘΥΣ⟩ 익투스(ιχθυσ)의 감사: "사랑의 씨앗장수는 아내였습니다"

Fortaleza 숙소 포야(Foyer) 앞에서, 많은 가족 단위의 다른 지역 관광객(Tourist)들이 자녀의 학교 방학과 함께 온 가족 휴가를 온 모습입니다. 남편과 아이들은 손과 손에 많은 여행용 가방과 짐을 가지가지 챙겨서, 물건들을 나르는 모습들과는 다르게 아내 되는 분은 여성의 아름다움을 풍성히 풍기면서, 가족 중에 가장 편안한 모습으로 호텔로 들어옵니다. 세상에 눈먼 사람이 아닌 아내(엄마)에게 눈먼 남편과 가족들은 '이번 휴가를 엄마에게 자유를 드리자'라는 마음으로 섬김(Serving)의 가족여행의 사랑의 향기를 호텔 포야(Foyer)의 사람들에게 풍성히 날려줍니다.

행복한 가정의 삶의 여행을 축복하며, 귀한 가족들의 헌신과 내어드림의 사랑을 배웁니다. 새 신부(Bride)의 순결함과 사랑의 달콤함을 기억하며, 세상의 유혹과 나태함(Laziness)의 함정과 게으름의 늪에 빠지지 않고, 자신을 먼저 내어드린 엄마(아

내)의 일상의 헌신과 가족 사랑의 향기는 다른 가족 구성원의 몸과 마음에 귀한 사랑의 씨앗장수로 역할을 함으로 귀한 가족 사랑의 열매가 풍성히 맺히게 됨을 조용히 배우게 됩니다. 여기까지, 새 신부에서 엄마로 변하지만 아름다운 신부의 내면(內面)의 마음과 가족 행복을 능히 지켜낸, 새 신부의 삶을 축복(Benediction)합니다.

새 신부의 아름답고, 당당하고 건강한 삶의 걸음으로 인해, 행복한 가정의 행진을 넉넉히 지키고 누림을 보며, 내 삶에 대한 아름다움 새 천국 신부의 삶을 소망합니다. 신랑이 되신 그분(J.C)과 자녀(천군과 천사)들의 보호를 받으며, 천국 가족의 여행을 풍성하고, 행복하게, 그분의 천국 영혼의 휴가 여행지(The end of one's journey)로 아름답게 떠나기를 갈망하며, 천국 신부의 가정 행진을 이어가기를 조용히 기도합니다. 이를 위해서, 천국 새 신부(Bride)의 아름다운 믿음의 내면(內面)의 마음을 온 열방(Edinburgh, UK)의 믿음의 가족들에게 풍성히 나누며, 행

복한 천국 가족의 삶을 갈망하는 이웃들에게 천국 영혼의 회복이 아름답게 임하시길 기도합니다.

나아가, 이번 한국방문 휴가를 통해 천국 가족의 삶을 갈망하는 이웃 나라에 천국 영혼의 회복 휴가 여행지로 추천합니다. 특별히, 이웃 나라(Japan, JP)가 귀한 천국 새 신부의 회복(Recovery)을 위해서, 준비한 사랑의 헤세드 아시아의 아름다운(Beautiful) 나눔과 은혜를 풍성히 누리시길 조용히 기도합니다. 또한 아름다운 이웃 나라 새 신부의 아름다운 영혼(Spirit)과 삶을 함께 기대하며, 마음의 소망을 담아서 팡팡 기도(Pangpang

Prayer)로 아름답게 올려드립니다. 아름다운 천국의 회복 소리와 영혼의 안식 향기(Fragrant of Sabbath)들이 천국 새 신부의 회복을 소망하는 온 열방(Edinburgh, UK)과 이웃 나라(Japan)에게 아름답게 임하시길 중보의 기도(仲保祈禱)를 드립니다.

이 시간, 믿음의 삶을 뒤로한 채, 달콤한 세상으로 눈과 귀를 돌려버린, 잃어버린 신부에게 아름다운 사랑의 회복을 선물로 예비하는 신랑의 마음을 배우며, 사모합니다. 새로운 신부와 연합의 삶을 예비하고 싶은 천국 신랑의 마음을 생각하며, 레바논(Lebanon)에 사는 술람미 신부에게 예루살렘의 솔로몬(Solomon) 신랑의 소리를 조용히 들어봅니다. "내 신부야 너는 레바논에서부터 나와 함께하고 레바논에서부터 나와 함께 가자 아마나와 스닐과 헤르몬 꼭대기에서 사자 굴과 표범 산에서 내려오너라"

술람미(Shulamite) 신부가 태어난 집, 신부가 자란 곳이지만, 신랑이 보기에는 사자와 표범이 득실거리는 산입니다. 인간을 공격하는 맹수들도 있으니, 천국 영혼의 부부 삶으로는 감히 편안

히 함부로 살지 못하는 곳으로 천국 신부의 삶을 약속하는 예루살렘(Jerusalem) 신랑의 집으로 가자는 권유의 음성을 조용히 들으며, 따릅니다. 많은 사람은 세상의 고향(물질, 명예, 권력, 욕망 등)을 떠나길 싫어하고, 더구나 이들 세상 고향을 떠나는 것은 삶의 죽음(Death from Life)을 의미한다고 생각할 수 있습니다. 그러나, 7월 아름다운 천국 새 신부(Bride)의 삶을 배우고, 익히기를 소망하며, 기존에 의지한 내 삶의 세상 고향의 아쉬움을 뒤로한 채, 천국의 신부로서 떠날 수 없는 세상의 고향을 천국 신랑 때문에, 등질(Fall out) 수 있기를 조용히 소망합니다.

천국 가정의 신부를 예비하는 모임들인, 아름다운 신부의 영혼을 훈련받는 아이들과 아내와 신부의 영혼을 이웃 나라에 전파하는 기쁨의 교회와 글로벌 기술 역량으로 교육의 길을 펼치는 CSP 사업과 천국 신부의 회복과 사랑을 꿈꾸는 조국 대한민국과 열방의 민족들을 천국

예비 신부로 인도하는 일꾼들과 이들을 도우시는 숨겨놓은 그분의 천
국의 파수꾼들에게 새 신부의 축복과 천국 가정의 행복이 풍성히 임
하길 소망합니다.

⟨ΙΧΘΥΣ⟩ 익투스(ιχθυσ)의 생수: 에리히 젤리히만 프롬

> 미성숙한 사랑은 말한다.
> '너를 사랑해. 네가 필요하기 때문에'
> 성숙한 사랑은 말한다. '네가 필요해. 너를 사랑하기 때문에'
> Immature love says: 'I love you
> because I need you' Mature love says 'I need you because I love you'
> – Erich Fromm

　Dr. 에리히 젤리히만 프롬은 세계적으로 유명한 유태인 독일계 미
국인 사회심리학자이면서 정신분석, 인문주의 철학자입니다. 독일 프
랑크푸르트 암마인에서 태어난 에리히 프롬은 엄격한 유태인 가정에
서 자랐는데, 그래서 어린 시절의 장래 희망은 랍비(Rabbi)가 되는 것
이었습니다. 그러나, 그는 프랑크푸르트를 떠나서 하이델베르크대학
교에서 공부를 시작하는데, 프롬은 독일의 유명한 철학자이자, 사회
과학자 막스 베버의 동생 알프레드 베버의 제자가 되어 사회학과 심
리학을 공부했습니다.

그는 젊은 시절, 하이델베르크대학교의 심리학 직업 사회와 정신분석 등 인문주의 철학자로 활동하였습니다. 그러나, 나치(Nazi)가 독일을 장악하게 되자, 유태인이었던 프롬은 스위스 제네바(Geneva)로 옮겼으며, 이후 미국 뉴욕 컬럼비아대학교로 자리를 옮겼습니다. 컬럼비아대학교 재직하는 동안 프롬은 카렌 호 나이(Karen Horney)와 공동으로 자기 분석에 관해 연구하였습니다. 이후 그는 20세기 비판이론 영역의 독일 프랑크푸르트학파에서 큰 활동을 하였습니다.

프롬의 사상의 특징은, 프로이트 이후의 정신분석 이론을 사회 정세 전반에 적용한 것이었습니다. 그의 대표작인 『자유로부터의 도피』에서는 파시즘의 심리학적 기원을 밝혀, 민주주의 사회가 나아갈 방향을 밝히고 있습니다. 프롬에 따르면 인간은 자신의 생물학적 성장이나 자아실현이 방해될 때는, 일종의 위기 상태에 빠진다고 했습니다. 이러한 위기는 인간에 대한 공격성이나 사디즘, 마조히즘 및 권위에 대한 복종 또는 자신의 자유를 부정하는 권위주의들로 빠지게 된다고 했습니다. 이런 위기에서 벗어나기 위해 프롬은 자아 실현하는 생활이 그 수단이 된다고 합니다.

프롬에 따르면, 하나님은 인간을 위한 최고 가치와 목표를 구현하는 초월적 존재로 설정된다고 했습니다. 인간은 이 하나님의 율법을 행함으로써 하나님처

럼 되어(하나님이 되는 것이 아니라) 또는 하나님과 합일을 이루어 모든 속박으로부터 해방된다고 했습니다. 그리하여 인간은 완전히 자유롭고 자율적인 존재가 된다고 합니다. 또한 모든 인간은 하나님의 형상대로 창조되었기 때문에 각자의 가슴속에 전 인류에 대한 사랑을 품고 있다고 하면서 우리에게 이렇게 고백을 해줍니다. "미성숙한 사랑은 말한다. '너를 사랑해. 네가 필요하기 때문에' 성숙한 사랑은 말한다. '네가 필요해. 너를 사랑하기 때문에'"

이 시간 내 삶의 사랑이, 세상의 유혹(물질, 권력, 명예 등)을 갈망하기에, 하늘의 능력과 권세를 소망하고 사랑하는, 인간의 육신의 필요에 의한 죄악의 미련한 사랑의 고백이 아닌, 내 삶의 연약함과 변덕스러운 믿음의 모습과 미련함에도 불구하고, 하늘의 창조의 에덴(Eden)의 자녀였으며, 그분의 천국의 잃어버린 신부이었기에, 그 잃어버린 신부를 찾고 회복하시고자 하는, 그분의 창조 사랑 때문에 나의 새 신부의 삶을 사랑하시는 그분의 성숙한 회복의 사랑을 조용히 배우길 기도하며, 사랑합니다.

이 시간 아름다운 Mr. 에리히 젤리히만 프롬이 전하여 준 창조자의 성숙한 사랑의 고백을 조용히 배웁니다. 그분(J.C on the Cross)의 십자가 회복의 새 신부의 사랑을 믿으며, 이 땅의 어리석은(Ridiculous) 신부의 삶을 뒤로한

채, 천국의 혼인 잔치와 신랑(J.C)을 위해서, 조용히 사랑을 풍성히 예비합니다. 아름다운 7월 한국방문 휴가의 여정에 귀한 천국 가정의 사랑의 축복과 은혜(恩惠)를 많이 누리며, 성숙한 믿음의 회복이 있는 새 신부의 교육을 풍성히 받기를 기도로 준비합니다. - Joseph H. Kim

핵심 웨이브

By 새 신부(The New Bride)

내 신부야 너는 레바논에서부터 나와 함께 하고 레바논에서부터 나와 함께 가자 아마나와 스닐과 헤르몬 꼭대기에서 사자 굴과 표범 산에서 내려오너라

Come with me from Lebanon, my bride, come with me from Lebanon. Descend from the crest of Amana, from the top of Senir, the summit of Hermon, from the lions dens and the mountain haunts of the leopards. [Song of Song 4:8]

익투스(ιχθυσ)의 감사:
"에든버러(Edinburgh) 횡단보도에서 만난 호주 나그네"

일상(회사업무)의 삶을 뒤로한 채, 한국방문 휴가를 통해 동생의 배움의 발자취를 찾아서 그동안 걸어온 귀한 믿음의 여정과 그 옛날 어린 시절 신앙의 삶을 묵묵히 삶으로 옮겨온 동생의 소중한 천국 나그네의 시간을 사랑합니다. 이제서야, 동생과 함께 믿었던 장로교회의 본산지인 에든버러(Edinburgh)를 찾아서 무거운 믿음의 선진들의 발걸음을 찾아봅니다. 이야기들을 통해서 듣게 되었던 신앙의 문화와 전통과 역사를 배우기 위해, 내 삶의 발걸음을 기쁜 마음으로 한 걸음씩 전진해 봅니다.

에든버러(Edinburgh) 건널목을 지나가는 많은 외국인 나그네(Wayfarer)들은 지금 내 삶의 여정 앞을 지나가면, 다시는 볼 수 없는 분들입니다. 내 삶에서는 아주 소중(所重)하고, 귀하신 분들이라 생
각하고, 지나가는 수많은 사람을 유심히 보고, 서로의 얼굴이 마주치면, 환하게 웃음과 미소로 서로를 반겨주며, 조용히 각자의 나그넷길을 갑니다. 갑자기 어디선가 나그네인 나에게 길을 물어보는 이가 나타났는데, 호주에서 온 관광객으로 오늘 도착을 해서, 로열 마일(Royal

Mile)을 찾아간다는 것이었습니다. 낯선 곳에서 만난 시드니(Sydney, AU) 고향 분들에게 내가 아는 유일한 장소를 물어보기에 당당하게 위치와 역사를 풍성히 알려주고, 우리는 각자의 나그넷길을 향해서 떠나갑니다. 나그네가 나그네에게 길을 알려주는 웃지 못할 상황에 조용히 감사의 기도를 드립니다.

이 땅에서 믿음의 나그네들로, 천국 본향을 갈망하며 믿음의 전철을 타고, 하늘의 문화와 전통과 역사를 갈망하며 달려가는 천국 나그네 삶을 걸어가는 자녀들을 축복합니다. 많은 세상에서 천국의 길을 잃어버린 나그네들의 모습을 마주하지만, 그러나 늘 아쉬움과 함께 각자의 나그넷길만 걸어서 지나갑니다. 믿음이 어린 나에게 누군가의 천국 본향의 길로 인도해 줄 것을 물어본다면, 내가 인도(Showing the way, True)해 줄 수 있을까?

특별히, 가장 가깝고도 가장 먼 나라이며, 가장 전도하기 어려운 나라, 일본을 전도(Evangelism)한다면, 이들을 아름다운 천국 길로 인도하는 복음(福音) 나그네가 될 수 있을

까? 되돌아봅니다. 영혼의 나그네 나라인 일본을 전도할 수 있을까? 그러나 천국 회복의 말씀 묵상(Meditation)과 기도의 향기로 말미암아, 길 잃은 일본을 인도할 수 있음을 믿으며, 조용히 천국 나그네의 중보 기도를 드립니다. 또한, 일본(Japan)을 통한 북한(PRK)과 열방을 전도하

는 천국의 씨앗으로 쓰임 받기를 조용히 소망하며, 중보기도를 드립니다. 나그네(일본)가 나그네(북한)에게 길을 알려주는 웃지 못할 상황이 있기를 조용히 소망의 기도를 드립니다.

천국 나그네로서, 일본을 전도하기보다 더 어려운 또 하나의 무거운 나그네는 바로 나의 옆에 있는 사랑하는 가족들과 자녀이며, 이들을 사랑하며, 전도(Evangelism)하기를 소망합니다. 내 삶의 나그넷길을 누구보다도 잘 아는 가족들과 자녀들과 친척들이 세상에서 가장 전도하기 어려운 내 삶의 숙제(宿題)임을 고백합니다. 왜냐하면, 내 삶의 나그넷길에서 거짓된 입술과 행동의 삶을 가장 가까이에서 체험하며, 오해하는 나그네들이자, 비난하는 가장 두려운 미전도 종족들로, 이들의 천국 영혼의 전도를 위해서 조용히 중보기도를 드립니다. 이 시간 내 삶의 나그넷길을 그분의 인도하심을 통해서, 진실(Truth)과 정직함으로 인도해 주실 것을 소망합니다.

그러나, 세상에서 진정으로 가장 어려운 전도는 나 자신의 의심과 불신의 신앙의 삶임을 고백합니다. 내가 진심으로 변화하며, 내 삶의 생각과 행동이 천국의 향기(香氣)로 변할 때, 그 향기

(香氣)가 진정으로 가족과 이웃과 직장과 나라와 열방에 희망(Hope)의 바람이 될 수 있음을 소망합니다. 내 안에 내려놓아 할 세상 욕심과

명예(名譽)와 자랑의 마음을 그분에게 드리며, 그분의 새바람(Holy Spirit)을 새로 맞이하여, 천국의 나그네로 거듭나기를 기도합니다. 새로운 천국의 향기가 바람에 날려서 천국 나그네의 삶을 소망합니다. 그분의 나라 회복(回復)을 꿈꾸며, 달음박질하는 영원한 전도자로, 세상의 어리석은 전도의 길(Way of Evangelism)로, 천국의 천기누설의 통로(通路)가 됨을 확신하며, 함께 천국 나그네의 전도자가 되기를 조용히 기도합니다. 나그네(내)가 나그네(가족)에게 길을 알려주는 웃지 못할 상황이 있기를 조용히 소망의 기도를 드립니다.

천국의 영원한 나그넷길을 예비하는 모임들인, 아름다운 믿음의 씨앗을 준비하는 아이들과 아내와 천국 전도의 나그넷길을 선포하는 기쁨의 교회와 글로벌 기술교육에 대한 나그네 항해를 하는 CSP 사업, 나그네 된 가족들이 한자리에 모일 조국 대한민국과 열방을 천국 영원한 나그네 삶으로 인도하는 일꾼들과 이들을 도우시는 숨겨놓은 그분의 천국의 파수꾼들에게 그분(יהוה .야훼)의 나라의 나그네 상급을 풍성히 누리길 소망하며, 기도합니다.

⟨ΙΧΘΥΣ⟩ 익투스(ιχθυσ)의 생수: 알베르트 아인슈타인

성공한 사람보다는 가치 있는 사람이 되려고 노력하라.
Try not to become a man of success,
but rather try to become a man of value.
– Albert Einstein

Dr. 알베르트 아인슈타인은 독일, 스위스와 미국에서 활동한 이론 물리학자입니다. 그는 독일제국 울름에서 전기 회사 사장이었던 유대인 아버지와 독일인 엄마 사이에서 장남으로 태어났으며, 아버지 헤르만 아인슈타인과 어머니 파브르네는 매주 교회에 나가는 로마 가톨릭 신자였으며, 집엔 청동으로 만든 십자고상이 있었습니다. 초등학생 아인슈타인은 유럽인들의 뿌리 깊은 반유대주의(反Judea主義)로 인해 상처를 받기도 했었습니다.

그는 어려서부터 백부와 숙부의 영향으로 일찍이 수학(數學)과 과학에 관심을 끌게 되었습니다. 알베르트 아인슈타인의 과학과 수학 성적은 좋았으나, 학교에서는 대체로 군대식 전체주의(全體主義) 교육에 대한 저항 의식(Resistance Consciousness)으로, 반항(反抗)적인 학생이라고 인식되었고 여겨졌습니다. 이후 독학으로, 공부하여 취리히 연방 공과대학교(ETH Zürich)에 응시하였으나 낙방하게 되었습니다. 그러나, 그의 뛰어난 수학 성적을 눈여겨본 학장님의 배려로 1년간 아라우에 있는 자유로운 분위기의 고등학교에서 공부한 이후, 결국 취리히 연방 공과대학교에 입학하게 되었습니다.

졸업 이후 그는 미국으로 건너가서, 일반 상대성이론을 발표하였으며, 이는 현대물리학의 형성에 큰 영향을 끼쳤습니다. 특별히 1919년 영국 런던 왕립학회는 기니만(The

Gulf of Guinea, A.F)에 있는 프린시페섬에서 있었던 관측에서 그해 5월 29일의 일식(An eclipse of the sun)을 촬영(撮影)하였는데, 일반 상대성이론에서의 예측이 검증되었다고 발표를 하게 되었습니다. 이로써 아인슈타인은 뉴턴의 고전 역학적 세계관을 마감한 인물로서 범세계적인 명성을 얻게 되었습니다. 그리고 1921년에는 광전효과 공로로 'The photoelectric effect'에 대한 노벨 물리학상을 받았습니다.

주변에서 본 아인슈타인의 모습에 대해서는 "아인슈타인은 우주를 창조한 창조주에 대한 확고한 믿음을 가졌다"라고 휴 로스(Hugh Ross, 점진론적 창조론자) 박사는 책에 기록하였습니다. 또한 아인슈타인은 자신이 이해하는 하나님을 이렇게 소개합니다. "인간이 도저히 이해되지 않는 우주에 나타나 있는 초월적인 존재에 대한 감성적(Emotions)인 확신(確信)이 내가 이해하는 하나님이다"라고 고백합니다.

평생을 반유대인의 핍박과 모험을 받으며, 독일과 스위스와 미국을 나그네와 같은 삶으로 자기 삶의 꿈을 꾸며, 이루어간 아인슈타인의 인생 여정을 배웁니다. 자신의 상대성이론 발표에도 이를 믿어주지 않았던 세상의 반대와 모욕에서도 포기하지 않고, 세상의 성공보다는 가치 있는 연구자의 삶을 꿈꾼 아인슈타인의 노력을 조용히 배웁니다. 그의 귀한 고백과 같이 "성공한 사람보다는 가치 있는 사람이 되려고 노력하라" By Albert Einstein.

2019년 하반기, 내 삶의 천국 나그네의 삶과 가정을 위해 소망하며 기

도합니다. 이를 위해, 아인슈타인이 자신
의 상대성이론 발표에도 이것을 믿어주지
않았던 반대파의 모욕과 실망에서도 이를
포기하지 않고, 자신의 학문의 나그넷길
을 넉넉히 걸어간 것처럼, 내 삶의 천국 나
그네 발걸음 위에서도 하늘의 '팡팡 기도(그
분의 소리를 청취하는 도구)'의 능력인, 깊은 산

속 옹달샘의 말씀과 '그 옹달샘의 생수를 듣는 기도'의 힘을 입어 든든히
천국 영원한 나그네의 길을 걸어가길 소망합니다. 더 나아가, 이번 가을
한가위 명절에 한국, 영국, 호주, 브라질, 독일, 시리아 등에 있는 믿음
의 가족들과 형제 자녀들과 함께 영원한 나그네의 길을 걸어가는 가치
(Worth) 있는 길을 풍성히 나누기를 기도합니다. - Joseph H. Kim

핵심 웨이브

By 영원한 나그네(Eternal Wayfarer)

사랑하는 자들아 거류민과 나그네 같은 너희를 권하노니 영혼을 거슬러 싸우는 육체의 정욕을
제어하라 너희가 이방인 중에서 행실을 선하게 가져 너희를 악행 한다고 비방하는 자들로 하여금
너희 선한 일을 보고 오시는 날에 하나님께 영광을 돌리게 하려 함이라

Dear friends, I urge you, as aliens and strangers in the world, to abstain from sinful desires, which
war against your soul. Live such good lives among the pagans that, though they accuse you of
doing wrong, they may see your good deeds and glorify God on the day he visits us.[1 Peter 2:11]

익투스(ιχθυσ)의 감사:
"잉글랜드 여왕의 성공회에서 독립한 스코틀랜드 청도교"

이 시간 또 하나의 세계사에 유명한 민족 독립운동을 조용히 걸어봅니다. 스페인과 포르투갈 왕가 이후, 서양의 해상권을 장악한 대영 제국은 먼저 자국의 잉글랜드, 웨일즈와 아일랜드와 마지막의 스코틀랜드를 영토를 통일(Unification)합니다. 그러나, 자주 정치, 문화, 경제를 세계 만방에 알리는 스코틀랜드 에든버러의 아름다운 도전들과 희망 시민의 하나 됨의 삶의 여정을 배웁니다. 잉글랜드와 스코틀랜드는 완전히 다른 역사와 민족적 전통들을 가지고 있다고 합니다. 스코틀랜드는 유럽의 북쪽에 살던 켈트족(Cult)이 이주해 왔었고, 잉글랜드는 남쪽 대륙에서 건너갔었던 앵글로족과 색슨족의 합친 잉글로섹슨족(Anglo-Saxon)으로 이루고 있었습니다. 스코틀랜드는 잉글랜드에 대항해 오랫동안 대 항쟁을 거듭하다가 '킹 제임스 성경'으로 유명한 제임스 왕이 즉위해 양국 연합 체제가 시작되었으며, 100여 년 뒤인 1706년 잉글랜드에 합병되었습니다.

그러나, 아쉽게도, 국토의 독립은 이루지 못했지만, 보이지 않는 민음의 독립선언과 자유를 배웁니다. 잉
글랜드는 여왕 중심의 인간 신앙의 삶을
강요하기에, 말씀과 성령 중심의 스코틀
랜드는 신앙의 자유를 위해, 아메리카
대륙(N.A)을 향한 기나긴 대서양의 항해
와 신대륙의 땅을 개척한 스코틀랜드 청교도인들의 믿음의 역경을 배
웁니다. 이들은, 21세기 세계의 가장 부강한 나라인 미합중국(U.S.A)을
세우고, 글로벌 크리스천의 힘과 저력을 통한 평화와 자유의 물결을
선포한, 멋진 믿음의 도전과 열정을 이 시간을 함께 에든버러성을 조
용히 걸으며, 이들의 믿음의 항해를 듣고 배웁니다.

이 시간 우리 집의 고3 자녀가, 또 하나의 독립을 선포하는 입시 시
즌을 맞이합니다. 지난해 큰아들의 자소서에 이어서, 이번에 둘째 아
이의 대학교 입학 자소서(Matriculation)를 급하게 메일로 받아봅니다. 시
간이 없어서 간단하게 몇 가지 멘트들만 공유를 하고, 나머지는 그동
안 고등 생활을 잘 정리한 딸아이의 글을 그대로 사용을 할 수 있게
가이드를 해주셨습니다. 부모를 따라, 오랜 외국 생활로 인하여 한국
입시 공부가 아닌, 자신의 고등학교 활동을 중심으로 한, 자신의 대학
교 학과를 준비하는 달란트(Talent, 특기) 중심의 평범한 미래를 준비하
는 자녀의 삶을 위해 천국 믿음의 중보기도를 조용히 드립니다.

나아가, 아름다운 학문과 신앙의 자유를 위한 새로운 환경에 대한
도전을 준비하는 자녀들의 삶을 함께 축복합니다. 어린 자녀들의 생

각과 삶의 행동들이 자주독립하여,
멋진 대학 생활을 통한 새로운 믿
음의 걸음들과 도전을 배우며, 또
한 세상 향하여 당당히 말씀 선포
(Proclamation)의 삶을 펼치는 귀한 신
앙의 삶을 예비하여 주시길 중보기도 합니다. 부모님의 영향에서 독
립을 통한 새로운 학문의 세계와 글로벌 문화의 환경으로 들어가는
자녀들의 길에, 그분의 지혜와 은혜로 천국의 회복 탄성(Recuperation
Elasticity in God)을 풍성히 임하시어, 믿음의 자주독립을 든든히 이루기
를 조용히 중보기도를 드립니다.

마지막으로, 내 삶의 브라질 CSP 정비사업의 마지막 성공적인 출구
전략을 준비합니다. 4년 계약 업무를 잘 마무리하여, 아름다운 조국으
로 안전한 귀항을 준비하며, 우리들의 육신의 지친 몸과 상처 입은 마
음들을 추슬러서, 마지막 회복의 단추들을 이번 한가위 명절의 나눔
을 통해 조용히 되돌아봅니다. 함께한 동료분들과 현지인 직원분들과
운전기사분들과 통역분들을 통해서, 이루신 풍성한 삶의 결실을 나누
며 앞으로의 8개월의 남은 시간을 2단계 현지인 대상의 글로벌 정비
교육의 불꽃(Fireworks)을 풍성히 피울 수 있기를 소망합니다.

CSP 사업을 시작하는 것도 중요하지만, 마치는 것도 더 중요하기에,
이 모든 두려움에서 자유 독립하여, 아무것도 염려하지 말고 다만 모든
일에 기도와 간구로, 내 삶의 구할 것을 감사함으로 하나님께 아뢰는

믿음의 자유를 선포(Proclamation) 하길 소망합니다. 그리하면 모든 지각에 뛰어난 하나님의 평강이 그리스도 예수(G.J) 안에서 나의 마음과 생각을 지켜주실

것을 넉넉히 믿습니다. 이번 믿음의 한가위 명절을 통해서, 천국의 추수 감사를 올려드리며, 기쁨의 기도를 풍성히 드립니다.

믿음의 자주독립선언을 예비하는 모임들인, 아름다운 믿음의 독립을 준비하는 아이들과 아내와 천국 회복의 믿음 독립을 선포하는 기쁨의 교회와 글로벌 기술교육에 대한 이전 항해를 하는 CSP 사업, 한가위 명절에 믿음의 가족들이 모이는 조국 대한민국과 열방을 영원한 믿음의 독립국가로 인도하는 일꾼들과 이들을 도우시는 숨겨놓은 그분의 천국의 파수꾼들에게 감사와 은혜가 있는 천국의 한가위 명절을 풍성히 누리길 소망하며, 기도합니다.

⟨ΙΧΘΥΣ⟩✕ **익투스(ιχθυσ)의 생수: 쇠렌 키르케고르**

> 사람들은 거의 자유롭게 생각하지도 않으면서 자유에 대한 보상으로
> 표현의 자유를 요구한다.
> People demand freedom of speech as a compensation
> for the freedom of thought which they seldom use.
> – Soren Kierkegaard

Mr. 쇠렌 오뷔에 키르케고르는 19세기 덴마크 철학자이자, 신학자, 시인으로, 실존주의 철학자의 선구자로 평가받기도 했습니다. 그는 코펜하겐(Copenhagen)의 가정에서 태어났으며, 그의 어머니는 조용하고, 소박했으며, 그의 아버지는 Jutland 출신의 부유한 양모(Wool) 상인이었습니다. 그는 모든 면에서 평범해 보였지만, 집안에서 철학과 종종 지식인들을 호스트하는 것에 관심이 있었습니다. 그래서, 어린 아이인 키르케고르는 크리스찬 울프의 철학에 관심이 많았습니다.

그는 사실상 실존주의의 시조라고 할 수 있는 쇼펜하우어를 매우 만나고 싶었으나 그러지 못했고, 단지 쇼펜하우어에게 막대한 영향을 받았다고 합니다. 그의 작품 중 많은 수가 신앙의 본질, 기독교 교회 제도, 기독교 윤리들과 신학, 그리고 삶에서 결정을 내려야 할 순간에 개인이 직면하게 되는 감정과 감각 같은 종교적 문제를 다루고 있습니다. 이 때문에 Mr. 키르케고르는 무신론적 실존주의자(An existentialist of~)에 속하는 사르트르나 니체와 달리 '기독교 실존주의자'로 평가를 받게 되었습니다.

그는 많은 작품을 익명으로 남겼으며, 그가 익명으로 쓴 작품을 비판하는 또 다른 익명의 작품을 출판하기도 하였습니다. 키르케고르는 독자에게 의미를 찾아야 하는 과제를 남겨주었습니다. 그것은 "과제란 어려워야만 하겠고, 오직 어려움만이 고상한 마음에 영

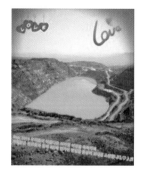

감을 불어넣기 때문이다"라고 고백했습니다. 그 뒤에 어떤 사람들에게 그는 실존주의자, 신정통주의자, 휴머니즘적인 심리학을 한 인본주의자, 개인주의자 등이었다고 해석을 했습니다. 결과적으로, 키르케고르는 철학, 신학, 심리학 그리고 문학의 경계를 넘나들었기 때문에, 현대 사상(思想)에서 매우 중요하고, 영향력 있는 인물로 여겨졌습니다.

키르케고르의 신학은 기독교 윤리, 교회의 제도, 순수한 객관적 증거, 인간과 신 사이의 무한한 질적인 차이, 그리고 예수와 신 사이의 개인의 주관적인 관계에 초점을 두었습니다. 특별히, 그의 작품 중 많은 부분이 기독교의 사랑을 다루며, 그 주요 사상에는 '주관적이고 객관적인 진실'이라는 개념, 신앙의 기사, 기억과 반복의 이분법, 불안, 무한한 정성적 구별, 열정의 3가지 방식들이 포함되어 있었습니다.

이 시간 키르케고르의 자유(Freedom)에 관한 생각을 들으며, 사람들이 잘못 이해하는 요구를 이렇게 알려줍니다. "사람들은 거의 자유롭게 생각하지도 않으면서, 자유에 대한 보상으로 표현의 자유를 요구한다"라고 행동과 생각의 불일치가 우리에게 '주장의 허구'임을 깨우쳐 줍니다.

내 삶의 자유를 세상에 부르짖음이 있기 전에, 내 안에 있는 생각과 삶의 그림들이 진정한 천국 자유의 액자(額子) 안에서 살고 있는지, 내 안에 있는 천국 영혼의 자유의 그림을 찾아봅니다. 그분 안에서 그려진 천국 말씀의 그림이 내 안에 없다면, 진정한 천국의 자유 독립을 세상에 선포할 수 없기에, 이 시간 내 안에 천국 자유 독립의 삶을 그분께 간구하며, 그분이 내 안에 내주하심과 내가 그분 안에서 인도함을 받을 수 있기를 소망합니다. 이를 통해서, 세상에 얽매인 내 삶의 여정과 2019년 하반기 브라질 삶과 열방에서도 조용히 그분의 자유함을 통해 자주독립을 받기 위해서, 그분의 천국 자녀의 보상으로 표현(기도, 테필라트, הליפת)의 자유를 간구하기를 조용히 기도합니다. - Joseph H. Kim

핵심 웨이브

익투스(ιχθυσ)의 감사:
인공수정을 통해서, 창시자(創始者)의 비밀을 배웁니다.

지난 4월과 5월에 4차연도 업무 시작에 대한 불확실한 삶의 여정을 걸으며, 기도하는 마음으로 한 그루의 수박 씨앗을 사무실 앞에 심어봅니다. 회사 식당의 후식인 수박을 먹고, 받은 희망의 씨앗을 브라질 환경에서의 수박 농사의 경험(經驗)은 없지만, 마지막 브라질 희망의 기도와 함께 믿음의 씨앗을 뿌려봅니다. 4차연도의 희망(Hope)의 씨를 뿌리고, 수개월 동안 매일 물과 사랑을 주며, 길러온 수박들은 처음에는 벌과 나비가 없는 들판에서, 꽃만 피고 열매의 결실을 보지 못했습니다.

몇 주간의 시간 흐름 속에서 인공수정의 방법을 익히며, 암·수꽃을 수정을 시작하면서, 스스로 식물의 수정을 도전해 봅니다. 드디어, 며칠이 지나면서 수박꽃에서 열매들이 맺히기 시작하였으며, 하나, 둘, 셋~ 12개 수박의 꽃에서 수박결실들이 맺히기 시작합니다. 이 시간 아름다운 브라질 여정에서 사무실 앞 수박밭에, 4차연도의 CSP EIC 정비의 시작을 확신하는 기도의 열매에 귀한 인공수정의 손길을 올려드리며, 희망의 천국 기도의 창시자(創始者)가 되어봅니다. 아름다웠던 우리들의 풍성한 기도의 수박밭에 귀한 4차연도 수박들이 가득 맺히길 소망하며, 매일 생명의 물과 기도의 향기와 천국 믿음의 양분들을 나누며, 넉넉히 중보기도를 올려드립니다.

9월, 요즘과 같은 브라질 CSP 현장의 안정적인 설비 정비와 운영이 있기까지 많은 분의 노고와 밤낮을 구별하지 않고, 설비 돌발 호출과 출동을 긴급 대응했던 많은 지난날의 삶의 모습을 기억  하며, 고마움의 마음을 조용히 전해드립니다. 지난날, 숨 가쁘게 달려왔던 우리들의 해외 글로벌 정비 기술인들의 업무에 대한 자부심(Self-confidence)과 책임감(Responsibility)의 모습들에 대하여, 심심한 감사의 마음들을 나눕니다.

우리가 걸어온 철강 글로벌 기술 역량과 기술교육은 그동안 한국 내에서의 기술업무 환경에서 한 단계 더 나아간, 세계 철강 기술을 이끌어 가는 아름다운 철강 기술을 글로벌 창시자(創始者)의 길로 펼쳐가는 귀한 믿음과 용기와 실력의 여정이었음을 넉넉히 고백합니다. 이제는 마지막 남은 8개월의 삶의 여정을 그동안의 영, 혼, 육신의 피로와 지친 상처들을 위로하고, 쌓였던 마음속의 산들을 녹여서, 모든 분이 지난 브라질 여정의 쓰러진 가을 들판의 볏단을 세우고, 또한, 회복하시어, 새 힘을 얻어 천국의 열매와 결실이 풍성히 맺히길 소망하며, 조용히 중보기도를 드립니다.

이 시간, 풍성한 한국의 가을 추수 들판과 함께 내 삶의 추수의 목적지인 천국 영혼의 들판에 귀한 신앙의 아름다운 기도와 말씀을 쌓을 때, 교회와 지역과 나라의 열매들을 맺기를 소망합니다. 또한 귀한 내 마음의 밭과 가정의 밭과 자녀의 밭들에 귀한 하늘의 말씀 씨앗을 뿌리며, 기도의 인공수정을 통하여, 천국 기도의 열매와 희망의 결실을 맺히기를 조용히 기도합니다. 그분이 먼저 걸어가신 귀한 신앙의 기초와 기도 창시자의 삶을 배우며, 그분(J.C)의 사랑과 성령의 열매(The Fruit of Holy Spirit)들을 내 삶의 여정에서 풍성히 맺기를 소망합니다.

그러므로 천국의 추수 때에는, 브라질 CSP와 한국과 독일과 영국과 남아공과 몽골과 시리아와 이스라엘과 만물들이 그분을 높여드립니다. 또한 그분으로 말미암아 모든 열방이 그의 아들들을 끌어내서, 그분의 천국의 영광에 들어가게 하시는 전도의 열매를 맺는 사역(事役)에 입문하길 소망합니다. 나아가 그들의 구원 창시자(創始者)의 고난을 통하여 삶의 마지막 여정의 때에 온전(穩全, Unimpaired)하게 열방들이 회복되기를 조용히 간구하며, 감사의 기도를 넉넉히 드리기를 소망합니다.

기도의 창시자 선언을 배우는 모임들인, 천국 창시자의 여정을 준비하는 아이들과 아내와 천국 기쁨의 창시자의 삶을 선포하는 기쁨의 교회, 숨겨진 창의적 달란트를 발굴하는 Change Up Ground,

해외 정보 기술의 창시자 길을 항해하는 CSP 사업, 한반도의 복음 천국

의 길을 선포하는 조국 대한민국과 열방에 영원한 천국 기도의 씨앗을 파종하는 일꾼들과 이들을 도우시는 숨겨놓은 그분의 천국의 파수꾼들에게 말씀과 기도의 창시자 길을 축복하며 천국 결실이 풍성히 맺히기를 소망하며, 중보기도를 드립니다. – Joseph H. Kim

⟨ΙΧΘΥΣ⟩ 익투스(ιχθυσ)의 생수: 존 낙스

> 기도하는 한 사람이, 기도하지 않는 한 민족보다 강하다.
> "A person who prays is stronger than a nation who do not pray."
> – John Knox

존 낙스(John Knox, 1514~1572년)는 스코틀랜드 사람으로 장로교 창시자입니다. 에든버러(Edinburgh)에서 약 30분 거리에 있는 해딩턴에서 태어났지만, 아버지와 조부 및 외조부는 영국 헨리 8세와의 전쟁에서 전사했기에, 어린 시절에 어머니의 보살핌과 신앙교육을 받으며 자라났습니다. 그리고, 그 당시에는, 스코틀랜드에는 1,000개 교회와 900개 이상 가톨릭 교회들이 있었으며, 스코틀랜드의 전체 국토의 절반을 각 교회가 소유하고 있었습니다.

존 낙스가 출생한 때에는 제임스 4세 별세 직후로 무정부 상태였습니다. 그는 자라서, 해딩턴의 프란체스코 수도원에서 수도사의 교육을 받고 라틴어에 능통하였습니다. 1531년경 성 앤드류 대학에 입학하여서, 사제교육을 받았습니다. 그
러나, 이후에는 그는 제네바로 건너가
존 칼빈을 만나 동역하였으며, 칼빈이
목회하는 제네바 교회 옆 건물에서 약
200여 명의 영국 본토 피난민들을 섬기
는 목회자(牧會者)로 활동했습니다. 그는 교회의 직분들을 목사(牧師),
장로(長老), 집사(執事)로 나누고, 평등과 자율과 연합을 근간으로 한 장
로정치를 시행했습니다. 낙스는 제네바에서 1556~1559년까지 영어
사용 난민들에게 성경을 가리키며 말씀을 전했습니다.

이후 그는 다시 에딘버러로 돌아와, 장로 중심의 개혁교회 목회를
시작했습니다. 당시 스코틀랜드의 '피의 여왕'이라고 불리는 로마 가
톨릭 신도인 메리 여왕과 투쟁을 하면서, 장로교를 스코틀랜드에 정
착시켰습니다. 그는 위대한 신학자였지만 동시에 위대한 기도의 사람
이었습니다. 메리 여왕조차도 그의 기도를 두려워하며 "백만 군사보
다 존 낙스의 기도가 더 무섭다"라고 고백했다고 전해집니다. 그는 하
나님께 "스코틀랜드를 주시든가 아니면 나의 목숨을 거두어 가십시
오"라고 기도하는 '기도의 사람'이었습니다.

존 낙스의 종교개혁은 성경이 가르치는 교회를 만드는 것이었고, 스
코틀랜드를 하나님의 말씀이 다스리는 나라로 만드는 것이었습니다.
결과적으로, 개혁신학의 기초를 존 칼빈이 세웠다면, 장로교의 영성
과 목회적 기초는 스코틀랜드의 존 낙스의 기도의 삶이 밑거름되어

서 세워진 것이었습니다. 이 시간 아름 다운 천국 기도의 창시자 존 낙스의 성 경적 기도(祈禱)와 말씀의 선포를 조용히 배웁니다. 2019년도 하반기 내 삶의 여 정에 귀한 존 낙스의 기도의 삶을 체휼

하며, 해외(브라질) 글로벌 정비사업의 좋은 경험의 창시자(創始者) 길을 펼쳐가는 자녀로, 귀한 천국의 믿음과 용기와 실력을 인도받기를 넉 넉히 중보기도를 드립니다. – Joseph H. Kim

핵심 웨이브

By 창시자(創始者)

그러므로 만물이 그를 위하고 또한 그로 말미암은 이가 많은 아들들을 이끌어 영광에 들어가게 하시는 일에 그들의 구원의 창시자를 고난을 통하여 온전하게 하심이 합당하도다

In bringing many sons to glory, it was fitting that God, for whom and through whom everything exists, should make the author of their salvation perfect through suffering.   [Hebrews 2:10]

생선의 남은 자 공동체
(The Remnant Community
of Life Missionary)

거룩한 전쟁,
무릎 꿇지 않는 7,000명이 되라

 추수할 때(Gather a harvest)

 익투스(ιχθυσ)의 감사:
"추수할 때 일어나는 브라질의 자연발화(Bush Fire)"

브라질 남서부 아마존 지역에 약 몇 달이 지 나도록 Bush Fire가 일어났으며, 브라질 남부 도시들과 아마존 지역에 연무들이 연일 가득 하게 되는 일들이 곳곳에서 발생합니다. 많은 곳(1월부터 9월까지 7만 건 이상 자연발화 등)과 정글의 지역(일반 방재 장비가 접근이 어려운 지역)에서 일어

난 것이라, Bush Fire 진화 작업은 쉽지 않은 모습입니다. 여러 국제사회에서 많이 기도하고 있으며, 함께 도움의 손길들이 각국에서 있을 것 같아요. Fortaleza(세아라주) 도시는 화재지역에서 1,000~2,000km 이상 떨어져 있으며, 바람의 방향(方向)이 계속 바다에서 육지로 불어오는 지역이라서, 아직 연무나 화재가 오지는 않는 것 같아요. 모든 유럽 NGO 분들과 함께 기도하며, Bush Fire의 불길이 조속히 잡히길 소망합니다. 한 해의 귀한 추수의 결실(Fruition)들이 한순간 불길에 날아가는 안타까운 일들이 없기를 소망하며, 함께 귀한 가을 추수의 안전한 결실을 위해서 하늘의 소망(Hope)을 두고 기도합니다.

이 시간 자라나는 아이들과 아내가 있는 가정(주방)과 믿음의 삶의 현장(자녀, 교회, 학교)에서도 육신과 정신과 혼을 태우는 자연발화와 사회 발화가 발생하지 않도록 육신의 산불과 영혼의 화재  주의를 조용히 기도합니다. 특별히, 수년간의 해외 근무로 인하여, 가족과 함께할 수 있는 상황과 가정환경으로 인하여 부부관계와 부자(부녀) 관계가 부족함을 많이 고백합니다. 우리 가족들의 건조한 삶의 순간에서도 메마른 영혼의 마음 밭에서도 육신과 마음과 영혼에 화재가 발생하지 않도록 말씀과 듣는 기도로 천국의 소화기(Fire Extinguisher)를 준비하길 소망합니다.

이 가을, 가정의 추수의 시즌에 아름다운 주님의 안전한 가정(Security)

과 건강한 천국의 구원(Salvation) 추수를 기도합니다. 또한, 지난 세상의 뜨거운 여름 햇살과 세상의 태풍과 폭풍우에서도, 가정의 지붕(Roof)과 처마(Eaves)가 되어주셔서, 가정의 가을 들판과 함께 누렇게 익어가는 자녀들의 삶의 볏단들을 지켜주신 사랑에 감사의 마음을 울려드립니다. 마지막, 천국의 항해에서도 가족들의 안전한 항해와 건강한 천국 북남풍의 은혜로 보호하시심과 인도하심이 넉넉히 임하시길 소망하며, 조용히 천국 안전한 영혼의 추수 기도를 중보합니다.

3분기의 마지막 때 브라질 CSP의 추수할 곡식들을 찾아서 봅니다. 지난봄, 여름 속에서 브라질 여정에서 맞이한 수많은 현지 인력협상과 이 일로 인해서 마음의 산불과 영혼의 자연발화에 상처 입은 시간을 되돌아보며, 어려운

환경 속에서도 서로를 위로하며, 함께 글로벌 해외 정비기술 항해를 굳건히 헤쳐 나온, 가족 같은 브라질 CSP 정비의 동료들과 현지 직원들에게 고마움의 마음을 전합니다. 우리들의 건조한 육신의 삶과 메마름 영혼의 마음 밭에 마지막 순간까지 좌절과 절망의 산불 화재가 발생하지 않도록 천국의 소화기(Fire Extinguisher)를 준비하길 소망합니다.

또한, 지난여름, 내 삶의 여정에 다가온 스코틀랜드 에든버러 믿음의 가족들에게서 이 가을에 천국의 추수할 곡식들을 찾아서 봅니다. 기나긴 해외 생활에 지친 육신과 마음과 영혼의 가을 추수를 인도하시고, 오랫동안 기다리고 기도해 온 목회자 청빙(請聘)으로 지친 영혼

들과 믿음의 동역자들에게 하늘의 위로
와 회복의 은혜를 더하시기를 기도합니
다. 또한, 청년들의 찬양 메아리들과 천
국 사역들을 통해 주님의 회복 역사가
에든버러의 믿음의 교회 위에서 풍성히
이루시기를 소망합니다. 그분의 때에 청년들과 교회의 기도들이 천국
북남풍의 은혜의 순풍(順風)이 불어와, 모든 분이 천국 영혼의 가을 포
구에 안전하게 도착하시길 조용히 중보의 기도를 드립니다.

천국의 가을 추수를 준비하는 모임들인, 믿음의 씨앗을 마음 밭
에 뿌리는 아이들과 아내와 천국 기쁨의 총회를 풍성히 섬기는 기쁨
의 교회와 글로벌 정비기술의 추수를 예비하는 CSP 정비사업과 한반
도 복음 전파의 추수를 선포하는 조국 대한민국과 열방에 천국 기도
의 가을 추수를 예비하는 일꾼들과 이들을 도우시는 숨겨놓은 그분의
추수의 파수꾼들에게 가을 추수의 길을 축복하며 천국 영혼의 결실이
풍성히 맺히기를 소망하며, 중보기도를 드립니다.

<IXθYΣ< **익투스(ιχθυσ)의 생수: 플로렌스 나이팅게일**

> 나는 내 성공이 이것 덕분이라고 생각한다.
> 나는 어떤 변명을 하지도, 받아들이지도 않았다.
> I attribute my success to this I never gave or took any excuse.
> – Florence Nightingale

Mrs. 플로렌스 나이팅게일은 이탈리아에서 여행가였던 윌리엄 에드워드 나이팅게일과 어머니 프랜시스의 둘째 딸로 태어났습니다. 그녀의 이름인 플로렌스는 부모님들이 이탈리아 여행 중에 피렌체에서 낳은 딸이기에, 피렌체의 영어 이름인 플로렌스라고 지었다고 합니다. 나이팅게일은 청소년 시절에 "하느님으로부터 사회를 위해 일하라는 소명을 느꼈다"라고 자신의 신앙의 삶을 고백하였습니다.

그녀는 1849년 이집트 여행 도중에 알렉산드리아 병원을 참관하고, 정규 간호 교육의 중요성을 절실히 느끼게 되었습니다. 또한, 청소년 시절 가난한 이웃들에게 관심(關心)이 많았던 나이팅게일은 전쟁의 참상에 관한 기사를 타임스 신문에서 읽은 뒤에 자극을 받았습니다. 이후, 부모님의 반대를 무릅쓰고, 개신교회 목사가 교도소 출소자들을 위해 자신의 집을 개방함으로써 운영하는 독일 프로테스탄트 학교에서 간호학을 공부하였고, 1853년 영국 런던 숙녀병원에서 간호 부장이 되었습니다.

그녀는 크림 전쟁(1853~1856년) 당시 38명의 잉글랜드 성공회 수녀들의 도움을 받으며, 슈코더르의 야전병원에서 간호사로 초인간적인 활약을 보였습니다. 나이팅게일 하면 고통받는 부상병자들을 돌보는 봉사자를 연상하지만, 이 시기의 나이팅게일은 유능한 행정가요 협상가였습니다. 그녀는 관료주의에 물든 군의 관리들을

설득했고, 병원에서 쓰는 물건들을 세심하게 조사했으며, 무질서한 병원에 간호의 규율을 세웠습니다. 이로 인해서, 환자들의 사망률은 42%에서 2%로 뚝 떨어졌다는 사실은 나이팅게일이 뛰어난 간호 행정가임을 말해준다고 합니다.

이후 1860년 나이팅게일 간호 학교(현재 킹스 칼리지 런던의 일부)를 설립하고, 간호 전문 서적을 씀으로써, 조선의 의녀처럼 천대받던 직업인 간호사를 전문직업으로 성숙시키는 큰 업적을 남겼습니다. 이 밖에도 많은 병원 및 간호 시설의 창립 및 개선에 힘쓰고, 남북 전쟁과 프로이센 - 프랑스전쟁 때는 외국 정부의 고문(顧問)으로 활약을 하였습니다. 이후 에드워드 7세로부터 여성 최초로 메리트 훈장을 받았으며, 국제 적십자 위원회에서는 '나이팅게일 상(Florence Nightingale Medal)'을 제정하여서 매년 세계 각국의 우수한 간호사를 표창하게 되었습니다.

또한, 나이팅게일은 잉글랜드 성공회의 성인이 되었으며, 성공회에서는 나이팅게일의 축일로 지키고 있습니다. 그녀는 자신의 성공을 이렇게 고백을 합니다. "나는 내 성공이 이것 덕분이라고 생각한다. 나는 어떤 변명을 하지도, 받아들이지도 않았다" 이 시간 자신의 주어진 삶을 현실에서 어떠한 변명을 하지도 않고, 천국 믿음의 기본자세와 희망의 씨앗과 생명의 소중함을 야전병원 현장에서 굳건히 뿌리는 그녀의 아름다운 간호 사역의 삶을 배웁니다.

이 시간, 2019년도 3분기의 삶을 보내며, 내 삶의 브라질 CSP 야전병원 현장과 에든버리, 시리아, 독일, 호주, 한국, 몽골 등 믿음(Faith)의 천국의 형제자매들에게도 어떠한 삶의 주어진 야전 환경에서도 어떠한 변명(辨明)과 포기함이 없이, 천국의 차렷 자세와 새 생명의 씨앗을 넉넉히 뿌리며, 아름다운 천국 생명의 회복을 위해 간호사의 삶을 세워가기를 조용히 중보기도를 합니다. 이를 통해서, 삶의 야전에서도 아름다운 천국 가을 추수의 결실을 풍성히 보기를 소망합니다. – Joseph H. Kim

핵심 웨이브

	By 추수할 때(Gather a harvest)
야선(LMI)의 양화성	오직 추수한 자가 그것을 먹고 나 여호와를 찬송할 것이요 거둔 자가 그것을 나의 성소 뜰에서 마시리라 하셨느니라
	but those who harvest it will eat it and praise the LORD, and those who gather the grapes will drink it in the courts of my sanctuary.　　　　　　　　　　　　[Isaiah 62:9]

익투스(ιχθυσ)의 감사:
"우기(Wet season)에 준비하는 자연 항생제"

며칠 전부터 그동안 맑았던 햇살들을
뒤로 한 채 브라질 봄기운과 함께 봄비
가 새벽하늘과 이른 아침 햇살을 젖게
해줍니다. 벌써 브라질의 기나긴 여름
우기를 준비하나요? 우리들의 육신과 마음과 영혼에 먼저 조심스럽게
환절기 육신의 건강에 대한 사전 통보를 전해봅니다. 매년 맞이하는 환
절기이지만 자연 항생제(Antibiotic)와 같은 생강(Ginger)과 꿀(Honey)을 준비
하면서, 또한 육신의 체력을 보강하는 건강 활동을 더 강화해 봅니다.

또한, 우리들의 브라질 여정이 이제 4분기의 건널목을 지나가는 길
에 들어왔습니다. 아름다운 마지막 여정에 함께하는 글로벌 정비기술
에 대한 현지인 이전 교육을 통하여서, 우리들의 4차연도 기술환절기
의 건강을 더욱 강화하는 초자연 항생제가 되기를 소망합니다. 이를
위해서 더 높은 곳을 향하여 기술의 생강과 꿀을 더 진하게 섞어서,
브라질 CSP의 우기(Wet season)의 재정 세균이나 경영 바이러스가 이
제는 침투하지 못하기를 조용히 중보기도 합니다.

하반기 4분기에는 그동안 관리되지 않는 육신과 영혼을 위해서, 해변

앞길에서 더욱 강화된 훈련을 소망합니다. 부족한 운동과 관리되는 영혼으로 몸을 만들어 봅니다. 또한, 매일 반복하는 유산소(有酸素)운동과 함께 천국 영혼의 호흡을 들여 마십니다. 마지막 브라질 여정에서 흔들리기 쉬운 믿음의 걸음(Step of Faith)들을 날마다 더 높은 곳을 향하여 나아가며, 내 마음의 질문과 영혼의 고백을 준비해서 올려드립니다.

A. 혹시 삶의 여정에서 출애굽은 하셨습니다? 예, 잘하셨습니다. 여러분과 저는 죄에서 벗어나, 신분이 종에서 아들로 그분의 자녀가 되었습니다. B. 그럼, 혹시 광야는 지나서 오셨나요? 예, 잘하셨습니다. 여러분은 광야에서 죽은 모세와 이론보다는 더 위대한 나그네가 되었습니다. 제자의 훈련도 잘 받으셨습니다. C. 그럼, 요단강은 건너셨습니까? 예, 더 대단하십니다. 여러분들께서는 그분의 법궤로 인해 완전히 죽었다가 다시 살아나셨습니다. 새로운 곳, 젖과 꿀이 흐르는 곳으로, 더 높은 곳으로 나아갈 수 있기를 축복하며, 소망합니다.

D. 혹시, 가나안 땅에는 도착하셨습니까? 예, 너무 훌륭하십니다. 이제 진짜 영적 전쟁이 당신의 삶의 모든 영역에서 무서운 가나안 땅의 거주민 족속들로부터 곳곳에서 싸움이 시작될 것입니다. E. 그래도, 예루살렘에는 도착하셨습니까? 예, 정말로 축하를

드립니다. 여러분들께서는 드디어 거룩한 성, 천국의 보좌가 있는 새 예루살렘 성(Castle)에 도착하셨습니다. F. 혹시 성전(소)에는 들어오셨습니까? 대단하십니다. 여러분들은 그분의 제사장들이 되었습니다. 날마다 삶을 향기로운 제물과 함께 예배를 드릴 수 있는 선택 받은 레위인(Levi)이 되었습니다.

G. 혹시, 지성소에는 들어가셨습니까? 예, 축하드립니다. 여러분들은 여호와의 영광을 보게 될 것입니다. 나아가 그룹들의 날개(The wings of the cherubim) 아래에 있는 언약궤

(The ark of the LORDs covenant)의 약속을 확인할 수 있을 것입니다. H. 마지막에, 여호와의 영광을 운반하는 글로리 캐리어(Glory Carrier)와 글로리 웨리어(Glory Warrior)가 되셨습니까?(예, 당신께서는 너무 귀하십니다. 여러분들은 땅의 끝에 여호와의 영광을 비출 것이며, 그의 역사의 현장에서 천국의 회복 향기를 날릴 것입니다. 그분의 축복 안에서 만사형통의 삶을 이룰 것입니다)

I. 너무 미안합니다. 혹시, 감람산에는 올라가십니까? 예, 축복합니다. 그분이 재림하실 것을 기다리며, 마라나타(Maranatha)의 삶을 예비하실 것입니다. 브라질 마지막 하반기의 4분기에, 영혼의 예루살렘의 성소 앞에서 내가 주의 지성소를 향하여 나의 손을 들고 주께 부르짖을 때 나의 간구하는 소리를 들으시고, 귀한 여호와의 영광을 비추시길 조용히 기도합니다. 또한 브라질의 감람산(The Mount of Olives) 등정

을 통해서, 그분의 예비된 축복을 소망하며 기도합니다.

4분기 삶의 우기를 준비하는 모임들인, 믿음의 생강과 꿀을 준비하는 아이들과 아내와 세상의 우기에 기쁨의 유산소 운동하는 기쁨의 교회와 세계 경제의 우기에도 정비교육하는 CSP 정비사업과 복음 한국의 더 높은  곳을 선포하는 조국 대한민국과 열방에 천국의 회복 운동을 전파하는 형제자매들과 이들을 도우시는 숨겨놓은 그분의 천국의 파수꾼들에게 천국 축복의 우기(Wet season)를 풍성히 부어주시어, 세상에 잃어버린 영혼들을 천국 항생제로 회복의 결실이 풍성히 맺히기를 소망하며, 중보기도를 드립니다.

⟨ΙΧΘΥΣ⟩ 익투스(ιχθυσ)의 생수: 윌리엄 블레이크

자신의 날갯짓에만 의존해서 나는 새는 결코 최고로 높이 날지 못한다.
No bird soars too high if he soars with his own wings
- William Blake

Mr. 윌리엄 블레이크는 영국의 화가이자 시인이며, 판화가입니다. 성경을 사랑했지만, 교회에 출석한 기록은 한 번 있고, 그 당시에 부패한 영국의 종교와 교회를 비판했습니다. 어린 시절부터 신비로운 환영을 보고 그것에 대해 말을 했으며 작품을 남겼으나 사람들은 망상이라 비난했고, 무명으로 생을 마감했습니다. 그러나, 20세기 이후부터 그의 저서가 다시 주목을 받기 시작했으며, 현대에 와서 최초이자 위대한 낭만주의 시인으로 손꼽히고 있습니다.

그러나, 어린 시절 자신의 미술 세계와 시인의 삶을 통해서 자신만의 세계를 펼친 그는 사회와 이웃의 삶에서 점점 멀어져 가게 되었습니다. 이후에는, 자신의 삶에 대한 모습에 대해 되돌아보면서 자신이 더 높이, 더 명성을 못받은 삶에 대한 모습을 이렇게 고백을 합니다.

"자신의 날개의 힘으로만 날아오르는 새는 결코 높이 날지 못한다(한계가 있습니다)" 자신의 삶을 서로 나누며, 이웃을 통해서 채우고, 배울 자신을 통해서, 자신의 부족을 채우며, 더 높이, 더 깊이 나아갈 수 있음을 조용히 배웁니다.

Mr. 윌리엄 블레이크의 진정한 의미는 "혼자의 노력만으로 이룬 성공은 그리 대단하지 않다. Teamwork를 통한 성공과 더불어 이루는 성공, 주변과 환경의 힘을(새는 바람과 새 떼의 V자형 Format 등) 이용한 성공이라면, 진정한 최고의 성공이다."라는 것을 말해주는 것

을 조용히 배웁니다. 우리가 살아가면서 혼자의 힘으로 열심히 노력하여 상당한 성공을 하지만, 진정한 성공은 다른 협력자와 조력자를 얻어서, 더불어 이루는 성공, 1+1=2의 성공이 아니라, 시너지 효과를 낼 수 있는 Relationship과 Leadership이라는 의미가 되며, 이것은 1+1=3이 될 수 있다는 것을 알려줍니다.

  하반기 마지막 4분기를 맞이하며, 부족한 내 삶의 육과 혼과 영의 영양분들을 채웁니다. 특별히, 함께하는 가족과 같은 동료들로부터 귀한 삶의 지혜와 삶을 배우길 소망합니다. 이를 통해서, 더 높이, 더 풍성한 브라질 여정을 항해할 수 있음을 소망합니다. 하반기 내가 준비해야 할 자연 항생제(Antibiotic)는 우리들의 동료들의 믿음과 신뢰의 Teamwork들임을 고백하며, 이를 통하여 1+1=3과 1+1=4를 얻는 더 높은 것을 누리기를 조용히 묵상하며, 중보기도 합니다. - Joseph H. Kim

핵심 웨이브

By 하이랜드, 더 높은 곳(High Land)

생산(L.M)의 방향성

내가 주의 지성소를 향하여 나의 손을 들고 주께 부르짖을 때에 나의 간구하는 소리를 들으소서

Hear my cry for mercy as I call to you for help, as I lift up my hands toward your Most Holy Place.

[Psalms 28:2]

익투스(ιχθυσ)의 감사:
"에든버러의 Calton Hill에서 세상을 역행하는 영웅들"

오늘 아침은 일어나서 탁상시계를 보면서 밖을 내려다봅니다. 옆 건물 J.P Morgon 사무실 안에서 직원들이 분주 복잡하게 업무를 보면서, 회의를 하는 것 같습니다. 이들과 다르게 아침 늦잠에서 깨어난 자아 모습을 보며, 그동안 열심히 달려온 브라질 삶에 대한 휴식과 평안과 인도하심을 주셨던 그분의 사랑하심을 잠시 생각하며, J.P Morgon 사무실 위의 축복의 푸른 하늘을 바라보며 가을의 기도를 합니다.

휴가에는 게으름이 최고입니다. 오늘도 무(無)계획에 무(無)개념에서 새로운 모습을 견문합니다. 이를 통해서 내 생각보다 새로운 신개념을 채워가기를 소망하며, 3배의 게으름의 속도로 마지막 날의 휴가 일정을 천천히 진행합니다. 오늘은 특별히, 인류사의 변화 격동기에 많은 사회 문화와 많은 개인 문화의 성장 및 1인 가족의 형성으로 인한 기존 공동체 붕괴와 외부 인력 영입의 필요성 등 스코틀랜드와 영국의 현대문화의 변화상을 배웁니다.

더 나아가, 고령화에 따른 유학과 신진 젊은 인력 이민자들을 영입하여 외부인재를 수용하여 이들을 통한 그들의 전통문화를 이어가는 선진국인 웨일즈, 북아일랜드, 잉글랜드 스코틀랜드의 모습을 조용히 배우며, 삶의 지혜를 위한 견문을 합니다. 먼저, 조용히 에든버러의 Calton Hill에 올라가 봅니다. 이들의 초기 역사에서는 침략과 수탈의 전쟁에서 물질을 획득했으며, 전쟁의 관찰과 전망대를 통한 방어적 목적으로 역사를 이루었지만, 이후 오픈과 개방으로 소통과 교류를 통한 더 많은 수익 창출을 하는 지혜를 펼쳐나갑니다.

이를 통해서, 진정한 삶의 평화와 물질적 풍요를 누리고 나눔을 보면서 조용히 배웁니다. 이들 국가의 정책과 방향을 이끈 위대한 위인들과 인물, 이들

의 걸어온 역사의 현장(Scottish National Portrait Gallery)들을 관찰하며 걸어봅니다. 현실의 암담한 삶의 그림자들 속에서도 풍성히 믿음의 자취를 남긴, 존 낙스(John Knox), 새로운 성경을 지은 킹제임스 왕(King James VI&I), 윈스턴 처칠(Winstone Churchill)의 믿음의 고백을 배웁니다. 그들의 삶의 자리에서 신앙의 흔적을 그곳에 그려놓았던 모습을 되새겨 보았습니다.

많은 인물과 초상화들 속에서 각자의 인생의 소중했던 순간들을 들려주려는 듯, 다들 유심히 바라보는 생기의 눈동자는 지금이라도 액자의 틀을 뛰어나올 것 같은 인물들이 많았습니다. 이들 위인과 같이,

내 삶의 브라질 여정에 동료들과 함께
걸어가는 아름다운 대양의 글로벌 정비
항해의 걸음도 훗날, 귀한 후배들과 이
후 PJT에 귀한 정책과 방향을 이끄는
귀한 역사의 자료들이 되길 조용히 소망합니다. 아름다운 브라질 정
비교육 업무들이 현지인들의 눈에 귀한 글로벌 기술인의 모습으로 그
려지길 소망합니다.

또한, 이 가을날에 내 삶에 영웅의 방을 준비합니다. 사랑하는 아내
는 이 방의 주인임을 고백합니다. 기나긴 브라질 여정 동안 혼자서,
두 번의 이사 곤장과 3명의 '중이병자(중학생의 생각과 행동)'를 돌보며, 믿
음의 아이들과 가정을 넉넉히 세웠습니다. 또한 귀한 믿음의 며느리
와 섬기는 교회에서 봉사의 기도 제단과 예배의 삶을 드렸습니다. 비
록 삶의 태풍과 같은 위력(威力)을 가진 바람의 해일일지라도 낙심하리
니, 이는 믿음의 가족들이 고백하기를 우리 어머니는 영웅이요 그의
교회의 기도 동역자들도 천국 하영인의 용사인 줄을 우리가 넉넉히
앎이나이다.

4분기 영웅의 삶을 준비하는 모임
들인, 우리 집 아름다운 두 자매, 누
님과 여동생의 가정과 믿음의 생강
과 꿀을 준비하는 아이들과 아내와
세상의 우기에 기쁨의 유산소 운동

하는 기쁨의 교회와 세계경기의 우기에도 정비교육 하는 CSP 정비사업과 복음 한국의 더 높은 곳을 선포하는 조국 대한민국과 열방에 천국의 회복 운동을 전파하는 형제자매들과 이들을 도우시는 숨겨놓은 그분의 영웅 파수꾼들에게 천국 축복의 우기(Wet season)를 풍성히 부어주시어, 세상에 잃어버린 영혼들을 천국 항생제로 회복의 결실이 풍성히 맺히기를 소망하며, 중보기도를 드립니다.

⋊ΙΧΘΥΣ× 익투스(ιχθυσ)의 생수: 알베르 카뮈

오늘날 홀로 사는 것, 알려지지 않은 것보다 더 큰 즐거움은 없다.

Today, there is no greater joy than to live alone and unknown.

– Albert Camus

Mr. 알베르 카뮈는 프랑스의 피에 누아르 작가, 저널리스트 그리고 철학자입니다. 그의 아버지 뤼시앵 카뮈가 주아브 보병연대에서 복무하고 있던 알제리의 몬도비(Mondovi)에서 프랑스계 알제리 이민자로 태어났습니다. 그의 어머니는 스페인인으로 문맹이었으며 청각장애를 앓았습니다. 어린 시절 한 집에서 할머니, 어머니, 형 그리고 두 명의 외삼촌들과 살았으며, 알제리에서 가난하게 지냈습니다. 그는 1935년 플로티누스(Plotinus)에 관한 논문으로 철학 학사학위과정을 끝냈으며, 그동안에 아마추어로 극단을 주재했었습니다.

제2차 세계대전 동안 카뮈는 지하에서 같은 이름의 신문을 출판하던 레지스탕스 콩바(Combat)에 있었습니다. 이 그룹은 나치에 저항하여 활동하였고 여기서 카뮈는 보샤르(Beauchard)라는 필명을 사용한 것으로 압니다. 그는 연합군이 파리를 해방한 1943년 신문의 편집자가 되어 전투 이후를 보도했으며, 이후 그는 1957년 노벨 문학상을 받았습니다. 또한, 몬트리올에서 열리는 세계 박람회에서 에드몽 자베스, 장 폴 사르트르 그리고 클로드 레비스트로스와 함께 4명의 프랑스 작가 중 하나로 선정되는 영예를 안았습니다.

카뮈는 자신의 에세이에서 독자에게 행복과 슬픔, 어둠과 빛, 삶과 죽음과 같은 이원성에 관하여 독자에게 발표하고 있습니다. 그의 목표는 행복이란 무상한 것으로 인간의 상태는 하나의 필멸적인 것이라는 사실을 설명하는 것입니다. 그는 병적이지 않으면서도 삶과 행복의 위대한 진가를 반영하면서 이렇게 고백합니다. "오늘날 홀로 사는 것, 알려지지 않은 것보다 더 큰 즐거움은 없다" 내 삶이 유명하지만 유명하지 않게 사는 것이 진정으로 행복한 것을 조용히 가르쳐 줍니다.

아름다운 브라질 여정을 정리하며, 우리들의 행복한 가을 추수를 준비합니다. 풍성하지만, 행복에 빠지지 않고, 풍성하지 않게 남은 우리들의 여정을 겸손함의 마음의 길을 살아가는 Mr. 알베르 카뮈의 아름다운 고백을 조용히 배웁니다. 그의 말과 같이, 오늘날 홀로 사는 것과 알려지지 않게 삶을 살아가는 그분(J.C)이 있는 곳에서 영혼의 만남과 생명의 긴 호흡을 얻기를 조용히 소망하며 기도합니다. 이 시간 하반기 브라질 여정을 여기까지 이끌어 주신 동료들과 가족들은 내 삶의 영웅들임을 고백합니다. 이들 영웅의 삶이 진정한 행복이 있는 그분(J.C)의 방에서 영혼의 만남과 생명의 호흡을 풍성히 누리시어, 이 가을 추수의 계절에 귀한 건강한 천국 생명의 안식과 평안과 즐거움을 얻기를 기도합니다. – Joseph H. Kim

핵심 웨이브

By 내 삶의 영웅들(Heroes)

생신(L.M)의 방향성

비록 그가 사자 같은 마음을 가진 용사의 아들일지라도 낙심하리니 이는 이스라엘 무리가 왕의 아버지는 영웅이요 그의 추종자들도 용사인 줄 앎이니 이다.

Then even the bravest soldier, whose heart is like the heart of a lion, will melt with fear, for all Israel knows that your father is a fighter and that those with ~. [2 Samuel 17:10]

익투스(ιχθυσ)의 감사:
"조선군 승리의 일등공신(一等功臣) 신기전"

조선의 600년 역사를 이끌어 온 많은 문화, 정치, 경제, 군사들의 역할들을 배웁니다. 특별히, 조선 초기의 북방의 여진족과 왜구의 침입에 대한 군사적인 강화와 국방력 증진의 필요성이 대두되었습니다. 이때, 한 번 발사되면 굉음을 내며 수백 미터를 날아가 적진을 초토화했던 세계 최초 장거리 미사일인 조선의 신기전(神機箭, 귀신 같은 기계 화살)이 있었습니다. 조선의 비밀병기 '신기전'은 고려 말 무렵 최무선(崔茂宣, 고려 말기와 조선 초기 무기 발명가)이 만든 주화를 개량한 것으로, 1448년 세종 30년에 최초 만들어졌습니다. 이것은 소, 중, 대, 산화신기전 등의 4가지 종류가 있으며, 현대 무기 다연발 로켓과 장거리 미사일의 모태가 된 조선의 비밀무기가 되었습니다.

이 시간 조용히 조선의 비밀병기인 신기전의 역사적인 역할들을 배워봅니다. 조선 초기의 여진족의 북방영토 확장인 4군 6진과 임진왜란 때 일본 왜구의 행주대첩에서 큰 활력들을

조용히 기억합니다. 특별히 행주대첩에서는 3만 왜구를 2,800명 조선군이 큰 승리를 거두게 되었습니다. 이때 조선의 2단 비밀병기인 신

기전의 역할은 12시간 전투하는 동안에 왜군 사상자 1만 명과 노획한 무기 727점을 조선군에게 확보하게 해주는 데 큰 역할을 했습니다. 조선군 승리의 일등공신(一等功臣)은 화차를 이용한 신기전이었습니다. 이 당시의 권율 장군은 화차 40대를 이용해서 10배나 되는 일본의 왜구를 격퇴하게 되는데, 그의 승리의 최후 고백은 "내가 승리할 수 있었던 것은 화차(神機箭, 신기전) 때문이다"라고 말해주었습니다.

브라질의 4년 역사를 이끌어 온 글로벌 기술력, 현지 문화 적응력, 현지인과의 친밀함을 위한 노력의 결실을 되돌아봅니다. 특별히, 초기의 정착 시기 설비의 안정화와 인력조정의 침입에 대한 정비 기술력의 부족과 군사적인 협상력의 미흡함에 대한 아쉬움들이 있었습니다. 이때, 한 번 발사되면 현지인들에게 큰 굉음을 내면서 수백 미터를 날아가 적진을 초토화했던 글로벌 정비사업계약서는 우리들의 마지막 비밀병기 문서와 조항들이었습니다. 정비사업의 비밀병기 '계약서'는 CSP 추진반(推進班, 2013년 초기와 2014년 말기)이 만든 브라질 CSP 사업추진 현지 업무지침서를 개량한 것으로, 2015년 초기 무렵에 시작하여, 2016년 초기에 마지막으로 EIC 정비 계약이 완성되었습니다. 이것에는 일상점검(정수), 돌발 대응, 설비 개조·개선, 가이던스 및 정비교육 등 5가지 종류가 있습니다. 특별히 정비교육은 현대 계약의 다연발 설비 교육이전(移轉, 2년 추가)과 이를 통해서 4차연도 장거리 계약 미사일의 모태가 된 ICT의 마지막 비밀병기의 '신기전'입니다.

우리의 브라질 여정에서 마지막 최후의 글로벌 철강 기술의 전투의 비밀병기인 '정비교육 신기전'
을 준비합니다. 전쟁을 준비하
는 모든 백성을 위한 휴식과 안
전한 여정의 삶을 순차적으로
준비하면서, 또한 적군의 물적
인적 공세에 대비할 수 있는 최후 비밀병기인 정비교육 열정과 화살을
준비합니다. 우리보다 더 강력한 위세를 날리며, 쳐들어오지만, 사전
에 각자의 화차에 40대를 준비하여서, 마지막 브라질 CSP 대첩을 승
리로 인도해 글로벌 한국의 남미 철강 기술이전 항해에 대한 귀한 승
전보(勝戰譜)의 가을 추수를 올릴 수 있기를 조용히 기도합니다.

내 생의 최고의 전투는 사랑하는 아내와의 안전한 가정의 삶을 천국
행복의 가정에까지 잘 지켜서 도착하는 것입니다. 수많은 세상의 왜란
과 호란과 양란들을 향하여 안전한 가정의 비밀병기인 천국의 신기전
을 준비하기를 소망합니다. 많은 삶의 생각과 사고들 사이에서 부부를
살리는 방법과 자녀들의 인생을 이끌어 갈 수 있는 귀한 우리 집의 신
기전(神機箭, 귀신 같은 기계 화살)을 조용히 준비합니다. 이로 인해서, 모든
가족에게 영혼(Spirit)의 출애굽과 광야의 전갈들을 지나서, 죽음에서 생
명으로 영혼의 거듭남의 요단강(Jordan江)을 건너기를 조용히 소망합니
다. 이를 통해서, 예비한 땅 가나안(Canaan)에 들어가기를 기도합니다.

또한, 이번 가을, 내 영혼의 신기전을 준비합니다. 수많은 영혼의
유혹과 육신의 연약함으로 인해서 넘어지기 쉬운 천국 삶의 균형잡기

전쟁을 바라봅니다. 내 삶의 정복하지 못한 세상의 북방영토인 4군 6진과 영혼의 임진왜란 때 승리의 비밀병기인 그분의 '말씀의

신기전'을 예비합니다. 삶의 좌절과 절망에서 영혼의 행주대첩에 승리할 수 있는 그분의 승리 화살을 받아 늘 하늘의 화차 40대를 준비할 수 있기를 소망합니다. 그분의 승리의 때는 언제인지는 모르지만, 하나 분명한 것은 그때는 우리의 기도가 하나님의 마음에 다 차는 때에, 그때 오는 것임을 확신하기에, 우리의 기도의 기름을 늘 넉넉히 채워가는 믿음의 향유를 준비합니다. 이번 가을, 내 영혼의 풍성한 브라질 추수를 위해 내가 준비해야 할 그분의 '영혼(Spirit)의 신기전'에 있는 천국 믿음(Faith)과 소망(Hope)과 사랑(Love)입니다.

4차연도 삶의 비밀병기를 준비하는 모임들인, 최고의 전쟁터인 가족 전쟁에서 비밀병기를 예비하는 아이들과 아내와 약속합니다.

[영혼추수 감사]

가나안 거민과의 전쟁에서 영혼의 평안 병기를 준비하는 기쁨의 교회와 글로벌 철강 전쟁에서 마지막 기술이전의 비밀병기를 쏘아 올리는 CSP 정비사업과 한반도의 복음 통일을 위한 평화의 비밀병기를 연습하는 조국 대한민국과 북방의 여진과 열방의 민족들에게 천국 회복을 선포하는 형제자매들과 이들을 도우시는 숨겨놓은 그분의 신기전의 파수꾼들에게 꼭 이겨야 할 곳에서 승리할 수 있는 천국 비밀병기들을 준비하여서, 삶의 전쟁에서 잃어버린 영혼의 열매들을 천국 가을의 영혼 추수 창고에 채우기를 약속합니다.

∈IXΘYƎ∈ 익투스(ιχθυσ)의 생수: 윈스턴 처칠 경

'우리는 최선을 다하고 있다'라는 말은 쓸모가 없다.
필요한 일에는 성공을 꼭 거둬야 한다.
It is no use saying, 'we are doing our best'
You have got to succeed in doing what is necessary.
- Sir Winston Churchill

윈스턴 레오너드 스펜서 처칠 경은 10여 년간 2차례의 영국의 총리를 지낸 정치가입니다. 그의 아버지 랜돌프 처칠은 재무장관을 역임할 정도로 유명한 정치인이었고, 어머니 자넷 처칠 여사는 미국인 여성이었습니다. 그러나 비타협적이었던 그 아버지는 정적과 권력투쟁에 밀리고서, 회한의 세월을 보내다가 일찍 사망했습니다. 당시 처칠은 샌드허스트 육군사관학교에서 사관생도로 공부하면서, 아버지의 정치적인 실패를 반면교사로 삼아 정적(政敵, 정치적인 대립)에게 타협과 유머와 기지를 발휘하기도 했습니다.

또한, 그는 어린 시절 독서를 좋아한 덕분에 문학과 역사에 소질이 있었습니다. 결국 친척 동생들과 전쟁놀이를 하면서 뛰어놀다가 다쳐서 1년간 치료받은 일을 계기로 라틴어를 공부 안 해도 되는 브라이튼 학교로 옮깁니다. 비로소, 학교의 학과 공부에 흥미를 느끼게 되었습니다. 아들이 군인이 되는 것이 좋겠다고 생각한 부친의

권유로 3수 끝에야, 샌드허스트 육군사관학교에 입학했습니다. 입학 때에 독서, 수영, 승마 등을 익히면서 몸과 마음을 건강하게 했으며, 그의 중대장이 모범을 보이는 모습을 보면서 리더십과 공동체의 규칙에 대한 존경심을 배웠습니다.

이후, 처칠은 제1차 세계대전 때 영국 해군 장관을 맡고 있었습니다. 그는 전쟁이 일어나기 전부터 군함의 연료를 석탄에서 석유로 바꾸어 속도를

빠르게 향상하는 등의 국방 개혁을 열정적으로 하고 있었으나, 독일이 잠수함을 개발하는 바람에 개혁은 실패하고 말았습니다. 또한, 갈리폴리 전투에서 오스만 튀르크의 무력을 약화하기 위해서 영국군을 파병한 작전도 인명과 재산의 피해가 커서 사실상 실패한 작전이 되었습니다. 그래서, 작전 실패에 대한 문책으로 장관직을 사퇴한 W. 처칠은 처제의 권유로 우울증을 잊기 위해서 시골에서 미술의 수채화를 그렸습니다. 이후 다시 제1차 세계대전에서 중령으로 복귀하여 참전하여서, 당시 전쟁 속에서 그는 유머들을 활용하고, 복지를 개선하

여 군인들의 사기를 높였습니다. 모든 장병을 목욕하게 하여 만연해 있던 피부병을 치료하게 했으며 "겁먹지 말게. 전쟁은 웃으면서 하는 것이야"라고 설득하여 군인들의 정신적 고통과 스트레스를 진정시켜 주었습니다.

전쟁 이후, 그는 미국 남부 미주리주의 작은 도시 풀턴에 있는 웨스트민스터 대학교에서 명예 법학 박사학위를 받고 행한 연설에서 처칠은 유럽에 '철의 장막(鐵의 帳幕)'이 드리워졌다고 주장했습  니다. 처칠은 소련의 팽창주의 정책을 대항하기 위한 '영어 사용 국민 간의 형제애적 단결'을 호소하며, 전쟁의 승리 소식을 나누었습니다. 이후 1951년 보수당이 다시 정권을 잡고, 영국 총리로 재임명되었으며, 그는 전쟁 승리의 회고록(回顧錄)으로 인해서 노벨 문학상(Nobel prize for literature)을 받았으며, 또한 미국 의회(Parliament)는 처칠에게 미국 명예 시민권을 수여하였습니다.

성공해야만 하는 전쟁 속에서 연합군의 승리 견인차 구실을 한 윈스턴 레오너드 스펜서 처칠 경의 귀한 고백을 듣습니다. "'우리는 최선을 다하고 있다'라는 말은 쓸모가 없다. 필요한 일에는 성공을 꼭 거둬야 한다" 내 삶의 여정에서 꼭 필요한 일에는 성공을 꼭 거둬야 할 부분은 어디일까? 또한 그의 어려운 전쟁 중에서도 성공을 거둬왔던 그의 비결은 무엇일까?

이 시각 브라질의 철강 전쟁 중에서 내가 준비해야 할 멋진 삶의 유머를 찾으며, 이를 통해 동료들의 사기를 높이며, 전쟁 중에도 모든 장병을 영혼의 목

욕을 하게 하여 만연해 있던 영혼의 피부병을 치료하기를 소망합니다. 또한 숨 가쁜 삶의 전쟁 중에서도 영혼의 복지를 통해서, 필요한 일에 성공을 거두는 비결을 조용히 배우기를 기대합니다. "겁먹지 말게. 영혼의 전쟁은 웃으면서 하는 것이야"라고 설득을 할 수 있는 영혼의 용기(勇氣, Courage)를 이번 가을 브라질 철강 기술 전쟁 속에서 내 영혼의 추수 바구니에 조용히 담아보기를 기도합니다. — Joseph H. Kim

핵심 웨이브

By 비밀병기 신기전(Secret weapon of 神機箭)

시편(LM)의 요한복음

군대가 나를 대적하여 진 칠지라도 내 마음이 두렵지 아니하며 전쟁이 일어나 나를 치려 할지라도 나는 여전히 태연하리로다

Though an army besiege me, my heart will not fear; though war break out against me, even then will I be confident.
[Psalms 27:3]

Chapter B

거룩한 승리,
왕들과 제사장들의
선물을 받아라

 수능과 맞짱(Come up against CSAT)

 익투스(ιχθυσ)의 감사:
"자녀의 수능시험일에 떠나는 부부의 결혼 기념 여행"

지난해 큰아들 대학 수능일에는 아내와 함께 20주년 결혼 기념을 보
내면서 아들의 수능일을 잊고 있었습니다. 아침에 아내가 잠시 한국에
아들에게 안부 연락을 하면서 한국 수능시험을 치는 날이라고 전해 들
었습니다. 아내는 아들 혼자 잘 일어나서, 수능시험을 잘 치도록 간단
히 전해주고 "점심도 잘 사 먹으라" 전하며 카톡 전화를 끊고, 부부의
하루 결혼기념일 일정을 출발했습니다. 그러나 올해는 둘째 딸아이의

대학 수능시험일에는 함께 격려하고자 아내와 결혼 기념 여행을 조금 줄였습니다. 한국 딸아이의 학교 일정을 확인 후에 며칠 일찍 세 자녀가 있는 집에서 되돌아가며, 함께 가족 사랑을 나누어 집안일(차량수리, 집수리, 믿음 수리, 가족 마음의 회복 수리)들을 돌아보길 소망했습니다.

먼저, 둘째 딸아이의 수능 날에 평소 고등학교 등교하는 습관대로 시험장 도착도 마지막 마감 시간에 갑니다. 학교의 안내장에는 수험생들은 2019년도 수능시험일 오전 8:10분까지, 전체 수  험생들이 각 교실에 입실을 마치는 일정입니다. 그러나 우리 집은 평소대로 마지막 8:03분에 북구에 있는 포항 여고 정문을 도착했습니다. 정문 주위에 수십 명의 학부모님과 학교 선생님들이 가족과 경찰 차량으로 도착하는 수험생들을 격려합니다. 함께 그동안 준비해 온 학업의 여정들에 대한 마지막의 출입문을 지켜주시며, 축복의 박수를 전해주신 분들께 부끄러움과 함께 그동안의 가르침에 대한 감사함의 마음을 조용히 전해드립니다. 또한, 둘째 아이가 삶의 기로(岐路)에서 믿음의 능력으로 수능(The College Scholastic Ability Test)과 맞짱 하여 넉넉히 승리하길 기도합니다.

세상 지혜에 미흡하고 세상의 많은 사람의 여정에 반대 방향으로 하늘의 지혜와 말씀과 믿음의 방식으로 나아갑니다. 아름다운 둘째 딸과 큰아들의 천국 도착을 목표 삼아 그들의 삶의 의미를 찾아서 조용히 떠나길 소망합니다. 또한, 그분의 인도하심을 따라서 자녀들의 세상 여행을 응원하며, 마지막 우리들의 목적지에 잘 도착할 때까지 영과 혼과 육신이 건강한 천국 자녀의 모습으로 영혼의 항구에 도착하기를 소망합니다. 그분의 안전한 항구에 흠(Flaw) 없고 티(Mote) 없이 넉넉한 승리의 고백들로만 도착 소감을 전해주기를 기도합니다.

아름다운 자녀들의 마지막 천국 본향을 향한 기나긴 항해에서 세상에 유혹되지 않고, 이 땅에 온 생명의 본질을 잘 이해하고, 자신의 영혼의 강건함

을 잘 유지하기를 소망합니다. 행복한 가족 사랑과 천국 만남을 위해서 자녀들의 생각의 집안일(고집 수리, 입술 수리, 행동 수리, 욕심 수리, 회개 마음 수리)들을 잘 수리하길 소망합니다. 세상과 맞짱을 뜨는 자녀의 삶에 솔로몬(Solomon)의 총명 지혜와 세상이 감당할 수 없는 욥(Job)의 고난의 비결이 풍성히 임하기를 중보기도 합니다. 더 나아가 자녀들의 천국 확신의 여정에 입시(The examinations for entrance)와 맞짱 하여 승리하길 기도합니다.

이 시간 자녀들의 삶의 여정과 함께 브라질의 역사의 여정의 발자취들을 배웁니다. 1492년에 크리스토퍼 콜럼버스가 유럽인 최초로 아메리카에 도달한 후, 이미 발견된 아메리카의 다른 부분과 마찬가지로 브라질도 식민지화의 위협에 노출(Exposure)이 되었습니다. 그러나,

1500년에 포르투갈 페드루 알바르스 카브랄이 브라질을 발견한 이후에는 브라질은 포르투갈의 식민지역으로 다른 남북아메리카 대륙과 다른 길을 걷게 되었습니다. 초기 브라질에서는 기독교도로 개종한 이들에 의해서 파우 브라질(불타는 숯처럼 붉은 나무)의 수출이 주요 산업이 되었습니다. 카브랄이 상륙했을 때는 남미 대륙 일부가 아니라 섬이라고 생각했기에, '베라크루즈(진정한 십자가)섬'이라고 불렸습니다. 이후 마누엘 1세 때에는 개명(改名)이 되어 '산타크루스(성스러운 십자가)의 땅'으로 불렸습니다.

그 옛날 초기 개종한 믿음의 사람들은 이곳은 많은 유럽 세상의 법(노예, 마약, 약탈)이 미치지 않는 곳으로 이해했고, 새로운 천국 법과 자유의 땅이라 생각하여, '십자가의 섬과 땅'으로 불렀습니다. 세상의 물질과 명예와 권력의 죄악의 흐름에서 떠나서, 진정한 천국 생명의 땅으로 세워, 지키길 소망했습니다. 이들은 구약의 엘리야(Elijah)와 같이 세상 바알(Baal)의 선지자를 붙잡고, 그들 중 하나도 천국 삶의 법에서 대응 못 하게 할 것을 선포하였으며, 세상의 욕망을 기손시내(Kishon Valley)로 내려다가 거기서 섬멸(Annihilation)하기를 중보기도 했습니다. 또한 선지자 엘리야와 같이 나아가서 말하여, 주께서 이스라엘 중에서 하나님이신 것과 내가 주의 종인 것과 내가 주의 말씀대로 이 모든 일을 행하는 것을 세상의 바알 선지자들이 알게 하시고, 세상 법과 맞짱 하여 승리하기를 기도합니다.

세상과 맞짱을 떠서 승리를 준비하는 모임들인, 세상의 입시와 맞짱을 예비하는 아이들과 아내
와 진리의 말씀으로 세상과 맞
짱 들어가는 기쁨의 교회와 기
술이전으로 대양 파도와 맞짱
하는 CSP 정비사업과 천국의
복음으로 한반도를 맞짱 하는 조국 대한민국과 열방 민족들에게 천국
회복으로 맞짱 하는 형제자매들과 이들을 도우시는 숨겨놓은 그분의
맞짱 파수꾼들에게 천국의 말씀 비밀병기들을 허락하시어, 삶의 여정
에 엘리야의 천국 승리의 함성이 울려 퍼지길 기도합니다.

———

* 우리들의 맞짱: https://youtu.be/5cbTkEvReOs

⟨IΧΘΥΣ⟩ 익투스(ιχθυσ)의 생수: 레오 버스카글리아

> 사랑은 곧 인생이다. 만약 사랑을 놓친다면, 인생을 놓치는 것이나 마찬가지다.
> Love is life. And if you miss love, you miss life.
> – Leo Buscaglia

Mr. 레오 버스카글리아는 미국 작가이자, 동기 부여 연설자입니다.
남부 캘리포니아대학의 특수 교육부 교수였습니다. 그는 캘리포니아
로스앤젤레스에서 이탈리아 이민자의 가족으로 태어났습니다. 그는
어린 시절을 이탈리아의 아오스타에서 교육을 위해 미국으로 돌아가

기 전까지 보냈습니다. 이후에, 그는 시어도어 루즈벨트 고등학교를 졸업했습니다.

Buscaglia는 남부 캘리포니아대학교에 입학하여 박사학위를 취득했습니다. 그가 USC에서 가르칠 때, 자녀 같은 학생의 자살에 인간의 단절과 삶의 의미를 깊이 묵상했으며, 이후 그는 비학점 대학 수업을 시작했습니다. 이 수업은 그의 첫 번째 책인 『사랑』의 기초가 되었습니다. 또한, 그의 역동적인 말하기 스타일은 PBS에 의해 발견되었으며, TV를 통한 강의는 1980년대에 큰 인기를 얻었습니다.

이러한, 레오 버스카글리아의 사랑의 강의는 그의 아버지의 사랑에 배웠으며, 아버지에 고백을 이렇게 해줍니다. "아버지는 내게 아무것도 가르쳐 주지 않았다. 다만 그렇게 살았고,  그렇게 사는 것을 보게 해주었다"라고 우리에게 전해줍니다. 그의 아버지께서는 이탈리아의 이민자로 삶에서 성실과 정직을 몸으로 보여주셨습니다. 또한, 아무리 어려운 상황에서도 무언가를 배우려 노력하고, 자신에게 주어진 일을 성실하게 하면 결국은 노력에 대한 보상을 받을 수 있다는 것을 보여주셨습니다. 그리고 자신에게 정직하고, 주변 사람들에게 너그러운 사람이 되어야 한다는 것도 당신의 삶으로 보여주셨습니다. 글자가 아닌 아버지의 삶으로 배운 그 가치들은 내가 지금 이 자리에서 이렇게 살 수 있는 근간(根幹)이 되었습니다. 그리

고 그 '아버지의 사랑'은 앞으로도 나를 이끌어 갈 길잡이가 되어줄 것
으로 나는 믿는다고 고백합니다.

이 시간 내 삶의 모습을 되돌아봅니다. 중년 아이들의 아빠가 되어
버린 친구들과 함께 모이면 언제나 하는 이야기가 있습니다. 아이들
키우는 건 정말 너무 힘들다고, 어떻게 해야 할지 모르겠다고 다들 자
신의 경험을 이야기하지만, 상황들과 아이가 다르므로 정답은 없다는
걸 서로는 잘 압니다. 그러나, 아이 엄마는 아이와의 유대감이 아빠보
다는 크기에 어떻게든 적응하고 관계를 형성하는 것 같은데, 아빠들
은 어떻게 혼을 내야 할지, 어떻게 칭찬해야 할지, 어떻게 대화를 시
작해야 할지 그게 언제나 고민입니다. 매번 하는 시도는 만족할 만한
결과를 보여주지는 못하는 것 같습니다.

그러나, Mr. 레오 버스카글리아의 아버지에 대한 아름다운 고백을
배웁니다. "사랑은 곧 인생이다. 만약 사랑을 놓친다면, 인생을 놓치
는 것이나 마찬가지다" 자녀들을 위해 자신을 내어드리고, 자신의 사
랑을 가족의 행복에 헌신한 아버지의 인생이 더욱더 존경스러워집니
다. 지금의 나보다 더 가진 게 없었고, 더 어려운 상황에서도 가족을
건사했고, 살아남으셨습니다. 세상에 발자취를 남길만한 위대한 일을
하지는 않으셨고, 경제적으로도 대단한 부(富)를 일구지는 못하셨지
만, 아내와 자식들을 배고프지 않게, 풍족하지는 않았지만, 결핍은 없
게 돌보셨습니다.

그 아버지도 아들들과 어떻게 대화
해야 할지, 어떻게 대해야 할지, 무슨
말로 가르쳐야 할지 고민이 많으셨을
것이라는 걸 이제야 알게 되었습니
다. 내가 하는 고민이 우리 아버지가
했던 고민이고, 내가 아직 답을 못 찾

은 것처럼 아버지도 아마 그때는 답이 없었을 거라는 것을 깨달았습니
다. 정답을 찾는 게 중요한 게 아니라 그저 현재에서 할 수 있는 방식으
로, 내가 줄 수 있는 사랑으로 내 아이들을 대하는 것이 최선이 아닐까
하는 생각이 들었습니다. 가능하다면, 천국 아버지의 지혜와 총명을 빌
려 하늘의 방식과 때에 자녀들에게 나눌 사랑을 전하기를 넉넉히 소망
하며, 기도합니다. 또한, 그분의 천국 회복을 위해서 세상의 법과 한번
맞짱을 뜨기를 준비해 보기를 소망합니다. – Joseph H. Kim

핵심 웨이브

By 수능과 맞짱(Come up against CSAT)

저녁 소제 드릴 때에 이르러 선지자 엘리야가 나아가서 말하되 아브라함과 이삭과 이스라엘의 하나님
여호와여 주께서 이스라엘 중에서 하나님이신 것과 내가 주의 종인 것과 내가 주의 말씀대로 이 모든
일을 행하는 것을 오늘 알게 하옵소서 💝

At the time of sacrifice, the prophet Elijah stepped forward and prayed: "O LORD, God of Abraham,
Isaac and Israel, let it be known today that you are God in Israel and that I am your servant and have
done all these things at your command.   [1 Kings 18:36]

선물 같은 방문(A Present Visiting)

익투스(ιχθυσ)의 감사:
"12월의 우리 집 최고의 선물은 딸아이의 생일 방문"

　며칠 전, 놀랍게 출발한 호주 남동생 집 방문을 합니다. 이를 통해서, 12월의 아름다운 추억을 만들어 가시는 아버지와 두 분 고모님 모습들을 사랑합니다. 남은 시간도 건강하고 안전하게, 호주 가족들과 멋진 성탄 축하 시즌을 맞이하길 소망(Hope)합니다. 호주 가족들께 고마움의 마음을 전해드립니다. 삶의 마지막 방문이 될 수도 있기에, 멋진 만남과 추억들을 간직하시길 기도합니다.

　내 삶의 두 번째 12월의 기쁜 방문의 소식은 무엇일까? 아름다운 우리 딸아이의 12월 방문을 기억합니다. 추운 겨울날에 우리 부부의 두 번째 천국 선물인 딸아이를 이 땅에 보내주신 귀한 성

탄(The birth of a saint)의 선물을 사랑합니다. 19년 전, 호주 브리즈번(Brisbane, Australia)에서 신혼의 꽃과 사랑을 갖고, 돌아온 우리 부부에게 주신 사랑의 선물을 기억합니다. 우리 집의 최고의 성탄 선물은 12월의 귀한 딸아이의 출산과 믿음 안에서 성장과 자라남과 장성함임을 고백합니다. 내년부터 새롭게 시작하는 홀로서기에도 천국 천군과 천사들이 안위하시고, 넉넉한 세상 여행에서도 승리의 함성과 승전보가 들려오기를 조용히 기도합니다.

딸아이의 홀로서기에 천국 말씀과 함께해 주신 길 소망합시다. 이를 통해서, 세상에 대한 육신과 영과 혼에 근력을 세워가기를 기대합니다. 이 모든 건강도 그분의 일임을 확신하며 함께 매일, 영과 혼과 육의 근력을 위한 운동을 하기를 소망합니다. 특별히, 영의 운동은 그분과의 대화(기도)이며, 이를 통해서 그분의 뜻을 받을 수 있습니다. 또한, 혼의 운동은 성령의 임재(동행)를 통해서 마음을 다스리는 것이며, 마지막 육신의 운동은 굳어진 세상의 근육을 말씀대로 최종 영혼의 이완 운동을 하는 것이라 믿습니다. 12월의 큰 선물로 받은 딸아이(Rachel)가 브라질 아름다운 성탄 시즌과 함께 건강한 홀로서기를 (Stand-alone) 준비하는 시간이 되기를 소망합니다.

브라질 CSP의 12월도 아름다운 가족의 방문과 사랑을 나누는 시간이네요. 함께하지 못했던 지난 시간의 아쉬움과 헤어짐을 서로 위로하며, 새로운 한 해인 '경자년'을 맞이합니다. 그동안 우리의 가정의 포도원을 허물려는 세상 여우는 가정의 물질(物質) 문제, 경제문제, 이념(Ideology)문제, 건강 문제, 자녀 문제 등으로 다가왔지만, 이번 가족 방문 시간을 통해서, 가족의 행복을 해치는 세상의 여우들을 넉넉히 잡기를 소망합니다.

조용히 말씀의 지혜로 세상의 여우들을 모퉁이로 몰아가는 방법을 배웁니다. 특별히, 천국 가정의 포도원을 회복하고 축복하기 위해 사랑(God)과 믿음(J.C)과 소망(Holy.S) 위에서 삶을 걸어가기를 소망합니다. 그분의 포도원에 있는 농부의 지혜와 은혜를 풍성히 잘 지킬 수 있을 때, 그분의 천국 가정을 맺을 수 있음을 믿습니다. 내 삶에 세상의 여우(Fox)인 물질, 경제, 이념, 건강, 자녀 등 이 모든 것을 다 준다고 해도, 천국 행복의 비밀(秘密)인 가정을 잃어버린다면 아무런 의미가 없을 수 있습니다. 왜냐하면, 천국의 가정이 우리가 원하는 세상의 소원(자녀, 경제, 건강 등)을 맺게 해주는 축복의 통로(The Passage of Benediction)이기 때문입니다. 이 시간, 가족과 같은 브라질 CSP 동료들의 가정에 귀한 천국 행복의 포도원 열매가 성탄 선물로 풍성히 맺히길 소망합니다.

아름다운 성탄 방문을 예비하는 모임들인, 세상 여우에 가족의 행복을 지키려는 아이와 아내와 기쁨의 성탄을 영광으로 맞이하는 기쁨의 교회와 한국의 가족들이 브라질방문을 준비하는 CSP 사업과 글로벌 경영을 통한 세계로 방문하는 조국 대한민국과 천국 행복의 포도원을 열방에 방문하는 형제자매들과 이들을 도우시는 숨겨놓은 그분의 천국의 파수꾼들에게 기쁨의 성탄 선물로 오시는 아기 예수님을 전합니다. 이 시간, 이 땅 위에 방문하시는(임재) 때에, 그분의 천국 평강이 내 삶의 여정을 온전하고 거룩하게 하시고 또한, 우리의 영과 혼과 몸이 그분이 오실(Merry Christmas) 때에 흠(Flecklessly) 없게 보전되기를 소망합니다.

함께함으로써 시작이고, 함께 지켜나가며 나아가고, 함께 일하며 성공한다.
Coming together is a beginning, keeping together is progress,
working together is success.

– Henry Ford

Mr. 헨리 포드는 미국의 기술자이자 기업인으로 포드 모터 컴퍼니의 창설자이었습니다. 그는 미국 미시간주 디트로이트 서쪽의 농촌에서, 아버지 윌리엄 포드와 어머니인 메리 농부의 아들로 태어났습니다. 그의 아버지는 10대 초반에 그에게 회중시계를 주었습니다. 15세 때, 포드는 친구들과 이웃들의 시계를 수십 번 분해하여 재조립하여 시계 수리공이라는 명성을 얻었습니다. 20살 때, 포드는 매주 일요일 아침 그들이 다니는 성공회 교회로 4마일을 걸어 다녔습니다.

그는 농업 노동의 합리화를 위한 운반의 개선을 위해 기계 기사를 지망해서, 디트로이트의 작은 기계 공장에 들어가 직공으로서 기술을 배웠습니다. 5년 후 고향에 돌아가 농사를 하며, 공작실을 만들어 연구를 계속하였고, 1890년 에디슨 조명 회사 기사로 초청되

어 근무하던 중에 내연 기관을 완성하여 1892년 자동차를 만들었습니다. 1903년에는 세계 최초의 양산되는 대중 차 포드 모델 T의 제작을

시작해, 자동차의 대중화를 위해 대량 생산 방식을 하였습니다.

특히 경영지도 원리로서 미래에 대한 공포와 과거에 대한 존경을 버릴 것, 경쟁을 위주로 일하지 말 것, 봉사가 이윤에 선행할 것, 값싸게 제조하여 값싸게 팔 것 등 4개의 봉사원칙을 내세웠는데 이를 후세에는 '포디즘'이라 하였습니다. 동시에 포드는 흑인 근로자를 적극적으로 고용하는 몇 안 되는 주요 기업 중 하나로 명성을 얻었습니다. 또한, 유대인의 노동자나 공급자들에 대한 차별로 기소되지 않았으며, 그는 드물게 여성과 장애인을 고용했습니다.

그는 함께하는 직원들과 동료들을 향하여 이렇게 고백했습니다. "함께함으로써 시작이고, 함께 지켜나가며 나아가고, 함께 일하며 성공한다" 이런 그의 동료애와 가족 같은 사랑 표현들은  많은 직원과 열악한 환경에서 열심히 살아가는 이들에게 희망과 기쁨 소식들로 전파됩니다. 많은 악덕 경영자들과 물질의 욕심이 눈이 먼 사람들과 다르게, 가족과 같은 직원들의 삶에 성탄의 선물을 전한 아름다운 Mr. 헨리의 아름다운 고백을 조용히 배웁니다

오늘날을 살아가는 내 삶의 브라질 여정에 가족과 같은 동료들의 아름다운 천국 가정의 삶을 위한 그분의 말씀으로 포도원의 여우(물질, 경제, 이념, 교육, 정치 욕심 등)를 막아내는 길을 찾기를 소망합니다. 진정한

포도원의 농부이신 그분 말씀의 지혜
로, 나의 말하는 모든 것에 방문하시어,
먼저 생명의 말씀 자(Ruler)로 측량하고,
생각할 필요가 있음을 고백합니다. 이를
통해, Mr. 헨리 포드처럼 브라질에 남은
기간 동안 가족 같은 동료들과 함께 현지 포도원 여우를 찾아내어, 글
로벌 항해의 대형 프로젝트를 잘 지켜서, 마지막 추수의 CSP 제철소
사업을 풍성히 올려드리길 조용히 기도합니다. - Joseph H. Kim

핵심 웨이브

By 선물 같은 방문(A Present Visiting)

생신(L.M.)의 방향성

평강의 하나님이 친히 너희를 온전히 거룩하게 하시고 또 너희의 온 영과 혼과 몸이 우리 주 예수
그리스도께서 강림하실 때에 흠 없게 보전되기를 원하노라

May God himself, the God of peace, sanctify you through and through. May your whole spirit,
soul and body be kept blameless at the coming of our Lord Jesus Christ.

[1 Thessalonians 5:23]

익투스(ιχθυσ)의 감사:
"순결한 아기 예수의 생일"

이번 겨울 성탄 시즌에 아버지와 두 분 고모님의 아름다운 호주 방문과 호주 가족들과 만남의 시간을 갖는 모습이 귀합니다. 그동안 함께하지 못했던 시간과 추억들을 풍성히 누리시고, 외

로움의 마음과 상처받았던 가슴속에도 가족 성탄의 기쁨으로 넉넉히 채우시길 소망합니다. 10여 년 만에 찾아간 아들과 손자들과 사돈 내외와 함께, 하늘의 축복과 사랑으로 귀한 나눔과 사랑의 마음들을 추억의 마음 바구니에 가득 채워오시길 소망합니다.

또한 성탄 시즌에 힐송(Hillsong) 크리스마스 축제에 아기 예수님의 탄생을 축하하시는 멋진 추억을 갖게 되는 영광을 누리네요. 남은 시간도 안전하고, 건강하게, 또한 하늘의 축복 시간이 되시길 기도합니다. 함께한 모든 호주 가족들과 장인 장모님들에게 고마움의 마음과 귀한 성탄 추억을 나누어 주신 은혜에 하늘 평강이 임하시길 기도합니다. 이번 겨울 성탄 시즌에, 우리 부모님과 두 분의 고모님과 호주 가족들에게 다가온 아기 예수님의 생일은 하늘의 천사(1004)의 생일이었음을 고백합니다. 우리 가족의 앞으로의 남은 여정도 하늘의 믿음으로 품

어주실 것을 믿고 사랑합니다.

아름다운 성탄의 기쁨 시즌, 믿음으로 새 가정을 세우는 정우와 서연에게 아름다운 주님의 새 가정이 탄생함을 축하드립니다. 아기 예수님의 성탄의 선물인 천사(1004) 선물들이 하늘의 축복을 담아서, 신혼부부의 삶의 여정에 예쁘게 채워지기를 소망하며, 이로 인해 풍성한 천국의 가정을 이루시길 기도합니  다. 2020년 새해(경자년)에 믿음 안에서 귀한 부부의 사랑과 가정의 열매(선물=자녀)를 준비하시길 바랍니다. 늘 부부 사이에 주님을 모시고, 영과 혼과 육신이 주님의 말씀으로 검증을 받고, 서로가 나누는 삶을 생활하시면, 섬김(Serving)의 부부 삶을 누릴 수 있기를 나눕니다. 특별히 남편의 삶과 기도 제목들이 하늘에 막히지 않는 비결을 나눕니다. [베드로 전서 3장 7절: 남편들아 이처럼 지식을 따라 너희 아내와 동거하고 그를 더 연약한 그릇이요 또 생명의 은혜를 함께 이어받을 자로 알아 귀히 여기라 이는 너희 기도가 막히지 아니하게 하려 함이라] 이를 통한 가정의 모든 기도의 제목들이 하늘에 상달되기를 소망합니다. 이 시간 천국 말씀으로 축복하며, 사랑합니다.

브라질에서 네 번째 생일을 맞이하는 12월의 귀한 우리 분들의 삶과 현장의 업무 위에 동방의 박사들이 말구유의 아기 예수님께 드릴 귀한 성탄 선물인 황금과 유향과 몰약이 전달되기를 소망(Hope)합니다. 이를 통해서, 남은 브라질 여정에서 글로벌 정비기술로 현지인들에게 왕같이, 제사장같이, 선지자같이 되어

서 기쁨이 풍성하고, 사랑이 넉넉하게 마칠 수 있기를 소망합니다.

아기 예수의 말구유의 삶은 주님의 자녀는 낮은 자의 삶으로 개인 감정이 없습니다. 아버지의 구원하심 뜻을 따라서 보내심을 받았기에 아버지께 다 내어서 드렸기에 자녀의 욕심이 없습니다. 그분은 하늘이 주시는 환경대로, 물질대로, 사랑대로, 하늘의 일에만 최선을 다하고, 그다음은 아버지의 인도하신 대로 가셨습니다. 이후, 자신의 목숨까지 내어놓은 자녀들이 무엇이 아쉬워하며, 걱정하며, 고민합니까? 그래서, 그분이 이 땅에 오는 그 날까지 항상 기뻐하며, 쉬지 말고 기도(祈禱)하고, 범사(凡事, All matters)에 감사합니다. 이것이 천국 지혜의 비결입니다. 지혜는 주님입니다. 이번 성탄(천사, 1004) 선물인 그분 뜻대로 가족들과 이웃들과 현지인에게 낮아지기를 소망합니다.

천사(1004)의 선물을 사모하는 모임들인, 동방 박사들의 선물들을 예비하는 아이와 아내와 말구유의 사랑의 성탄을 경배하는 기쁨의 교회와 네 번째 생일에 가족

들과 만남을 준비하는 CSP 사업과 글로벌 기술로 대양 항해로 나가는 조국 대한민국과 왕과 제사장과 선지자같이 열방에 가는 형제자매들과 이들을 도우시는 숨겨놓은 그분의 1004 파수꾼들에게 사랑의 성탄 선물로 오시는 아기 예수님을 전합니다. 이 시간, 동방에서 오신 박사들이 아기 예수님(J.C)께 드릴 선물(Gold, Incense, Myrrh, 황금, 유황, 몰약)들을 우리들의 삶의 현장에서도 풍성히 누리시길 소망합니다.

⟨ΙΧΘΥΣ⟩ 익투스(ιχθυσ)의 생수: 갈릴레오 갈릴레이

> 모든 진리는 발견되고 난 다음엔 이해하기 쉽다.
> 중요한 건 이 진리들을 발견하는 것이다.
> All truths are easy to understand once they are discovered.
> The point is to discover them.
> – Galileo Galilei

갈릴레오 갈릴레이는 이탈리아의 철학자, 과학자, 물리학자, 천문학자입니다. 그는 이탈리아 토스카나지방의 피사에서 태어났으며, 7남매 중 장남이었습니다. 아버지 빈센초 갈릴레이는 유명한 류트 연주가로, 음악 이론에 관해 중요한 연구를 일부 남겼습니다. 갈릴레이는 신실한 가톨릭 신자였고, 또한, 그는 과학 혁명의 주도자로 요하네스 케플러와 동시대 인물이었습니다. 그는 아리스토텔레스 이론을 반박했고, 교황청을 비롯한 종교계와도 대립했습니다.

그러나, 그의 업적으로는 망원경을 개량하여 관찰한 것과 운동 법칙을 확립한 것 등이 있으며, 코페르니쿠스의 이론을 옹호하여 태양계의 중심이 지구가 아니라 태양임을 믿었습니다. 그러나, 불행히도 그 당시에는 지구가 중심이라는 것이 '진리'였습니다. 그의 연구 성과에 대하여 많은 반대가 있었기 때문에, 자진

하여 로마 교황청을 방문, 변명했으나 종교 재판에 회부되어 지동설 포기를 명령받았습니다. 갈릴레오는 마지막 생애를 로마 교황청의 명령에 따라 가택에서 구류되어 보냈습니다. 그는 실험적인 검증에 의한 물리를 추구했기 때문에, 오늘날 근대적인 의미로 물리학의 시작을 대개 갈릴레오의 때로부터 봅니다. 또한, 그는 진리의 추구를 위해 종교와 맞선 과학자의 상징적인 존재로 대중들에게 인식되고 있었습니다. 하지만, 그는 종교계와의 대립과는 상관없이 독실한 로마 가톨릭 신자였으며, 그런 대립도 자신의 의도와는 거리가 먼 것이었습니다.

이 시간, 갈릴레오 갈릴레이가 발견한 진리에 대한 마음의 생각을 배웁니다. "모든 진리는 발견되고 난 다음엔 이해하기 쉽다. 중요한 건 이 진리들을 발견하는 것이다"라고 합니다. 갈릴레이의 진리(眞理)에 대한 발견이 소중함을 배우며 내 삶의 진리는 2,000년 전 베들레헴 말

구유에 태어나신 아기 예수님의 이 땅에 오심과 구원의 사역들을 그분의 진리 말씀 책에 발견합니다. 이번 성탄의 의미가 내 삶의 여정에 변함없는 천국 진리의 말씀임을 고백하며, 메시아(Messiah)로 오시는 아기 예수님께 동방 박사(東方博士)들이 드렸던 예물(황금, 유황, 몰약)들을 조용히 준비하여 올려드리기를 소망합니다. – Joseph H. Kim

핵심 웨이브

박사들이 왕의 말을 듣고 갈새 동방에서 보던 그 별이 문득 앞서 인도하여 가다가 아기 있는 곳 위에 머물러서 있는지라 그들이 별을 보고 매우 크게 기뻐하고 기뻐하더라 집에 들어가 아기와 그의 어머니 마리아가 함께 있는 것을 보고 엎드려 아기께 경배하고 보배 합을 열어 황금과 유향과 몰약을 예물로 드리느라

After they had heard the king, they went on their way, and the star they had seen in the east went ahead of them until it stopped over the place where the child was. ~ 　　　　　[Mathew 2:9~11]

익투스(ιχθυσ)의 감사:
"조선의 승리 장군, 이순신과 정기룡 전술을 배웁니다"

조선 시대 임진왜란과 정유재란 때, 바다에는 이순신 장군이 23전 23승의 무패 신화를 올렸으며, 육지에는 정기룡 장군이 60전 60승을 무패 신화를 올리며, 왜군을 물리쳤습니다. 조선왕조실록에 80여 군데, 기록된 임란 당시의 정기룡 장군은 왜구들을 7일 동안 25개 왜군 부대의 약 9,000명에 가까운 군사를 고작 700명으로 휩쓸고 다녔다고 기록을 해놓았다고 합니다. 불멸의 무패 신화 속에는 장군들과 조선군 불굴의 의지와 지략들이 있었음을 배웁니다.

그 당시에, 부산 앞바다로부터 왜군의 침탈을 받은 지 고작 두 달여 동안 조선 14대 임금 선조는 백성과 도성을 버리고, 평양으로 파천했다가 또다시 의주까지 피신했습니다. 이때, 1592년 임진왜란 시기에 정기룡은 별장으로 승진하여, 경상우도 방어사 조경의 휘하에서 종군하며, 거창 전투에서 일본군 500여 명을 격파했습니다. 이후, 조경과 양사준의 경상우도 지역의 관군을 이끌고 금산에서 방어전을 펼치다가 일본군의 반경을 받았고, 일본이 경상우병사 조경을 집중적으로 공격하여 큰 위기에 처했습니다. 그 순간에도 정기룡은 단기필마(單騎匹馬)로 적진에 뛰어들어 칼을 휘두르며 적병을 무수히 참살(斬殺)하고, 적의 포로가 된 조경을 구출해 냈습니다. 이후 곤양의 수성장이 되어 일본군의 호남 진출을 막는 데 일조를 했었습니다.

그러나, 원래 정기룡의 이름은 '정무수'였습니다. 정무수는 과거를 보러 서울(한양)로 떠나게 되는데, 그 당시 임금인 선조가 꿈을 꾸었는데 그 꿈에 종각에서 용이 자고 있었다고 했습니다. 그 래서 신하에게 종각에 있는 사람을 데려오라 했더니, 그가 정무수였다고 했습니다. 이후에, 그가 무과 시험에서 무용이 출중하여서 선조가 '기룡'이라는 이름을 내렸다고 합니다. 처음 1590년에 경상우도 병마절도사 신립의 휘하에서 일하였고, 다음 해 훈련원 봉사가 되었습니다. 1592년 임진왜란 이후는 그는 항상 적의 목을 부하들이나 옆 사람들에게 나누어 주다 보니, 진급이 늦은 것도 있었는데, 이때 부하들이 "아니 장군님, 적의 목을 우리에게 늘 주시면 장군님은 어떻게 합니까?"라고 하면, 난 다음에 또 베면 된다고 했습니다. 이러한 성품 때문에 시기하는 사람이 없었고 그와 함께 싸우길 원하는 사람이 많았다고 합니다.

그의 전술은 군사 인원이 적고, 적은 조총을 가졌기에 오늘날의 유격전이었습니다. 매복해 있다가 번개처럼 돌격하여 적을 무찌르고,

적의 전열이 어느 정도 갖추어졌다 싶을 때는 또 번개처럼 빠졌다가 이후 또 번개처럼 돌격하였기에 일본군들이 정기룡 장군이라 하면 무조건 간담(Liver and Gall)이 서늘하게 떨게 되었던 것입니다. 또한, 임진왜란 시 다른 장군들은 문관 출신들이었지만, 이순신 장군과 정기룡 장군만이 무과 출신이었습니다. 일본군에게 포로가 된 상관 조경 장군을 필마에 장검 한 자루로 돌파하여, 비 오듯 쏟아지는 조총 탄환 속에서 구해오는 장면에서 조선군들에게서 상승 장군이라고 불렸습니다. 그는 조선에서 2명밖에 없었고, 한 번도 지지 않았던 무패의 장수가 되었습니다.

이런 장군의 모습은 오늘날 육군사관학교에서 군사교육 받을 때 전법에 관해 이야기할 때 반드시 거론되는 사람이 정기룡 장군입니다. 이분은 벼슬에 대한 욕심이 없었고, 부하들에게 진정으  로 자비로웠던 용장(勇將)이었다고 합니다. 그랬기에 정치적으로 당파가 심했던 당시에 당파에 휘둘리지 않았기에, 진급도 빠르지 않았던 것입니다. 이러기에, 조선에 파병된 명의 장수들 역시도 정기룡을 용장으로 평가했습니다. 특히 명의 제독 마귀는 이순신, 권율, 한명련과 더불어 정기룡을 조선 4대 명장이라고 칭찬을 했습니다. 해유충무(海有忠武) 육유충의(陸有忠義), 즉 "바다에 이순신이 있다면 육지에는 정기룡이 있다"라는 말이 있을 정도로 육지에서 60전 60승이라는 전승 신화는 찾아보기 힘든 뛰어난 업적이었습니다.

아름다운 조선의 귀한 장군들의 나라를 위한 헌신과 육지와 바다에서의 무패 전승의 삶의 전쟁터의 여정을 배웁니다. 이 시간 다사다난했던 내 삶의 브라질 여정에 그 옛날 조선 용장들의 용맹한 모습들은 없지만, 이들의 정신적인 애국의 정신과 지략의 묘책을 조용히 배우길 소망합니다. 이곳 머나먼 남미 브라질(Brazil)의 삶의 전쟁터에서 왜군의 신무기인 조총(鳥銃)의 비 오듯 쏟아지는 조총 탄환 속에서도 필마(달리는 말)에 믿음의 장검 한 자루로 돌파하여 아름다운 하늘 승리의 함성과 포로가 된 CSP 정비사업을 회복시키는 용기와 도전을 희망하며, 조용히 승리의 기도를 드리길 소망합니다.

2020년도 경자년(庚子年)에 브라질의 마지막 삶의 항해를 준비합니다. 이제, 내 영혼의 천국 믿음의 돛대를 올리며, 그분의 천국 방향타를 신고, 그분으로부터 난 자마다 세상을 이기는 항해 법을 터득하여, 남은 대양의 항해에 마지막 적군의 함선으로 삶의 바람을 타고 들어갑니다. 포로가 된 우리들의 짓눌린 마음과 육신들을 회복하는 승리의 함선인, 그분의 천국 믿음에 올라 태워서 최종적 목적지 항구(港口)에 회귀의 도착을 조용히 기도합니다. 그 승리의 함선은 아기 예수(J.C)께서 하나님의 아들이심을 믿는 신앙이며, 이런 승리의 함선을 오르지 않는 자는 세상을 이길 수 없음을 고백하는 천국의 용장(勇將)들이 되기를 조용히 소망합니다.

아름다운 천국 용장(勇將)을 사모하는 모임들인, 말구유의 아기 예수의 낮아짐을 배우는 아이와 아내와 기쁨의 소식을 온 천하에 전파하는 기쁨의 교회와 마지막 전쟁에서 승리의 병법을 준비하는 CSP 사업과 북방과 남방의 항로를 개척하는 조국 대한민

국과 세상이 감당할 수 없는 천국 무기를 열방에 선포하는 형제자매들과 이들을 도우시는 숨겨놓은 그분의 천국 파수꾼에게 천국 승리의 함대장(艦大將)이신 예수(J.C)의 함선에 넉넉히 오를 수 있기를 소망합니다. 이를 통해, 우리가 돌아갈 영혼의 항구에 승리의 함성과 함께 안전하게 회항(回航)하기를 조용히 기도합니다.

⟨IXΘYΣ⟩ 익투스(ιχθυσ)의 생수: 에드먼드 버크

> 악이 승리하기 위해 필요한 단 한 가지 요소는 바로 선한 인간들의 방관이다.
> The only thing necessary for the triumph of evil is for good men
> to do nothing.
> – Edmund Burke

Mr. 에드먼드 버크는 아일랜드 더블린 출신의 영국의 정치인이자 정치철학자, 연설가이었습니다. 또한 최초의 근대적 보수주의자로 '보수주의의 아버지'로 알려져 있었습니다. 비교적 진보적 당으로 생각되던 휘그당의 당원이었던 만큼 생전 스스로나 타인에게서부터 보수주의자라는 정체성이 씐 적은 없었으나, 그가 주장한 대의 정부, 자연적 귀족, 사유재산, 소집단의 중요성은 근대적인 민주주의에서 보수주의의 기본 특징들이 되었습니다.

또한, 그는 성공회의 기독교 철학자이었으나, 이상주의적 사회와 정의를 실현하기 위해선 전해 내려온 관습, 전통 생활방식, 법률, 헌법 등 기존의 사회제도에 대한 변화의 전쟁을 통해 갈아치우고, 새로운 공의와 평화사회를 건설해야 한다고 주장했습니다. 더 나아가, 왕권과 교황청에 대한 통치권이 아닌 신분과 관계없이 도덕성 품성과 선한 능력(能力)에 따라 높은 자리를 차지해야 한다는 실력주의도 버크의 주장 중 하나였습니다.

그러던 중 Mr. 버크는 1775년도 미국 전쟁 전야에 의회에서 연설하였습니다. 그는 '자유(Freedom)에 대한 사랑'과 '자유(Liberty)의 강렬한 정신'이 미국의 식민지 거주자들의 강렬한 동기 부여였다고 주장하였습니다. 그는 자기 삶의 여정에 수많은 선택과 결정의 갈림길에서, 미혹의 악한 생각들로부터 자신을 끌어낼 수 있는 용기의 말을 이렇게 전해줍니다. "악(惡)이 승리하는 데 필요한 단 한 가지 요소는 바로 선한 인간들의 방관(Overlook)이다"라고 고백합니다.

그 옛날 임진왜란 초기에도, 조총을 앞세운 적에게 모든 방어선이 힘없이 무너져 내린 바람에 조선 육군 장수들은 지축을 흔드는 왜군의 호각 소리만 들어도 꽁무니를 감추기에 급급했습니다. 그런 터에 정기룡 장군은 악(惡)이 승리하는 것을 방관(Overlook)하지 않고, 언제나 불퇴의 각오로 전장에 가장 먼저 달려나갔습니다. 이로 인

해, 임진왜란 때 내내 그가 치른 크고 작은 60차례 전투에도 단 한 번도 패배한 적이 없다는 사실은 놀라움을 줍니다. 그는 악(惡)이 승리하는 것을 결코 방관(Overlook)하지 않았으며, 이로 인해 여러 차례 전투를 치른 장수 중에 불패 신화를 쓴 장수에는 이순신 장군과 정기룡 장군뿐이었습니다. 그 장군의 영혼 전신 전투 갑옷을 이어받아 우리 가정의 이순신 장군이 '사랑하는 아내'와 CSP 전쟁에서 정기룡 장군인 내 삶의 전투에서도 60전 60승을 거두기를 조용히 기도합니다.

정기룡 장군이 육전에서 거둔 혁혁한 전과와 단연 독보적인 모습을 배웁니다. 특별히, 악(惡)이 승리하는 것을 방관(Overlook)하지 않고, 언제나 불퇴의 각오들로 전장에 가장 먼저 달려나갔던 용장의 삶을 닮기를 소망합니다. 2020년 새해, 내 삶의 브라질 여정에 마지막 경자왜란을 준비합니다. 남은 머나먼 브라질의 대양의 항해에 현지의 문화와 현장환경과 현지인의 기술 자존심과 같은 악(惡)에 적극적으로 대응하여 좀 불편하면서, 좀 외롭(고독)고, 이질적이고, 나아가, 좀 기다림의 인내가 필요한 현지인들과 삶에도 언제나 불퇴의 각오로 기술 전장에 가장 먼저 달려들어 마지막 승전소식을 전하길 조용히 기도합니다.

그 옛날 에덴 동산에, 인류의 죄악된 삶을 그대로 방관(Overlook)하지 않으시고, 구원의 회복을 위해서 베들레헴 말구유에 낮고 천한 자의 모습으로 적진(이 땅에)으로 달려들어 오신 아기 예수(J.C)

의 말구유의 삶을 조용히 배웁니다. 우리에게 구원의 삶과 함께 승리의 함성을 주시고자, 이 땅에 오신 그분의 사랑과 정의의 전쟁에 조용히 감사기도를 드립니다. 오는 새해 2020년 경자년(庚子年), 내 영혼의 강건함과 용맹함을 위해서 세상이 감당할 수 없는 그분의 지혜와 구원 용장(勇將)의 모습을 배웁니다. 영혼의 적들이 조총으로 조준사격을 할 수 없는 영혼의 야밤을 틈타 브라질 성안의 악(惡)에 성령의 불화살로 적극적으로 대응하여, 마지막 천국 승리의 항해를 마치기를 소망(Hope)하며 조용히 기도합니다. — Joseph H. Kim

핵심 웨이브

By 승리의 항해(The voyage of Victory)

약손(LM)의 임함성

무릇 하나님께로부터 난 자마다 세상을 이기느니라 세상을 이기는 승리는 이것이니 우리의 믿음이니라 예수께서 하나님의 아들이심을 믿는 자가 아니면 세상을 이기는 자가 누구냐 🕊

For everyone born of God overcomes the world. This is the victory that has overcome the world, even our faith. Who is it that overcomes the world? Only he who believes that Jesus is the Son of God.
[1 John 5:4~5]

RE100
Directivity

초판 1쇄 발행 2023. 6. 5.

지은이 김흥진
펴낸이 김병호
펴낸곳 주식회사 바른북스

편집진행 김재영
디자인 김민지

등록 2019년 4월 3일 제2019-000040호
주소 서울시 성동구 연무장5길 9-16, 301호 (성수동2가, 블루스톤타워)
대표전화 070-7857-9719 | **경영지원** 02-3409-9719 | **팩스** 070-7610-9820

•바른북스는 여러분의 다양한 아이디어와 원고 투고를 설레는 마음으로 기다리고 있습니다.

이메일 barunbooks21@naver.com | **원고투고** barunbooks21@naver.com
홈페이지 www.barunbooks.com | **공식 블로그** blog.naver.com/barunbooks7
공식 포스트 post.naver.com/barunbooks7 | **페이스북** facebook.com/barunbooks7

ⓒ 김흥진, 2023
ISBN 979-11-93127-16-2 93320